滄海 哲學類

朱熹哲學思想

金春峰 著

東大圖書公司

國家圖書館出版品預行編目資料

朱熹哲學思想／金春峰著．--初版．--
臺北市：東大：民87
面：　公分--(滄海叢刊)
ISBN 957-19-2176-9 (精裝)
ISBN 957-19-2177-7 (平裝)

1.(宋)朱熹-學術思想-哲學

125.5　　86013223

網際網路位址 http://sanmin.com.tw

著作人　金春峰
發行人　劉仲文
著作財產權人　東大圖書股份有限公司
臺北市復興北路三八六號
發行所　東大圖書股份有限公司
地　址／臺北市復興北路三八六號
電　話／二五〇〇六六〇〇
郵　撥／〇一〇七一七五──〇號
印刷所　東大圖書股份有限公司
總經銷　三民書局股份有限公司
門市部　復北店／臺北市復興北路三八六號
重南店／臺北市重慶南路一段六十一號
初　版　中華民國八十七年五月
編　號　E 12112
基本定價　陸元肆角
行政院新聞局登記證局版臺業字第〇一九七號

ISBN 957-19-2177-7 (平裝)

獻給母校——

北京大學校慶一百周年

序

金春峰先生新著《朱熹哲學思想》刊行，希望我寫幾句話在卷首。我很感謝他的信任，但是我不敢對本書的內容有所評騭，衹能就作者成書的外緣略綴數語。

我這樣說，並不是故作謙詞，更不是因為作者與現代哲學名家有所諍議，而不願為左右袒。朱熹思想系統的廣博和複雜是有目共睹的。由於我從來沒有從哲學觀點全面研究過朱熹的著作，我所承受的學術紀律不允許我在這樣重大的題旨上，僅憑一些局部的觀察而輕發議論。這是必須請作者和讀者原諒的。

現代研究朱熹哲學的中外論著雖然數量可觀，但若與西方哲學史研究的情況作一種質的比較，則距離仍然很大。近人有以朱熹比擬於西方十三世紀聖多瑪者，以歷史地位而言，兩者未嘗不能相提並論。但西方關於聖多瑪的研究已不能用汗牛充棟這一成語來形容。即以德、法、英幾種文字的書目而言，已不免令人望洋與歎。何況書目是在日增月益之中，永無止境？所以關於朱熹思想的研究我們衹嫌其少，不嫌其多。而且我更盼望人文學術各部門的專家能從不同的角度對朱熹的學問和思想多作一些「小題大作」式的探究。衹有如此，我們的認識才會不斷深入。歷史上的大學者、大思想家，尤其是著述繁富的，後世的研究者往往不易獲得一致的定論，有時甚至南轅北轍。這可以說是必然的，因為不但他們自己在不同階段、不同領域中呈現出多樣的面貌，而且後世的研究者又不免多借古人的杯酒澆自家的塊壘，解釋紛歧是無可避免的。但是研究成績積累起來，形成一種比較穩定的狀態，那些過分荒謬的說法自然便難逃淘汰的命運。到了這一步，舉例言之，我們對於朱熹思想究竟「是什麼」雖仍不能有定論，但對於它「不是什麼」則漸漸會發展出一些共同的認識。這是一種消滅法，即把絕不可能成立的假設排除在外，逐步集中研究的焦距。今天的朱熹研究正處在一個新的起點上，金先生這部專著必會受到同行的歡迎。

金春峰先生早在六〇年代初便在馮友蘭先生指導之下研究程朱理學，並寫了《朱陸異同》的畢業論文。他當時對馮先生的哲學觀點已發生懷疑，但由於學力未充、學術氣氛更在激變前夕，以致一擱便是三十多年，今天才能完成初願。但僅僅是這一份鍥而不捨的治學精神便值得我們佩服的了。

金先生在本書《緒論》中提出了「理性與信仰」的問題。這不但是他另一部哲學著作的名稱，也恰好顯示出他研究朱熹的基本立場。他深信朱熹兼理性與信仰而有之，他自己也是如此。他一直是憑著理性而追尋信仰。不但追尋，而且是全心的投入。受現代西方分析哲學影響的人也許會在這個問題上發生疑惑，甚至會對這兩個概念提出層出不窮的質難。但這是不相干的事。理性與信仰是任何一個真正的人所不能不兼備的，更何況像朱熹這樣照耀後世的哲人？康德墓碑上據說刻著「頭上的星空和心中的道德律則是我深信不疑的」這樣的話，這是他的真信仰，並且是從理性中發展出來。康德在病重的最後幾天，醫生來看他，他一直站著。要等醫生坐下之後，他才肯坐下。坐下之後，他說：「人之所以為人的意識畢竟還沒有棄我而去。」("The sense of humanity has not yet abandoned me.")我每讀到這一段話，便加深一層對於康德的景仰。因此我十分同意金先生關於理性與信仰的提法。我想金先生和他的業師馮友蘭先生最大的不同也在這裡。馮先生內心深處也自然有他的信仰，但他似乎並不敢或不願把他的真信仰坦然公之於世。因此他的「接著」程朱理學講，祇不過想講出一套「言之成理」的空架子。他的「抽象繼承」說也仍然變的是老戲法。除了一點民族情緒以外，我始終看不到馮先生究竟信仰什麼具有實質性的東西。這大概是因為他深知在二十世紀的中國，一涉及實質性的信仰便會招人攻擊，祇有邏輯性的空架子可以「經虛涉曠」，推開每一實質性的批評。唯一安全的東西則是民族意識，因為二十世紀的中國人很少敢碰這條「聖牛」的。所以他最後在《三松堂自序》中又回到「舊邦新命」的問題上來了。但事實證明，空架子也同樣無法招架二十世紀中國的激進思潮。不但如此，「舊邦新命」又是一個空概念，因為馮先生對於它的實際內涵依然無肯定的說法。馮先生自承他自己的哲學「越發展越空」，可是由於他缺少投入信仰的決心，以致一再「以空易空」。這是十分令人惋惜的。

金先生則投入信仰的態度十分明朗，他對朱熹的理解和馮先生大相逕庭是事有必至的，信仰是個人之事，決不在討好時風眾勢。此所謂「舉世譽之而不加勸，舉世非之而不加沮。」在這一點上，我願意鄭重向學術界推薦這部《朱熹哲學思想》。

余英時

一九九八年三月二十日序於普林斯頓

自序

一

一九六二至六五年，我在北京大學哲學系作研究生，研究宋明理學，撰寫的畢業論文題目是「朱陸異同」，到現在，不覺三十多年了。

那時，馮友蘭先生是我的導師，故關於朱熹的觀點及朱陸異同之所在，也就籠罩在馮先生觀點之下。「論文」基本上是草草交卷。既不是真有所見，自然也就不可能有任何的學術成果留下了。

但當時讀朱熹的資料已有種種疑問，如朱熹明明以「天地生物之心」、「愛人利物之心」說仁，何以馮先生卻說「仁」是一抽象的「共相」；「天地生物之心」只是一邏輯的概念？朱熹明明說人皆有「不忍人之心」、「仁義本心」、「良心」、「理者得於天而具於心」，何以馮先生說心只是一「知覺靈明」？朱熹明明說「明德」即是心所秉具於天之仁德，何以馮先生論朱熹的著作一概避而不談？如此等等。但當時學識有限，氣氛不寧，心緒激熱，形勢日緊，問題曇花一現，就迅即過去了，沒有、也不可能得到深究。

以後文革結束了，思想解放的新局面來臨，重操舊業，由漢代而宋明，由董仲舒的「仁者、天心」到朱熹的「天地生物之心即物而在」，儒家的目的論與道家「天地以無為心」的自然論的主線，就清楚地在我的視野中呈現出來。一九八五年來紐約參加國際中國哲學年會第四屆會議，我的論文《「月令」圖式與中國古代思維方式的特點及其對科學、哲學的影響》（《中國文化與中國哲學》第一輯）就突出了這一主線，闡釋了從《呂氏春秋》之天人圖式到董仲舒與朱熹之仁學的目的論思想，對朱熹與宋明理學，實際上完成了一個新的看法。這新的研究眼光與方法，使朱熹思想的詳細解剖，成為縈繞心頭的一大「激勵」。所以，在完成了《漢代思想史》之後，我所企望的即是對朱熹哲學思想作詳盡的剖析。今天，終於完成了。

敝帚自珍。值得珍惜與高興的，不只是這一成果本身，而是它所體現的學術之獨立與思想之自由的精神。陳寅恪先生早就指出，天水一朝，是我國學術最為獨立與思想最為自由的時代。朱熹哲學正是這一時代精神的體現。吾愛吾師，吾愛吾友，吾更愛真理。朱熹一生的學術實踐，亦鮮明地體現了這一追求自由的精神。故研究、解剖朱熹哲學，惟有以學術獨立與思想自由之精神與之相契，才能有所會心。一旦拘泥於前人或權威之見，陳陳相因，是不可能有所突破，有所收穫的。

所以本書與馮友蘭先生對朱熹哲學之觀點不同，認為：朱熹的宇宙論是「天地以生物為心」的目的論；朱熹的心性、道德學說，類如康德之思想，是道德自律系統；其心之本體即是性、即是理，因而「本心」實即道德理性，乃百行之源、萬善之本。朱熹的格物致知，則是在「明明德」的宗旨下提出的，主要是「存天理、滅人欲」，復本心全德之明。其致知主要是擴充良知、或通過讀書，以聖人之教導啟迪內心本具之道德性理，使之由暗而復明。朱熹講的理，一方面是太極——天地生物之心、元亨利貞及仁心、仁德、仁義禮智之價值與道德系統；一方面是自然屬性、自然規律、運動原理等自然系統。兩系統既是合而為一的，邏輯分析上又是不能混同的。

這些看法，都與馮先生的觀點不同；但也並非個人完全新的見解。前人對此實已多所論述。朱熹的一些學生早就對朱熹思想從心學觀點進行理解。黃榦說：「仁者心之德，心之全德即仁也。故游氏人心亡矣，於仁字之義最親切。人心亡，則無適而可，不但無序、不和而已。程子正理之云云（指程頤「仁者天下之正理，失正理則無序而不和。」）則於仁字之訓為稍緩。」（《四書纂疏》）陳淳說：「如之何而謂之仁？亦不過克盡己私，至於此心豁然瑩淨光潔，徹表裡純是天理之公，生生無間斷，則天地生物之意常存，故其寂而未發，惺惺不昧，如一元之德，昭融於地中之復，無一事一物不涵在吾生理之中；其感而動也，惻然有隱，如春陽發達於地上之豫，無一事非此理之貫，無一物非此生意之所被矣。」（《朱子文集》卷五七《答陳安卿》三）「此心之所謂仁，即天之元。此心之所謂禮，即天之亨。此心之所謂義，即天之利。此心之所謂智，即天之貞。其實一致，非引而譬之也。……天下豈有性外之物，而不統於吾心是理之中也哉。」（同上）「仁義之心，仁義乃即天命之性，指其實理；而心則包具焉以為體，而主於身者也。」（同上，二）「於穆不已者，天之所以與道為體也；生生不已者，心之所以具道之體也。」（同上，三）「性從生從心，是人生來具是理於心，方名之曰性。」「所謂明德者、是人生而所得於天、本來光明之理具在吾心者，故謂之明德；如孩提之童無不知愛親敬兄，此便是得於天本明處。」（《北溪字義》）

真德秀（西元一一七八—一二三五年，朱熹承傳者）說：「緣人之初生，得天地生物之心以為心，所以合下便有此仁。天地之心主於生物，故人之心亦主乎愛物也。」（《文集》卷三一《問仁字》）「此明明德正是說性，不曰性而曰明德者，……心是虛靈底物，著得許多道理在其中，光明照徹，故曰明德。」（《文集》卷一八《講筵進讀手記》）

許衡（西元一二〇九—一二八一年）說：「蓋上帝降衷，人得之以為心。心形雖小，中間蘊藏天地萬物之理，所謂性也，所謂明德也，虛靈明覺、神妙不測，與天地一般。」（《魯齋全書》卷四《論明明德》）「元者天之所以為仁之至也，仁者人心之所固有。」（同上，卷三）「聖人是因人心固有良知良能上扶接將去，……聖人只是與發達、推廣。」（同上）

吳澄（西元一二四九—一三三三年）說：「心也者，形之主宰、性之浮廓也。此一心也，自堯舜禹湯文武周公傳之以至於孔子，其道同。道之為道具於心，豈有外心而求道者哉。」（《宋元

學案·草盧學案》「身非身也，其所主者心也。心非心也，其所具者性也。性非性也，其所原者天也」。(同上)

羅欽順(西元一四六五—一五四七年)亦說：「朱子年十五六即有志於道，……其與南軒往復論辯，書尺不勝其多，觀其論『中和』最後一書，發明心學之妙，殆余無蘊。」(《困知記》卷上)「道心，寂然不動者也，至精之體，不可見，故微；人心，感而遂通者也，至變之用不可測，故危。」(同上)「聖人性之，心即理，理即心，本體常自湛然，了無動靜之別。」(同上)「心性至為難明，是以多誤，謂之兩物，又非兩物；謂之一物，又非一物；除卻心即無性，除卻性即無心，惟就一物中分剖得兩物出來，方可謂之知性。」(《困知錄》卷下)意思是說，心與性，從事實上言，是二而一的。但從邏輯上分析，則是二而非一。故羅雖然強調窮理致思，在心性觀上卻和朱熹一樣，實質是心學觀點。

王陽明亦有朱子晚年定論之說，其引為心學同調的，不僅有朱熹晚年的，亦有朱熹早年的思想。

近人胡適指出：「宋儒都不能完全脫離禪宗『明心見性』的觀念。陸王一派認『心即理』，固不消說，程朱一派雖說『吾心之靈莫不有知，而天下之物莫不有理』，然而他們主張理即是性，『得之天而具於心』，這和陸王的主張有何差異?」(《戴東原的哲學》)

錢穆先生更加明確地強調了朱熹哲學的心學方面。在《朱子新學案》中，錢先生指出：

最能發揮心與理之異同分合及其相互之間之密切關係蓋莫如朱子，故縱謂朱子之學徹頭徹尾乃是一項圓密宏大之心學，亦無不可。（《朱子新學案》第三冊，《朱子論心與理》）

朱子論學，實莫不以心為主，惟其立說之遞有所變，變而益精，則當通觀朱子前後諸說，乃可得其要旨。（同上，《朱子從游延平始末》）

朱子常言天即理，心之所不能已者即天，亦即理也。（同上）

一切全仗此心，似陸學。因於全仗此心而須於此心有種種工夫，此則與陸學所不同也。（同上）

徙務於致知格物，而不知於心性根源求端緒，以為推致充擴奠基而正其本，則有泛濫之病，如近代自然科學突飛猛進，而人文社會病痛百出。唯朱子格物之教，則不得以向外識之。（同上，《朱子論格物》）

陳榮捷先生亦指出：「在程朱，仁乃生生之力，心、生道也。」（《論朱子之仁說》，載《朱學論集》，臺北學生書局，一九八二年版）「程子：『仁者天下之正理』，朱子不用其說，而始創地釋仁為『心之德』。」「心之德當然是仁體，當然在內而不在外。」（同上）

蒙培元《理學的演變》亦說：「在朱熹，『性情皆出於心』或『從心上發出來』、『心是個發出底，他只會生。』(《語類》卷九五) 這裡，心實際上被說成是性之所以發生的根源。……在心性問題上，心是主宰，性是由心所生的。因此，同理氣關係不能相提並論。」「心既是形而上，又是形而下，既是精神的，又是物質的。……他把心上升為宇宙本體了。……心是萬物的本體。」(福建人民出版社，一九八四年版，第三七、四一頁)

馮躍明《朱熹心性論的重建》，亦不同意馮(友蘭)、牟(宗三)兩先生關於朱子心性的基本見解。(載《國際朱子學會議論文集》，臺北中央研究院中國文史哲研究所籌備處出版，一九九三年)

本著的剖析不過是使這些看法、分析更加集中、全面、系統，加以充分展開和論證而已。

二

一九八二年在杭州召開國際宋明理學會，我在大會上發言，曾指出程朱理學是理性主義，當時受到批評，認為程朱哲學為鞏固封建專制服務，是蒙昧主義；說理性主義是對程朱哲學的吹捧、美化，對反動封建哲學的美化。西方文藝復興和中國「五四」以後，理性被推崇，認為是科學、民主、進步、智慧、文明的源泉，光明的旗幟與象徵。信仰則被斥為蒙昧主義，是黑暗、野蠻、愚昧、落後、專斷、盲從的代名詞，與一切反動的東西相聯繫。唯心主義被認為實質上是宣傳信仰、神學，因而只能是蒙昧主義。

針對這種指責，八二年以後，我相繼寫了《概論宋明理學的思潮、人物、學派及其演變和終結》（《求索》八三年第三期）；《二程唯心主義哲學思想的理性主義實質》（《中州學刊》八三年第二期）；《周易程氏傳研究》（《中州學刊》八五年第四期）等文章，對程朱哲學的理性主義作進一步的闡釋；指出它是宋代由歐陽修倡導的理性思潮的表現，又是它的產物與結果。但那時我在內心是貶斥信仰的。敢於把信仰與理性並列，對我個人而言，也是最近幾年才逐漸達到的新的認識與悟解。

事實上，人是理性，也是信仰。理性是人之為人的稟賦與特徵；信仰同樣是人之為人的稟賦與特徵。人類社會的文明發展史，既要歸功於理性，也要歸功於信仰。理性與信仰的對立統一、相互矛盾與相互促進、相互引導，是人類精神生活與精神進展的基本內容。而歷史上許多對人類精神發生了深刻影響的傑出哲學體系，莫不既是理性的又是信仰的；既是論證的、推理的，又是超越的、獨斷的。在西方，神學、上帝的信仰是外在的超越，建築於人的天賦之信仰本性上；在中國，「仁者、天心」，「天地生物之心」，「得天地生物之心以為心」，則是內外合一的超越，亦建築於人的天賦之信仰本性上。康德哲學之「實踐理性」最終引到了上帝、神學。朱熹哲學雖形式上與此不同，但最終的本原，實質上也是「神」。說朱熹哲學是理性與信仰的內在結合，對朱熹，這並不是貶抑，而是一種實際。把信仰、超越與愚昧、落後、野蠻、專制相聯繫，與蒙昧主義相聯繫，是不能成立的。

朱熹哲學所論述的心性問題，天人關係、理一分殊問題，實質是對人的本質或道德之起源的看法。它在事實上是不可能有所謂科學的實證的答案的。在中西哲學史上，對此問題的解答不外三種說法：一是認為人完全是天使，其本性完全是善的。王陽明「滿街都是聖人」與牟宗三先生的「良知說」頗為近之；一是認為人與禽獸無別，本性是惡的或純自然的，如道家及荀子；一是認為人既是天使又是野獸；既受自然法則的支配，又是自由的、道德的。孟子、康德等屬於這一類。因而，關於道德的起源，或認為起於理性對利益、利害的計算；或認為是人之天賦的本性。荀子的「化性起偽」屬於前一種看法，孟子心有「四端」，則是後一種答案的代表。朱熹所承繼的就是孟子這一傳統。但「心何以具有四端？」追本索源，孟子等人不能不歸因於「上天」之「至善」。故朱熹的心性學之通向「信仰」，或本質上是一信仰，乃是必然的。

朱熹的時代，中國政治上是皇權專制制度，西方亦是中世紀，近代民主制度沒有出現，要求朱熹的思想反專制、講民主，提倡個性自由，是不符合歷史主義原則的。作為該時代的知識分子、思想家、哲學家，人們只能要求他們反映那一時代的優秀的與民族的精神。對朱熹哲學亦是如此。

作為知識分子，朱熹在該時代，像所有正直的中國知識分子一樣，嫉惡如仇，痛恨人間的種種不義與官場的腐敗、貪賄及其對於平民百姓的壓榨、盤剝、殘虐、暴行，自覺擔當起社會良心的責任。

作為「學而優則仕」的政府大員、州郡官吏，朱熹清廉公正，忠於職守，所到之處力懲豪強、不法，關心民生疾苦，盡力為民請命。對朝政的腐敗與皇帝的昏庸，一再直筆上書，強烈要求堅持抗戰、進行改革與整頓。

作為中國人、漢族的一分子，朱熹充滿愛國熱腸，對當時民族與國家的危險處境，憂心如焚，獻計獻策。

作為儒學的承傳者，朱熹以發揚民族文化傳統為己任，窮年以赴，困守窮山，幾十年如一日，學而思，思而學，夙興夜寐，精勤不懈，寫下了大量有價值的學術著作；並廣招學生，培育人才，為繁榮民族文化，貢獻了畢生心血。

晚年，朱熹遭受慶元黨禁之嚴重政治迫害。但面對橫逆，朱熹堅持自己的原則與信念，置個人生死禍福於不顧，所時刻關心的只是「吾黨」、朋友的安危及「吾道」的承傳與弘揚，一再說：

世間萬事，須臾變滅，不足置胸中，惟有致知力行，修身俟死為究竟法耳。《續集》卷八《答馬奇之》

熹衰朽疾病，更無無疾疢之日，明年便七十矣。區區偽學，亦覺隨分得力，但文字不能得了，恐為千載之恨耳。《文集》卷六三《與暖亞夫》第三書）

熹連年疾病，今歲差勝，然氣體日衰，自是無復強健之理，所幸初心不敢忘廢，亦時有朋友往來講習。偽學污染，令人恐懼，然不得辭也。（同上，第二書）

> 禍福之來，命也。……如某輩皆不能保，只是做將去，事到則盡付之，人欲避禍，終不能避。……今為避禍之說者，固出於相愛，然得某壁立萬仞，豈不益為吾道之光。（《語類》卷一〇七）

其高風亮節，為後人留下了值得欽敬的人格典範。

而所有這些，其支持的精神力量，有先聖、先賢、先父之榜樣的激勵，有平時一貫嚴於律己之道德修踐以為功底，而對於「天地生物之心」與「盡心知性知天」、「存心養性事天」的真誠的信仰，無疑亦是重要的精神資源。故朱熹曾一再說：

> 天地之心，不可道是不靈，但不如人恁地思慮。（《語類》卷一）

> 蒼蒼之謂天，運轉周流不已，便是那個，而今說天有個人在那裡批判罪惡固不可，說道全無主之者，又不可，這裡要自見得。（同上）

> 聖人之心，天地之心也；天地之心可見，則聖人之心亦可見。……聖人雖無「復」，然是心之用，順時而彰，故堯之不虐，舜之始生，禹之拯溺，湯之救民於水火，文王之視民如傷，是皆以天地之心為心者也。（《語類》卷一一五）

> 大而言之，君臣便有義，父子便有仁，此都是述天地之事，……所以聖賢兢兢業業，一日

萬幾，戰戰兢兢，至死而後知免。……故曰「存心養性，所以事天也；夭壽不貳，修身以俟之，所以立命也。」」(《語類》卷一一六)

朱熹哲學即是其此種人格、精神、心靈之寫照。

三

本書對朱熹哲學的論述採歷史與邏輯相結合的方法，盡可能占有全面的、詳盡的資料，從中引出符合中國民族文化與哲學傳統及朱熹思想本意的理論詮釋；亦參考、參照西方有關的哲學思想，但力求避免以某種既定的哲學架構去剪裁和硬套。

研究中國哲學不可能不參照西方哲學。何謂道德？何謂美？認識如何可能？其起源、過程、規律如何？本體、自然觀和認識論等等之關係如何？西方哲學提供了比中國哲學遠為發達、展開了的形態。故本著在論述朱熹哲學思想時，亦特別注意參照柏拉圖、亞里斯多德、黑格爾、康德等對有關問題的論述。但中國哲學思想有自己的源頭活水，有自己的傳統，有自己民族文化的特點，有自己的某種特殊精神、氣質，是應該充分重視的。三十年代，馮友蘭先生寫《中國哲學史》時，陳寅恪、金岳霖先生等已提出了這一問題。但事實上，馮先生所注意的是哲學之為哲學的普遍性。因此，他的程朱哲學研究，認為朱熹討論的也是桌子之理與桌子，飛機之理與飛機之類的西方哲學問題，實際上把朱熹哲學變成了西方新實在論哲學在中國的翻版。四九年以後，大陸的哲學研究，則以總規律、總原理、一般規律、本質與現象等流行哲學或心理學概念去理解、詮釋朱熹哲學，以致弄出了好些令人極難了解的說法，如：朱熹把自然規律與道德原則混為一談，自然規律當為人稟受時，即成了人的道德屬性。朱熹體系中，「本體是太極，動靜陰陽是理（太極）借以表現的外在過程。」朱熹講的性，「是一個標誌意識系統本質的範疇。」「性是人的內心原則、本質和規律。」「性未發為情時，心亦未發；性已發為情時，心亦已發。」朱熹講的「心本體」、「本心」是指「靜的意識狀態」。在朱熹體系中，「內心本質始終是通過他者表現，自身是隱而不發的。」「喜怒哀樂之性即心之體，喜怒哀樂之情即心之用。」「心是心理活動的總體」、「心主乎性，只是指未發時要用主敬來保持心的中。」等等。可以說，朱熹的太極思想、心性思想，不僅被弄得支離零碎，也完全不成其為真正的哲學了。朱熹心性思想本系吸收佛禪，由禪宗「明心識性」之一轉手而來，以現代流行哲學或心理學概念去剪裁和硬套，宜乎要難於了解了。

西方文化源於希伯來與希臘文明，天人相分，政教相分是其特點。立「人極」——即人之如何成德、成人的問題，完全由宗教及宗教神學來研討，世俗哲學則以認識論為軸心，並以此為基礎而建立本體論及種種何為道德？何為美？何為知識？之理論系統。中國哲學與此不同，天人合一、政教合一是其特點，故成德、成人、立人極是中國儒家哲學所要解決的主要問題，也是其圍繞旋轉的軸心與基礎。心性、道德學說，是其討論的主要問題。認識論問題，如認識的性質，認識的起源，認識的發展，認識的驗證，認識是否可能？何以可能？等等，中國哲學特別是儒家並沒有自覺提出，予以研究與解答。故這方面的建樹與西方哲學完全不能相比。朱熹的「格物致知」說，亦是如此。它要解答的實質是成德的問題，道德修養的問題。故其《大學補傳》所謂「人心之靈莫不有知」、「莫不因其已知之理而益窮之」，就完全沒有涉及從未知到知之認識起源與過程、規律、特點的研究。其「知」、「已知之理」，指良知、生而既具的道德義理之知；也指通過小學階段灑掃進退所涵養與明白的道德義理之知。所謂「格物」，其基本內容是存天理、滅人欲、克己私；「窮理致知」則是使已知之性理推致擴充。「吾心之全體大用」，則是指道德本心所具之全德全部呈現與發用流行，而使吾人之修齊治平之全部行為合乎天理。雖然也包括向外物窮理致知的認識論的內容，但不是主要的；硬將其套為西方的認識論，解格物為研究窮索物理，致知為積累客觀知識，《大學補傳》就不僅顯得十分貧乏，而且以求知為成德之途，弄成矛盾、混亂，扞格不通，起碼的思想水準也沒有了。

本書希望盡量避免這些硬套和曲解，希望盡力恢復朱熹哲學的本意與朱熹哲學之為中國哲學的民族傳統特徵。是否成功、作得恰好，雖不敢說，但這一方向是明確的。這一方向，我想也是應該可以肯定的。

四

朱熹的哲學思想是複雜的，思想有發展過程，不同時期強調的側重點不同，針對不同的對象、問題、語境，對同一問題的解答，說法往往不同，甚至相互矛盾；以偏概全，就會得到錯誤的結論；而只要細加分疏，其心學的基礎、主線，是十分清楚而一貫的。本書所突出和集中論述的，就是朱熹哲學思想的這一基礎和主線。除《緒論》外，全書共十三章，基本上圍繞這一主線，並按思想發展的順序和朱熹哲學的內在邏輯，加以排列與展開。

第一章《「中和新舊說」思想》，論述朱熹丙戌與己丑心性之悟的心學實質。這是朱熹心性與哲學思想體系賴以建立的起點與基礎，亦是本書論述的起點。

第二章《《仁說》剖析》，論述《仁說》的基本思想。《仁說》是繼「中和之悟」以後，朱熹闡釋心性思想的最重要的、帶綱領性的著作。在《仁說》中，朱熹以天人合一、理一分殊為架構，對仁的心學實質與天理根源，進行了嚴謹的闡釋。

第三章《「太極」思想》，闡釋太極思想的《太極圖說解》、《通書解》完成於乾道九年，是繼《仁說》以後朱最重要的哲學著作。其中心概念「太極」是朱熹宇宙論與人性論思想的核心概念。朱熹吸收與繼承周敦頤《太極圖說》之思想，對之作了宇宙論之目的論的闡釋，從而在天人之間，在宇宙論與人性論之間，建立了完整的、統一的、以心學為基礎的有機關係，確立了泛神論或大心論的宇宙觀與天人觀。

第四章《「格物致知」說》，通過對《大學》的闡釋，朱熹將格物致知置於「明明德」的宗旨與統領之下，從而使「格物」與「致知」成為復本心全德之明的功夫與手段，與向外窮理以積累物理知識，完全劃清了界線。朱所強調的「豁然貫通」，不是對求知境界的描述，而是對心體於恢復本具之全德時所呈現的道德境界之體會。「格物致知」主要是道德修養思想，立足於上述心性與哲學宇宙論之上，基本上是在「中和之悟」的基礎上提出的。

第五章《朱熹思想與二程》，論述朱熹思想與程顥、程頤二者之間的關係。朱熹雖然吸收了程頤的理性主義思想，在自然宇宙觀上強調理、氣的區別與理的本體地位，但理的內涵，朱與程頤有顯然的不同，而更接近於程顥對天理的闡釋；故其心性思想，精神上亦與程顥息息相通。

第六章《朱熹思想與程頤——《周易本義》與《程易傳》》，分析兩者在《周易》注釋中表現的思想傾向之區別。程頤對《易》的注釋，是政治的，說教的，非歷史主義的，面向帝王。朱熹的觀點則是哲學的，學術的，民間的，力求符合《周易》的本義。程頤的宇宙觀是理性主義的，朱則是泛神論或泛心論的。

第七章《《四書集注》中的心性思想》，論述朱熹在《四書集注》中所闡釋的心學思想。「四書」是朱熹畢生為之作注，對注文反覆修改、推敲、直至死而後已的經典，而貫穿於這些注文中的思想，是心學思想。朱在注中對程顥、程頤、謝良佐、尹和靖、楊時、游酢等人的相關注釋之選用、批評、表揚、肯定，表現出統一的標準、依據。其標準和依據，即：不外心而言理，不外心而言性，堅持「心統性情」、心之體即性這些基本觀點；故《四書集注》可以說是朱上述心性與哲學思想在注釋經典中的發揮與運用。

第八、九章《朱熹思想與陸象山》㈠、㈡，論述朱熹與陸象山兩者在心學思想之方向上的一致；但由於對宇宙論與人性的看法不同，在為學功夫上亦有重大差異與分歧。這些分歧一如佛禪中神秀與慧能，有漸修與頓悟的不同；但雖然有此不同，兩者的基本思想基礎卻是一致的。所以朱陸都講「本心」，都講「理」，都講「氣之精爽」，都認為心具知覺靈明與道德理性的兩重性。陸象山南康講學以後，朱受陸的影響而更加強調了為學工夫的心學方面。

第十章《朱熹思想與二程門人》，論述朱熹對二程最重要的三大弟子呂大臨、謝上蔡、楊時之思想的分析、評論、去取。這些評論，亦表現出統一的標準與依據，它實質上亦是心學的觀點。

第十一章《朱熹思想與湖湘學派》，論述朱熹思想與湖湘學派之直接繼承與對其切磋、深化與精確的關係。湖湘學派以胡宏、張敬夫為代表，其思想的方向與基礎，是心學的。朱的「中和舊悟」就是在湖湘學派、特別是張敬夫的啟發引導下完成的。《知言疑義》雖對《知言》有所批評，但主要是概念的精確，不涉及方向的歧異。

第十二章《朱熹思想與佛禪》，論述朱熹之心學思想，特別是「中和之悟」所建立的心性思想，實質上即佛禪之「明心見性」、不離心而言性之一轉手。朱關於心之兩重性的思想，實際上即佛教「一心開二門」之思想。

最後，《朱熹詩與佛禪》則論述朱熹一生詩作中所表現的佛禪思想。朱熹的一生，事功面是儒學的，其精神之支柱，亦是儒家存心養性、修身俟天之思想，但其追求超乎塵俗之清淨、高逸、超脫，亦與佛禪之內在精神相染、相通。故朱熹之詩作從早年到晚年，亦充分反映其思想之心學實質。

所以，可以說，自「中和之悟」以後，朱熹貫徹其一生，其全部著作、書信、語錄、詩文中的一個基本思想，就是不外心以言性、因心以發性、明心才能見性、格物窮理才能復明德本體之明的思想。本書所有文章，即是對此所作的剖析與闡釋。經過這些剖析、闡釋，我相信，像錢穆先生所講的「朱子之學，徹頭徹尾乃一項圓密宏大之心學。」應該已清楚地在讀者心目中確立了起來。

是耶？非耶？讀者與歷史定將有以評論與鑒定。

金春峰

一九九八年一月序於美國
普林斯頓大學溪本公寓

朱熹哲學思想

目次

緒論

——朱熹哲學：理性與信仰

一

朱熹是中古時期（南宋，西元一一三〇—一二〇〇年）中國和世界級的大哲學家。《宋元學案・晦翁學案》謂其「致廣大，盡精微，綜羅百代矣。」錢穆先生亦謂：「在中國歷史上，前古有孔子，近古有朱子，此兩人，皆在中國學術思想史及中國文化史上發出莫大聲光，留下莫大影響。曠觀全史，恐無第三人堪與倫比。」（《朱子新學案》）

朱熹哲學思想體系龐大複雜，七百多年來，研究朱熹哲學的論文論著，可謂汗牛充棟。但時至今日，國內大多數的研究論著仍然可以馮友蘭及牟宗三二位先生的基本觀點為代表。

照馮、牟二先生的看法，朱熹講「性即理」，是理學，與陸、王講「心即理」是對立的。朱熹講的心是「形而下」，氣之靈，是中性、無色的認知工具，類如荀子的「大清明」。朱熹講的理，在心外、天上，是心的認知對象。心通過認知，攝取之而為己之性，故在道德上，朱是橫攝系統、義外系統、他律系統。用比喻說，朱熹講的「心統性情」猶如一自動切削車床。車床的切削活動是情，屬於形而下之經營造作；其自動切削活動之原理，相當於性；車床相當於心，是具此理而統此情者。❶自動車床之切削活動是中性無色的，其活動之「所以然」之理，亦是中性無色的，因而是一純自然系統。馮先生說，朱熹講的「情」猶如飛機之實際的運動，飛機之所以如此運動之規律或所以然是「理」。心則是此「理」之認知者。但心僅能認知此飛機之「理」，而非能統飛機活動之「情」。❷

由此，馮、牟等先生認為，朱反覆申論的「天地生物之心」是一純邏輯的講法。❸它或者被融於氣，而為氣之實然；或者被吞沒於理，而為理之定然，自身沒有任何實質的「心」的意義。❹

---

❶ 陳來《朱熹哲學研究》，第二〇五頁。臺北文津出版社，一九九〇年十二月版。

❷ 參閱馮友蘭《新理學・性心》，《三松堂全集》第四卷，第一一〇、一一三頁。河南人民出版社，一九八六年版。

❸ 同上。

❹ 牟宗三先生說：「天地生物之心，若從正面有心而觀之，心只是理之定然義，心同被吞沒於理。「天地無心而成化」，若從反面無心之義而觀之，心只成氣化之自然義，心被吞沒於氣。」「天地生物之心被融解為理與氣，其自身遂成虛托。」《心體與性體》第三冊，第四章，第二三六頁。臺北正中書局，一九

朱反復申論的本心、仁義之心、仁心，只是「意識的本來狀態」。❺與陸象山講的「本心」完全不同。

朱講的「仁者心之德而愛之理」，「心之德」完全是虛托的說法；仁只是愛之理，是心通過後天的攝取而為心之德的。朱講的「太極」，只是陰陽運動的自然規律，或宇宙的總規律、總原理。朱講的「格物致知」，則是窮研客觀事物之理，累積知識。朱企圖通過積累知識，豁然貫通，充分發揮心之知覺靈明之認知作用，而達於成聖成賢的道德之境，是混淆求知與成德兩種性質完全不同之事，是糊塗混亂的思想。❻

……等等。

一句話，在馮、牟先生等之理解、詮釋下，朱熹哲學思想龐雜、矛盾、混亂，不僅不是中古時期中國偉大的思想家，也談不上是真正的思想家。

這當然是完全不符合朱熹哲學思想實際的。

六九年六月版。

❺ 陳來：「朱熹所說的心體或心之本體實際上是作為靜的意識狀態來理解的。」「性只是一個標誌意識系統本質的範疇。」《論朱熹淳熙初年心說之辯》，載《國際朱子學會議論文集》。臺北中央研究院中國文史研究所籌備處，一九九三年五月）

❻ 馮友蘭《中國哲學史新編》第五冊，《朱熹》，第一九二頁。臺北蘭燈出版公司，一九九一年十二月版。

實際上，朱熹長於概念的分疏與深密邏輯的思考，其哲學思想十分清楚。朱熹哲學思想的基礎與軸心，是關於心性關係的見解。心在朱熹體系中，至少有四重含義：㈠指思維器官；㈡指思維認知與情感活動；㈢指對身體的主宰作用；㈣指道德本體、本心。猶如天在中國古代有物質之天、義理之天、天命之天、人格神之天等多重含義一樣，必須予以全面地、細緻地分疏，才能把握其實質的意義。否則，就可能以偏概全而得出錯誤的推論。❼

以近代康德哲學而言，康德探討了思維、認識、理性、道德與美學問題，實際上其體系也可

---

❼ 如董仲舒說「天積眾精以自剛」。這裡天即蒼蒼者在上之天，就氣言。又說「天者百神之大君也」，指神靈之天；又說「察於天之意無窮極之仁也」，「仁，天心」。這裡，「天心」、「天意」就目的言。如果孤立地抓住第一句話，推論說董仲舒講的天是「形而下」，是氣，其「神靈之天」、「天心」、「天意」之說，都是純邏輯概念。顯然，這樣的推論是錯誤的。宗密《禪源諸詮集都序》說：「凡言心者略有四種，梵語各別，翻譯亦殊。㈠紇利陀耶。此云肉團心，此是身中五藏心也。㈡緣慮心。此是八識，俱能緣慮自分境故。㈢質多耶。此云集起心，唯第八識積集種子、生起現行故。㈣乾栗陀耶。此云堅實心，亦云貞實心，此是真心也。然第八識無別自體，但是真心。……四種心本是一體；……然雖同體，真妄義別，本末亦殊，前三是相，後一是性。性相無礙，都是一心。」（卷一）朱熹關於心性的說法，與此十分類似。

以說是圍繞著心性關係展開的。當其探討認知、理性時，也涉及了思維器官、大腦、認知活動、認知形式（感性、悟性、理性）等等問題。近代科學認為思維是大腦的功能，是物質發展到高級階段的產物。古代，中國人認為思維是心的功能。孟子說「心之官則思」。朱熹亦是如此。心的結構，朱稱之為「氣之靈」，陸象山稱之為「氣之精爽。」心的認知功能，朱稱之為「心之靈明」，陸稱之為「神識」。康德不講這些科學的生理的問題，著重研究的是理性、悟性、感性之認識如何可能？道德如何可能？美如何可能？按康德的解答，除認知主體、器官等不言而喻之條件外，認知先驗地具有的感性、悟性、理性形式，如時空形式、判斷、範疇等等是認知取得成果的不可或缺的條件。這些「形式」（如時空形式）「範疇」（質、量等等），不是思維器官之活動的自然之理，但卻也如同「自然之理」一樣，是認知所生而即具（先驗）的。當個人進行現實的、具體的認知活動時，這些「形式」、「範疇」即隨此認知而發生作用，使認知成為可能。但它們既不來自認知對象，也不來自具體的認知活動本身，不隨具體的認知活動而變化、而生滅、而增減，因而也即是一超時空的「形而上」。它不能經營造作，進行具體的認知活動，但它卻是此認知活動之先驗地具有的「形式」、「理型」。這種「形式」、這種「形而上」，如果用朱熹哲學的理氣分類來劃分，它也是屬於理而不屬於氣的；但它完全不是新實在論所謂「共相」之理。對於具體的認知者，這種「理」，用朱熹的話來說，亦是「得於天而具於心者。」朱熹對認知問題並不真正關注，因此，也沒有康德這一類的思想。朱熹所重視的是道德問題，這問題康德稱之為「實踐理性」。就

「實踐理性」而言，康德指出，它的特點是：不起於「認知理性」對利害、利益的計算與考慮；不起於情感的愉悅；不起於「實踐理性」所及的對象之本性與特徵。對於具體的道德踐履者，它之產生，猶如一絕對命令、絕對律則，是人自覺應該予以遵照以執行者。雖然遵照與否是通過人的自我意志的，但其根源則亦如同生而即具一樣，是一「先驗」、「天命」，非經驗、後天所得。因其所發之判斷及行為，具無條件之普遍性，故是一具客觀性之道德判斷。因其僅涉及意願、反此意願所發、所欲實踐的行為，其內涵實質是一「合當如此做」的判斷，故稱之為「實踐理性」，即「道德理性」。當此「道德理性」未感物而動，處於未發狀態時，它在人心中靈虛不昧，但無任何實際的經驗內容，康德稱之為「純粹實踐理性」或「純粹理性」、或「理性的純形式」；而當其感物而動時，它即發出種種道德判斷，展現為種種道德行為。朱熹關於心性的思想實質亦是如此。故朱說：

> 性含之於心……
>
> 靈底是心，實底是性。靈便是那知覺底，如向父母則有那孝出來，向君則有那忠出來，這便是性。如知道事親要孝，事君要忠，這便是心。（《語類》卷一六）
>
> 蓋原此理之所自來，雖極微妙，然其實，只是人心之中許多合當作底道理而已。但推其本，則見其出於人心，非人力之所能為，故曰「天命」。雖萬事萬化皆自此（指心）中流出，

而實無形象之可指，故曰「無極」耳（指形而上）。（《文集》卷四五《答廖子晦》第十八書）

因此「天命」之性絕非真地在人心之前、之上、之外，有一理世界在「天上」，「沖膜無朕」，其中存有種種仁義禮智，種種「合當做底」道理而為人所稟具，而不過是出於人心之不能不如此者。因此離心無「性」，「性」含之於心，為心所先驗地具有。但雖然如此，卻又不能說「心即性」，「心即理」，而須兩者「略有分別始得」（《文集》卷四〇《答何叔京》）。故馮、牟先生等以朱熹講性是心外之物，是天上（客觀存在）之「理」，為心所認知、攝取，這種看法，是不符合朱熹思想實際的。

此含之於心、為心所內具之性（理），即是心之德或心之明德，故朱又說：

人之一心，虛靈洞澈，而所具之理，乃所謂德也（即性也）；指虛靈洞澈而謂之德，固不可；舍虛靈洞澈而謂之德亦不可。於虛靈洞澈之中而有理存焉，此心之德也，乃所謂仁也（即性也、理也）。（《論語集注》）

「心之為物，實主於身，其體則有仁義禮智之性，其用則有惻隱、羞惡、是非、恭敬之情，渾然在中，隨感而應，以至身之所具，身之所接，皆有當然之則而自不容已，所謂理也。

元有一貫意思。」曰：「然。施之君臣則君臣義，施之父子則父子親，施之兄弟則兄弟和，施之夫婦則夫婦別，都只由這個心。」（《語類》卷二七）

這樣的「心」，也就是心性合一之心。「性」即道德之心、「本心」，道德理性，它與知覺靈明之心或認知理性相對，是道德之根源。這種本心也可稱之為仁心，不忍人之心，故朱給仁的定義是「仁者心之德而愛之理」。離開仁心，也就無所謂仁，無所謂「愛之理」了。故朱熹《仁說》通篇以「愛人利物之心」說仁，以「天地生物之心」說仁。這些都充分說明，對於朱熹，仁是內在於心而非橫攝、認知而來的。

牟宗三先生說：「朱熹的仁是愛之所以然之理，而為心知之明所靜攝（心靜理明）。常默識其超越之尊嚴，彼即足以引發心氣之凝聚向上，而使心氣能發為溫然愛人利物之行（理生氣）。久久如此，即可謂心氣漸漸攝具此理（當具），以為其自身之德（心之德，理轉成德）。」❽這解說不僅添字解經，把朱熹思想講成與荀子的「化性起偽」相類，而且說法本身也是矛盾、混亂，不能成立的。說一種東西能對道德起超越之感、尊嚴之情，也就無異於肯定了它本身不是中性、無色，而是道德的。朱熹自己說「仁本吾心之德，又將誰使知而覺之耶？」（《文集》卷三二《答張欽夫——又論仁說》）說仁不是心所本具而是心的認知攝取對象，這樣的仁，當然也就不是朱熹所

❽ 牟宗三《心體與性體》第三冊，第二四四頁。臺北正中書局，一九六九年版。

講的仁了。

「本心」、「性」，當心未感物而動時，只是含之於心的「合當做」的道理，故朱熹又說「性即理」。作為「理」，它無形無象，超時空，是「形而上」；但它即存在於「形而下」之「氣之靈」之心中。這種形上形下的關係，如同種子之性理之於種子的關係，因此朱熹常喜以種子為喻，說：「心性以穀種論，則包裹底是心，有秋種有粳種，隨那種發出不同，這便是性。」（《語類》卷九五）稻之為稻之性、理，用現代生物學來說，只是基因所載之遺傳密碼與信息。它無形無象，不能經營造作，種子本身只是它的載體。對個體的稻穀穀種而言，此「理」不隨個體的稻穀穀種的活動而變化、而生滅、而增減，因而也即是一超時空的「形而上」，亦如在「天上」，是稻穀穀種「得於天而具於心者。」但它與種子的關係是內在的。離此種子之理，種子只是死物，不具生理；而離種子亦無此種子之理。也就是說，種子之理是「種子之德而生之理」，種子則是「具此理而統此情者」；故既不能將兩者分割，又不能將兩者混為一談。朱熹講「性即理」，講「心統性情」，正是如此。故比之陸象山，朱熹的心性概念是更為精確、精細了；但其心學的思想實質，即在離心無理、無性這一點上，兩者又是一致的。

因此，在朱熹的心性體系中，人一方面是自然物，具七情六欲，為自然律則所約束；另一方面又由於秉具道德理性而成為一超越的存有物。前一方面是人與動物共有的，後一方面則是人的靈性、神性。這種靈性、神性，康德以之與上帝、靈魂不死相聯繫；朱熹則歸之為「天地生物之心」。所以兩者最終都在實質上走向了信仰。

二

在自然宇宙觀上，朱熹承繼了漢代董仲舒的目的論思想。

在中國哲學史上，目的論與自然論的對立，是儒道兩家宇宙觀上的根本對立。儒家信奉目的論，道家信奉自然論。《易傳》以生生為天地之大德，道家則認為生生是自然現象，無所謂恩德。《老子》說「長之育之，亭之毒之。」（五一章）「天地不仁，以萬物為芻狗。」（四章）「人法地，地法天，天法道，道法自然。」（二五章）儒家的目的論哲學到漢代，以董仲舒為代表，發展為明確的、系統的哲學體系。董說：「仁，天心。」（《春秋繁露・俞序》）「察於天之意，無窮極之仁也。」（同上，《王道通三》）春夏秋冬四季之循環不已，萬物生長收藏之生生不息，雖有其自然如此之規律，但董認為全是由於天之生物之仁心有以使然。在漢代，王充反對目的論，信奉自然論。魏晉至隋唐，自然論居於哲學的支配地位。故王弼宣揚「天地以無為心」。以「無為心」也就是天地間一切都自然而然，沒有目的。春夏秋冬之運行，生長收藏之循環，僅遵循其自然規律，沒有「目的」作為支配和主宰。朱熹繼承董的陰陽五行與目的論思想，恢復了儒家的目的論，故認為天地以生物為心。所以朱熹哲學既是自然的理氣論，也是以信仰為支柱的半神學式的思想。

故在朱熹的宇宙本原系統中，與氣、陰陽、形器相對的理，實際上有兩種：一是價值之理，一是自然性的屬性與運動發展規律之理。前者是太極——天地生物之心——元亨利貞的價值系統;後者是陰陽之自然屬性、原理、規律系統。陰陽無始,動靜無端,春夏秋冬循環有序,以及水寒火熱等等,這是自然系統之理。但支配春夏秋冬之運行有序的,有一生物之心,從而使陰陽之動靜及自然之發展不是殘物、害物,而是快然生物、利物。這兩種理是既有區別但又是內在地結合在一起的。如人跨馬相似,當春夏秋冬等自然規律起作用時,「生物之心」即駕馭此自然規律,使之生物、利物,猶如人駕馭馬而使之按一定的目的、方向行進一樣。亦如種子之「理」,並不代替種子之發育、胚芽、生長之具體過程及此過程含具之自然規律,而只是使之成就一由種子到種子的特定目的、趨向,完成一特定的生命過程與歸宿。

故朱熹關於人之理亦有兩種系統,即自然系統與道德系統。知覺運動之形器、器官及其所具之知覺、運動之所以然之理,此種理是人與禽獸所同具的,❾甚至鷹之眼比人強,狗之嗅覺亦比人優異。但人除此自然知覺等自然系統之理,同時有一價值系統之道德之理,使知覺不僅能知覺

❾《語類》卷五:「問知覺是心之靈固如此,抑氣為之邪?曰:不專是氣,是先有知覺之理,理未知覺,氣聚成形,理與氣合便能知覺。」此知覺之理,即知覺之所以然的自然之性理。「犬、牛、人之形氣既具,而有知覺能運動者生也,有生雖同,然形氣既異,則其生而有得乎天之理亦異。」(同上)就是說,知覺運動之形器及其所以知覺運動之理,此自然性之理是人與禽獸同具的,犬、牛、人皆同。「蓋知覺運動者形氣之所為,仁義禮智者天命之所賦。」(《文集》卷五〇《答陳正思》)

對象，亦能知覺是非善惡，視而知其當視，嗅而知其當嗅，好而知其當好，惡而知其當惡。此種價值系統之是非善惡之理，「發於人心之不容已」（《大學章句》）是人心所獨具、而為禽獸所無的（禽獸即便有也不能現實地表現）。如要究其根源所自，則是「天地生物之心」及由此而有的元亨利貞之四德系統。

故朱熹《仁說》反復申論：「天地以生物為心者也，而人物之生又各得乎天地之心以為心，故語心之德，雖其總攝貫通，無所不備，然一言以蔽之，則曰仁而已矣。」「蓋天地之心其德有四，曰元亨利貞，而元無不統，其運行焉，則為春夏秋冬之序，而春生之氣，無所不通。故人之為心，其德亦有四。」實際上是董的目的論思想的翻版，不過更為精緻而已。

故朱熹對「太極」的論述，有時以天地陰陽動靜之自然規律為內涵，有時又肯定「太極」是天地生物之心，有時又說「太極」是天地陰陽之氣。[10]所以如此，即是因為在朱熹體系中，「理」有兩套系統。朱熹的目的論哲學思想是明確的，但表達行文則不免有時混淆不清。長時期來，研

[10] 朱熹說：「天地之帥，則天地之心，而理在其中也。」（《語類》卷六八）「總天地萬物之理便是太極。」「無極而太極，不是說有個事物，光輝輝地在那裡，只是說當初皆無一物，只有此理而已。」（《語類》卷九四）又：「太極只是一個氣，迤邐分作兩個氣。」（《語類》卷三）又說：「陰陽五行為太極之體。」（《語類》卷三六）「太極者性情之妙，乃一動一靜已發未發之理也。」作為太極，此理是天地生物之理，亦即天地生物之心。

究者對此不細加區分，產生種種混亂的解說，是很自然的。

天地生物之心與愛人利物之心，兩者構成了朱熹哲學天人一體、從宇宙觀到人本學的統一的心學觀。

三

朱熹思想自稱繼承二程，故學術界常稱之為程朱理學。二程中，程顥被認為屬於陸王一系，程頤則被認為是理學一系。故程朱之程，又被認為僅是指程頤。實際上，朱熹思想與程顥相近而與程頤之間則有心學與理學的差異。

程頤是北宋理性主義的傑出代表，程頤哲學確實是「理學」。程頤的理性主義突出表現在：㈠在宇宙本原上提出「體用一源、顯微無間」的理本體論。「體」與「微」指理，不指心。㈡在認識論上，程頤崇奉理性而貶抑感性經驗的地位與作用。「合理與否」是其判斷一切事物之是非與真偽的標準。凡與「理」相矛盾或不合「理」的，即便是經驗的事實，人所親見親聞，程頤亦加以否定。㈢凡事要求追究其所以然與當然，追究其「如此」之所自來，從而特別重視概念的明確與判斷推理之明晰與合乎邏輯。佛教講「四大皆空」，「因緣和合」，「物無自性」，以感性、經驗否定理性及其所反映的規律、本質之實存。二程的天理觀及程頤的理性主義，實際是針對佛教此種思想而來的。朱熹吸收了程頤這一理性主義的思想，但程頤不講本心，不講心之本體，朱熹則恰恰不是如此。

程頤注《論語》「人而不仁如禮何！人而不仁如樂何！」說：「仁者天下之正理，失正理則無序而不和。」朱熹評論說：「程子說固好，但少不見得仁。仁者本心之全德。人若本然天理之良心存而不失，則所作為自有序而和。若此心一放，只是人欲私心做得出來，安得有序，安得有和？」這裡朱熹緊緊扣住本心、仁德、良心論仁。程頤則緊緊扣住理之一字以論仁。所以朱熹批評程頤「少不得仁」。這一評論，把兩者哲學思想之不同突顯得十分清楚。⓫

朱熹也講「體用一源，顯微無間」，但明確地以「心」為本體。在「中和之悟」中，朱指出：「浩浩大化之中，一家自有一個安宅，正是自家安身立命、主宰知覺處，所以立大本行達道之樞要。所謂『體用一源，顯微無間者』，乃在於此。」（《文集》卷三二《答張敬夫》第三書）在《答何叔京》書中，朱又指出「天地生物之心」是陰陽往復，生生不窮之本體（《文集》卷四〇第十七書）。在《太極圖說》中，又以太極為「天地生物之心，乃陰陽動靜之本體。」這些都是程頤思想所沒有的。

朱熹講「心統性情，惟孟子、橫渠說得好。仁是性，惻隱是情，須從心上發出來。心統性情者也。」（《語類》卷九八）朱批評二程：「心統性情，二程卻無一句似此切。」（同上）「橫渠心

⓫ 陳榮捷先生指出：「程子云：『仁者天下之正理』，朱子不用其說，而始創地釋仁為心之德。」（《論朱子之仁說》，載《朱學論集》。臺北學生書局，一九八二年四月版）

統性情一句，乃不易之論。孟子說心許多，皆未有此語端的。……其它諸子等書，皆無依稀似此。」(《語類》卷一〇一) 何以如此？亦因為程頤沒有以心為本體的思想。

朱熹的《大學補傳》引程頤論格物的十條語錄，說自己的《補傳》蓋竊取程子之意而作。實際上朱熹對「豁然貫通」、「吾心之全體大用無不明」的解釋，主要立足於擴充良知，存天理、滅人欲，使本體明德復明的基礎上。朱熹對程頤「格物」說的吸收，不過是在自己心學的基礎上，兼容並包而已。

朱熹也講讀書明理，但目的仍是去其本心之蒙蔽，使本心之理與「明德」暗而復明。朱熹解《大學》「知此而后有定」，說：「為人君則其所當止者在於仁，為人臣則其所當止者在於敬，為人子則其所當止者在於孝，為人父則其所當止者在於慈，與國人交則其所當止者在於信，是皆天理人倫之極致，發於人心之不容已者。」(《大學章句》) 完全從心學立論，也是程頤思想沒有的。

程頤的理世界「平鋪放著，百理俱在。」理與理之間沒有能動的分殊關係；故程頤講「理一分殊」只是理與氣 (器) 的關係，或就事論事。朱熹論「理一分殊」則說：

仁只是流出來底便是仁，各自成一個事物便是義。仁只是那流行處，義只是合當做處。仁只是發出來底，及至發出來，有切然不可亂處，便是義。(《語類》九八)

知得親之當愛，子之當慈，這便是仁。至於各愛其親，各慈其子，這便是義。（同上）

這裡「理一分殊」，實質上是心作為道德本體與其發而為用的關係，是以「心之體，性也」為基礎的。

朱講天地以生物為心，並以此為基礎，建構了天人合一的哲學體系。程頤雖也提到「天地生物之心」，但未加發揮，更未以之為基礎，建構自己的哲學體系。

程頤是一比較徹底的理性主義者，⓬不相信任何迷信、佛道、風水、天人感應、求神拜佛。對佛禪之「識心見性」堅決排斥。朱熹則和程顥一樣，吸收佛禪之「識心見性」以為己用。程頤的「心」在比較完全的意義上是一理知認知之心。朱熹則相信風水，相信神靈，相信天人感應，幾乎全盤接受漢人陰陽五行與災異譴告思想。朱熹的「心」既是理知與理性的，又是信仰與靈感的；⓭既是認知工具，又是道德本體。因此，關於程朱一系而程只指小程的說法，實際也是陳陳

⓬ 在認識論上，程頤在比較完全的意義上是理性主義者，否認經驗的地位與作用。朱熹則不然，重視經驗、事實的地位與作用。許多神怪、怪異之事，為經驗所有者，朱熹都承認之而予以有「理」的解釋。

⓭ 朱熹關於鬼神、祭祀、感召及卜筮等都相信，認為「心」能感應。如說：「祭祀有感格之理」（《語類》卷三）「人心才動必達於氣，便與這屈伸往來者相感通，如卜筮之類，皆是心自有此物，只說你心上事，才動必應也。」（同上）「鬼神憑依言語乃是依憑人之精神以發問。」（同上）「精神魂魄有知有覺者氣

相因的誤解。

四

朱熹建立自己哲學體系的基點、起點，是三十七歲丙戌時的「中和之悟」。前此，朱熹思想一直籠罩在佛禪的影響與儒學章句的藩籬之下。二十四歲，初訪延平，三十一歲，受教於延平，雖接受其教導、影響，對道德本心有所了解，⓮但並無真切的領悟，故一直彷徨、苦悶、莫知所向。曾說：

熹天資魯鈍，自幼記問言語不能及人，以先君子之余誨，頗知有意於為己之學，而未得其處，蓋出入於釋老者十餘年；近歲以來，獲親有道，始知所向之大方，竟以才質不敏，知識未離乎章句之間，雖時若有會於心，然反而求之，殊未有以自信。(《文集》卷三八《答江元適》，《年譜》系於甲申，孝宗隆興二年，三十五歲。)

熹少而魯鈍，百事不及人，獨幸稍知有意於古人為己之學，而求之不得其要，晚親有道，

也。」(同上) 這裡朱熹實際上是泛神論者，泛心論者。「精神魂魄有知有覺者氣也」，不僅指知覺精神活動是氣的活動(理不能造作)，亦指氣具有知覺、精神活動之潛能、本性。

⓮ 參閱本書第一章《「中和新舊說」思想》，朱熹作《存齋記》，即反映了這種影響。

粗得其緒余之一二，方幸有所向而為之焉，則又未及卒業，而遽有山頹梁壞之嘆，倀倀然如瞽之無目，擿埴索途，終日而莫知所適。(《文集》卷四〇《答何叔京》)

一直到丙戌時，朱才擺脫這種「擿埴索途，終日而莫知所適」、「如瞽之無目」的困況，而對儒學的大道之所在有了體悟、自得，這就是學術界所稱的「中和舊悟」。

「中和舊悟」的實質是心性之悟的心學思想，其要點是：

而今而后，乃知浩浩大化之中，一家自有一個安宅，正是自家安身立命主宰知覺處，所以立大本行達道之樞要，所謂「體用一源，顯微無間」者，乃在於此。(《文集》卷三二《答張敬夫》第三書)

天理本真，隨處發現，不少停息者，其體用固如是，而豈物欲之私所能壅遏而梏亡之哉。故雖汩於物欲流蕩之中，而其良心萌蘖，亦未嘗不因事而發見。(《文集》卷三〇《與張欽夫》第三書)

粹然天地之心，道義完具，此不謂之善，何以名之哉！能勿喪此，則無所適不為善矣。(《文集》卷三二《答張敬夫》第四書)

這一「體悟」，討論的，從字面看是已發未發問題，實質則是心性關係。它圍繞《中庸》「中也者，天下之大本也，和也者，天下之達道也。」「喜怒哀樂未發謂之中，發而皆中節謂之和」展開，故稱「中和之悟」。但它不僅不是由《中庸》思想所引發，也不是孟子的心學思想所直接引發的。比之孟子，朱熹「中和舊說」的心學思想是極大地深化了：

㈠「心」已具有了宇宙本原的意義，所謂「粹然天地之心」、「浩浩大化之中」，一家自有一「主宰知覺」、「安身立命處」，都是從宇宙本源的高度立論的。

㈡心有體有用，「體用一源，顯微無間」。但心之體是本體寂然、不起不滅、超乎動靜的，因而是一形而上。但此形而上卻即在形而下之中，在倫常日用之中，在萬事萬化之中。這種體用思想，不僅是孟子沒有的，也是程頤完全沒有的。程頤講「體用一源，顯微無間」，體是理，不是心。朱熹則把它轉變為心，從而走上了和程頤思想不同的心本體的方向。

㈢此心本體即道德本心，即性，但它就在知覺靈明與喜怒哀樂之心中，與之一而不二；因而實際上是「一心開二門」。這也是孟子和程頤思想所沒有的。

三年之後，朱熹又有「己丑之悟」，提出了「中和新說」。但「新悟」、「新說」對「舊說」、「舊悟」的上述心性之悟的心學基本點並沒有任何改變，而是完全保留了下來，故在「新說」中，朱明確地說，「舊說」所悟之「心性之實，未有差。」（《文集》卷四三《答林擇之》第六書及《文集》卷六七，《已發未發說》）「新說」予以修正的，只是心與性、已發與未發「之名頓放得不夠妥當」。這是朱熹對「新舊中和說」之方向大本一貫之最清楚明確的肯定。「舊說」以心為已發，性為未發，割裂心與性，似乎性在心外，「新說」則提出「心統性情」。未發時是性，但此性即心之體，故未發亦指心。如此等等。「舊說」強調「先察識、後涵養」，「新說」則實際上強調以涵養為本，以涵養為基礎，心學思路是更加明確了。

朱熹以後的龐大哲學體系就是在這一心性之悟基礎上建立與發展的。故其論周敦頤之《太極圖說》，以「天地生物為心」解說「太極」，而使《太極圖說》所展開之宇宙自然系統及天人系統都具有了心學的基礎與方向；論《仁說》，則以「愛人利物之心」立論，以「心之四德」立論，以「仁者心之德而愛之理」立論；寫《觀心說》、《盡心說》，論盡心知性，則完全從人之道德本心即是道德之本原立論；解釋《中庸》則從「中也者狀性之體段」立論，而性之體段即未發之本心；解《大學》，則以「明明德」為綱領，而「明德」即心所內具的良知、天德，「明」即存天理，去人欲，去除本體、明德之蔽而使本心全德復明。

一句話，從「中和舊悟」以後，朱熹即牢守此一心學基地而貫徹一生，直到晚年。故以朱的思想為理學，固然是誤解了朱熹；以朱熹思想早年是心學，晚年是理學⑮或早年是理學，晚年是心學，⑯亦是誤解了朱熹的。

---

⑮ 如陳建《學蔀通辨》的觀點。

⑯ 如王陽明《朱子晚年定論》。

五

朱熹「丙戌之悟」建立自己的哲學體系，與二程特別是小程的影響並無直接關係。丙戌之悟時，朱《答羅參議》把這一點講得很清楚。朱說：

某塊坐窮山，絕無師友之助，惟時得欽夫書問，往來講究此道。近方覺有脫然處。潛味之久，益覺日前所聞於西林而未之契者，皆不我欺矣。幸甚幸甚。元來此事與禪學十分相似，所爭毫未耳。（《續集》卷五）

欽夫嘗收安問，警益甚多，大抵衡山之學，只就日用處操存察辨，本末一致，尤易見功，近乃覺知如此，非面未易究也。（同上）

所以，朱的「中和舊說」「舊悟」，完全是在佛禪及湖湘學派的直接影響、啟示下，經由自己的體悟、消化而達到的。⓱

⓱ 陳榮捷先生說：「依個人感覺，朱子自幼年起，即始終不離程頤學說之薰陶，因而不能謂有出入釋老或出入延平而卒歸於程頤之一大曲折。」「朱子最後奉兩程之說，此非出入於釋老，隨而又出入於延平居靜之說，復歸於儒，實乃程頤對朱子之影響，自朱熹幼時，即有直接逐漸之發展，而無須由他說轉出也。」

湖湘學派的開創者是胡五峰（胡宏），對朱熹發生了最大影響與啟迪的是張敬夫。湖湘學派的哲學思想是心學思想。胡宏的主要哲學著作《知言》，即以心為中心、為基礎，提出和討論了心性關係，天理人欲關係，已發未發關係，心性情關係，太極與心體之關係等一系列問題。以後，朱熹之哲學體系即是在這一基礎上經由消化、吸收、精確與擴展這些基本概念而建立與完成的。在「已丑之悟」提出「新說」後，朱熹雖然對《知言》多所批評修正，對湖湘學派之「先察識、後涵養」之為學方法亦加修正，但批評的性質，基本上都屬於概念的更為精確的分疏，而不是對其基本方向與心學之思想的否定。

朱的「中和舊悟」，直接得力於張敬夫的啟發、引導，朱自已的書信，有第一手的說明。《文集》卷三二《答張敬夫》第四書云：

> 蓋通天下，只是一個天機活物，流行發用，無間容息；據其已發者而指其未發者，則已發者人心，而未發者皆其性也，亦無一物而不備矣。……存者存此而已，養者養此而已。……

（《論程朱之異》，載《朱學論集》第七二—七三頁。臺北學生書局，一九八二年版）但朱熹自已講得十分清楚，在「中和舊悟」之前，他對「道」一無所知，完全在章句訓詁之學中支離爬梳，有如瞽之冥行。如果沒有「中和之悟」，朱熹將一輩子也不能成為朱熹。故研究「中和之悟」是如何發生的，是最為重要的。

從前是做多少安排沒頓著處，今覺得如水到船浮，解維正柂，而沿洄上下，惟意所適矣，豈不易哉！始信明道所謂未嘗致纖毫之力者，真不浪語，而此一段事，程門先達，惟上蔡謝公所見透徹無隔礙處，自余雖不敢妄有指議，然味其言，亦可見矣。……向非老兄抽關啟鍵，直發其私，誨誨諄諄，不以愚昧而舍置之，何以得此？其何感幸如之。區區筆舌，蓋不足以為謝也。

在這一極為重要的論述自己悟道的實質及何以悟道的書信中，朱熹再清楚不過地指出了：㈠它的體悟所得，是一心學思想：「蓋通天下，只是一個天機活物流行發用，無間容息。……存者存此而已，養者養此而已。」㈡這一體悟完全得力於張敬夫的啟發：「向非老兄抽關啟鍵，直發其私」，「何以得此」。㈢在這一體悟與自得中，程頤完全沒有涉入，有影響的是明道與上蔡。⑱「程門先達，惟上蔡謝公所見透徹，無隔礙處。」其餘則一概被擯斥。上蔡的思想是鮮明的心學思想。故朱熹是通過上蔡而了解程門，因而實質是在心學基礎上理解二程的。

《文集》卷三二《答張敬夫》第三書云：

---

⑱《文集》卷八〇《德安府應城縣上蔡謝先生祠記》：「熹自少時，妄意為學，即賴先生之言，以發其趣；而平時所聞先生行事，又高邁卓越，使人興起。」朱之通過上蔡而理解二程，是確鑿的。但上蔡是心學思想。參見本書第十章《朱熹思想與二程門人》。

累蒙教，告以求仁之為急，而自覺殊無立腳下工夫處……。而今而後，乃知浩浩大化之中，一家自有一個安宅，正是自家安身立命主宰知覺處，所以立大本行達道之樞要，所謂「體用一源，顯微無間」者，乃此於此。……

也很明確地指出，他對為學之以「求仁之為急」這一要點，也是由張栻所直接點撥的。而所悟求仁的實質，是「而今而後乃知浩浩大化之中，一家自有一個安宅，正是自家安身立命主宰知覺處，所以立大本行達道之樞要乃在於此。」故不在外求，也完全是一心學的觀點。

在《答何叔京》書中，朱亦指出：

李先生教人，大抵令於靜中體認大本未發時氣象分明，即處事應物自然中節。此乃龜山門下相傳指訣。然當時親炙之時，貪聽講論，又方竊好章句訓詁之習，不得盡心於此，至今若存若亡，無一的實見處，辜負教育之意，每一念此，未嘗不愧汗沾衣也。(《文集》卷四○《答何叔京》第二書)

昔聞之師，以為當於未發已發之幾，默識而心契焉，然後文義事理觸類可通，莫非此理之所出，不待區區求之於章句訓詁之間也，向雖聞此而莫測其所謂，由今觀之，始知其為切

要至當之說。⑲（同上，第四書）

很明顯，朱對「龜山門下相傳指訣」，在與張敬夫切磋有悟以前，實際是完全沒有了解的。而「丙戌中和之悟」時，朱又直接由張栻、上蔡悟入，故所謂「龜山門下相傳指訣」云云，實際上也就成了一句以此解彼的套話了。在《四書集注》及《語錄》中，朱對龜山批評尖銳，幾乎全盤否定。⑳故事實上朱是由胡五峰、張栻進而直承上蔡、程顥的，與程頤、龜山無直接啟悟關係。以後，在進學方法上，朱雖強調程頤的「涵養須用敬，修學則在致知」，但朱已將其置於心學基礎上，與程頤並不相同。

禪宗在理論上與方法上的要點是「明心見性」，一方面認為心性有別，心包括心量、意識、知覺作用等等，性則是佛性、本性；另一方面又認為佛性即心之本然、本相，雖非人之現實的心，

⑲ 朱對「默坐澄心」，實際上是從來沒有體會、沒有接受的。《語類》中對此多有不滿、不理解與批評、否定之詞：「蓋李先生為默坐澄心之學，持守得固，後來南軒深以默坐澄心為非，自此學者工夫愈見散漫，反不如默坐澄心為專」。先生曰：「只為李先生不出仕，做得此工夫。若是仕官，須出來理會事。向見吳公濟為此學時，方授徒，終日在里默坐，諸生在外，都不成模樣。……李先生學於龜山，其源流是如此。龜山只是要閑散，然卻讀書，尹和靖便不讀書。」（卷一一三）

⑳ 對楊時思想的批評，參見本書第十章《朱熹思想與二程門人》。

但離心無性。修養方法上，禪有強調漸修與頓悟之不同。但不論漸修、頓悟，禪宗關於心性關係的見解，都是強調兩者不即不離。朱熹「中和舊說」、「新說」關於心性關係的見解，就是在禪宗這種心性觀的直接啟示下達成的。故丙戌之悟時，朱《答羅參議》「元來此事與禪學十分相似，所爭毫末耳。」（《續集》卷五）就是說，他自己的心性思想，實際是由禪的心性思想一轉手而成的。猶如一面鏡子，禪說它萬法皆空，清淨是其本相；朱則說其中萬法皆實，天理是其本然。㉑一虛一實，兩者看法雖然完全不同，但同為鏡子則同，故一旦有了「悟」，鏡子也就為我所用了。雖為我所用，但鏡子卻是拿過來的。故朱熹此一時期對儒、佛異同的論述，都只在指出兩者內容不同，而在心為「萬化本原」這一點上，則沒有異議。朱說：

釋氏雖自謂惟本一心，然實不識心體，雖云心生萬法，而實心外有法，故無以立天下之大本，而內外之道不備……。若聖門所謂心，則天序、天秩、天命、天討、惻隱、羞惡、是非、辭讓，莫不皆備，而無心外之法。故孟子曰：「盡其心者知其性也，知其性則知天矣。」（《文集》卷三〇《答張欽夫》第十書）

儒釋之分，只爭虛實而已。（《語類》卷一二四）

㉑ 宗密《禪源集都序》說：「一切眾生皆有空寂真心，無始本來性自清淨，（不因斷惑成淨，故云性淨）明明不昧，了了常知。」朱熹則說，人人皆有真心、本心、此心以仁義禮智為自性。

> 蓋釋氏之言見性只是虛見，儒者之言性，只是仁義禮智，皆是實事。(同上)

所以如果朱熹丙戌時對佛禪沒有「一轉手」之悟，則其「悟」也就不可能有現在呈現的內容了。

六

理與氣是朱熹建構天人哲學的基本概念。

朱熹對理氣的區分有明確認識與清晰的表述，指出：理，無形、無象、超時空、不增不減，不生不滅、是物之所以然與所當然。它不經營造作，是形而上。氣則是構成器物之原料、質料，有形有象，在具體的時空中存在、運動，能經營造作，是形而下。但理的內涵，在朱熹體系中，是隨具體領域、具體情況而有各種差異的。

朱熹是哲學家，也是大學者、大學問家，對天文、曆法、地理、歷史、社會風氣之演變及為學、讀書、注解典籍等無不感到興趣、加以研究，以求了解其規律、原理、方法。故隨領域之不同，論述對象之不同，朱熹所賦予理的內涵亦不同。

在陰陽動靜及變化之純自然領域，朱所指「理」，大多是指陰陽運動之規律及其演變變化之自然趨勢。如：

一每生二，自然之理也。（《周易本義》）

一動一靜，循環無端。無動不成靜，無靜不成動。……理自然如此。（《語類》卷九四）

動靜二字相為對待，不能相無，乃天理之自然，非人力之所能為也。（同上）

乾不專一則不能直遂，坤不翕聚則不能發散，……亦天理之必然也。（《文集》卷四二《答胡廣仲》第二書）

這種理、天理，有如嚴遵釋《老子》：「實者反虛，明者反晦，盛者反衰，張者反弛，此物之性，自然之理也。」（《道德指歸論》）亦如宋範應元釋《老子》：「天下之理，有張必有翕，有強必有弱，有興必有廢，有與必有取，此春生夏長，秋斂冬藏，造化消息，盈虛之運固然也。」（《老子道德經古本集注》）「理」都指物之自然趨勢與發展之自然規律，並不是新實在論所謂「共相」、「標準」。《語類》說：

花瓶便有花瓶的道理，書燈便有書燈的道理。水之潤下，水之炎上，金之從革，……一一都有性，都有理。人若用之，必順著它理始得。若把金來削作木用，把木來溶作金用，便無此理。（《語類》卷九七）

這裡，理也即程顥所說「服牛乘馬，皆因其性而為之。胡不乘牛而服馬乎？理之所不可。」《遺書》卷一一）「理」指物的自然之性，此自然之性附屬於物，並不是形而上。《太極圖說》中，朱熹提出了「人人有一太極，物物有一太極」的思想。說：

> 蓋合而言之，萬物統體一太極也；分而言之，一物各具一太極也。（《太極圖說解》）
>
> 本只是一太極，而萬物各有稟受，又自各全具一太極爾。（《語類》卷九四）
>
> 事事物物皆有個極，是道理之極至。蔣元進曰：「如君之仁，臣之敬，便是極。」曰：「此是一事一物之極。總天地萬物之理，便是太極。」（同上）

周敦頤《太極圖說》受道教思想的影響，故「無極而太極」，意思是說「太極」是自然存在、自己存在的，並沒有一個「有」以為其根源。其分陰分陽也是自然過程，自然如此。朱熹繼承了周的這一思想，但卻予以目的論的解釋；「太極」被認為是「天地生物之心」。「天地之帥，則天地之心而理在其間也。」（《文集》卷五八《答黃道夫》第二書）又以元、亨、利、貞四德與之相聯繫，以之為人之仁義道德之心的天理根源，故「太極」也非新實在論所謂「共相」。

朱熹講「理一分殊」，但所謂「萬理」，歸結起來只是仁義禮智四理。仁義禮智四理歸結起來，又只仁之一理，也即心所具有的「愛人利物之心」這一心之本體。朱熹說天理，如孺子入井而援之以手，不假思索，出於性之自然，此即「天理」。但此「天理」即人之道德理性，惻隱之心，與「心」仍是不能相離的。

朱熹論「讀書」，講「心靜理明」，說：

> 取其一書自首而尾，日之所玩使不過一二章，心念躬行，若不知復有他書者，如是終篇而後更受業焉；則漸涵之久，心定理明而將有以自得之矣。(《文集》卷四九《答滕德粹》第一書)
>
> 抑讀書之法，要當循序而有常，致一而不懈，從容乎句讀文義之間，而體驗乎操存踐履之實，然後心靜理明，漸見意味。不然則雖廣求博取，日誦五車，亦奚益於學哉！(《文集》卷五六《答陳師德》第一書)

這裡，理是指書上字裡行間包含之義理、道理。「心靜」則指專心致志，思慮沉靜。

朱熹常說「未有此事，先有此理」，天下未有無理之事者。如飛機製成了，必有其所以能製成之理。方之存在，必有一方之理(共相)，以為方之所以為方者。馮先生據此而認為朱所講之「理」即新實在論所謂「共相」；但此理之內涵，亦可指原因、條件，如佛教所謂「因緣和合」

者。恐龍出現了，必有其出現與存在之條件、原因。此原因、條件即恐龍出現之理。突然滅絕了，也必有其突然滅絕的條件、原因。有果必有因，因即是其存在之理。陳淳《北溪字義》說：「當然、所以然皆言理。當然，是就今日直看其合當如此，是理之見定形狀也。所以然，是就上面委曲看其因甚如此，是理之來歷根據也。」（《北溪先生全集・三門》卷六）「因甚如此」即原因、條件所造成之「所以然」也。這種因果之理，不僅不指「共相」、「標準」、「範型」，亦不指規律、必然性。它的實際內涵所指當然亦不是形而上。

也就是說，就內涵言，朱熹所講之理，是與程顥相近而與程頤不同的㉒。但雖然如此，「動靜必相對待而存在」，作為一個「道理」，則是無形無象，不占時空，是形而上。「金不能削作木用」，「不能乘牛而服馬」，作為一個「道理」，也是無形無象，不占時空，是形而上。有果必有因，無因則無果，作為一個「道理」，也無形無象，不占時空，是形而上。因此，朱關於理氣之分，形上形下之分，在以上場合，又是普遍適用，有其普遍性的。

推到本原上，也可說：上帝存在必有上帝存在之理。天地以生物為心，必有天地以生物為心之理，人皆有愛人利物之心，亦必有人皆有愛人利物之心之理。心為萬化根本，必有心為萬化根本之理。六祖禪宗主張頓悟，必有頓悟之理。總之，凡此種種，皆有其存在之道理存在者。故朱熹說：

㉒ 參閱本書第五章《朱熹思想與二程》。

宇宙之間一理而已。天得之而為天，地得之而為地，而凡生於天地之間者，又得之以為性，其張之為三綱，其紀之為五常，皆此理之流行，無所適而不在。(《文集》卷七〇《讀大紀》)

如同《老子》所說：「昔之得一者，天得一以清，地得一以寧，神得一以靈，谷得一以盈，萬物得一以生，王侯得一以為天下貞」。(三九章) 也就是說，凡存在的東西都有其存在之理，皆有其存在之自性。它存在了，必有其所以如此者。

故一部《壇經》所說，即是頓悟成佛之理。

一部《聖經》所說，即是上帝存在之理。

朱熹的全部哲學所說，其內容也可說即是他悟到的心性之學之理，盡心知性知天之理，天人合一、理一分殊之理，因而亦可以概括為理學。但此種理學，並不否定朱熹以心性為萬善之源、百行之本，亦不否定朱熹的兩種「理」的系統：自然之理氣系統與價值之性理形器系統之並存與相互作用；亦不否定朱熹對天地生物之心與人之愛人利物之心的肯認。故亦如禪宗、基督教、佛禪一樣，朱熹的理學也就是他的心性之理之學，他的「天地生物之心」存在之學。

七

朱熹哲學的出現，是有宋一代理性與道德高度宏揚的結果，亦是它的集大成與達到高峰的表現。佛教禪宗的挑戰與影響，亦是重要方面。這裡僅就理性方面加以簡述。

宋代的理性主義與道德重建思潮，由歐陽修首先倡導。在《易・童子問》中，歐陽修宣稱：《文言》、《繫辭》皆非聖人之作者。歐陽修斷言如此，並非地下出土了文物，提供了新證明；亦非新發現了版本，引起了爭論，而是歐陽修自己以理性審視經典的結果。歐提出「天下之至理」、「聖人之中道」、個人之「至思」，是衡量一切真偽是非的標準。符合這些標準的是真的，不符合這些標準的就是假的、非的。這裡「至理」、「中道」是客觀的標準，「至思」是主觀的理性。「至理」、「中道」雖然是不可懷疑的，但它須通過「至思」而得到確認。因此，歸根結底，「至思」這一個人的「理性」成為判定經典之真偽與是非的真正的標準，由此而使理性得到宏揚和推重。這種宏揚理性的呼聲，由於歐陽修的崇高地位和影響，經其登高一呼，應者接踵，因而迅即在史學、散文、哲學各領域，雲蒸霞蔚，實際上興起了一價值重估、歷史重估與重新總結歷史經驗教訓的新學術運動。

在史學上，是排除了種種荒謬迷信而以理性、清新、提倡氣節見稱的《新唐書》、《新五代史》與重人定、重歷史經驗教訓之總結的《資治通鑑》的完成。

在文學上，是風格各異、個性突出的說理抒情、情理兼融、真善美結合之散文之繁花怒放。

在經學上，是疑經思潮的泛濫、興盛，以及各種新的自出己意的注釋之出現，如王安石《周官新義》等等。

哲學上，是周敦頤、王安石、邵雍、張載、二程各哲學體系的建立。連文學大師——三蘇，特別是蘇軾，亦同時兼具有哲理家、思想家的身分。

教育上，則有私人講學與各種書院的興起。

印刷也是空前繁榮。

南宋陸象山與朱熹的哲學是這一思潮的繼續與集大成。所以朱陸都極推崇個人的理性。陸象山指出：「昔人之書，不可以不信，亦不可以必信，顧於理如何耳，蓋書可得而偽為也，理不可得而偽為也。使書之所言者理耶，吾固可以理揆之。使書之所言者事耶，則事未始無其理也。觀昔人之書而斷於理，則真偽將焉逃哉！」（《象山先生全集》卷三二《取二三策而已矣》）朱熹亦說：「古之聖賢惟理是視，言當於理，雖婦人孺子有所不棄；或乖理致，雖出古書，不敢盡信，此論甚當。」「若於理實有所見，則人言之是非不翅黑白之易辨，因不待訊其人之賢否而為去取。」（《文集》卷三六《答陸子靜》第五書）雖然朱熹的結論是保守的，對於聖賢的言論，並不敢真有所觸犯，但實際上朱熹卻在中國前此的一切經學、哲學的學術領域，進行了價值的重估與經驗教訓的總結。在每一個領域，朱熹都幾乎推陳出新，重新考察、分析揚棄前人的研究成果而做出新的結論，提供新的研究視野和研究方法，使之面貌一新。

如關於「易學」，朱以歷史發展的眼光與研究方法，指出《易》的發展經歷了三個階段，每個階段都有其產生的特定時代、條件與內容、特點；有伏羲之《易》、文王之《易》、孔子之《易》。三者既前後相承，又各有新的內容與發展，不能混同。《易》的本原是卜筮之書，義理是在卜筮基礎上發展起來的。不能離開卜筮而談義理，亦不能專講卜筮而不講其義理，兩者恰當地結合，才能把握《易》的宗旨與精神。以此新的眼光審視以往的「《易》說」，朱指出：「言象數者，例皆穿鑿，言義理者又太汗漫」，兩者皆失去了《易》的本義。朱說卦爻之辭，乃「因依象類，虛設於此，以待扣而決者，使以所值之辭決所疑之事，似若假之神明，而亦必有理而後有是辭。」（《文集》卷三一〈答張敬夫〉第十八書）故卜筮決非迷信。讀《易》、求《易》，應「考其象之所已然者，求其理之所以然者。」朱熹的《周易本義》與《啟蒙》，即貫穿這一理性精神與研究眼光，而使易學獲得了新的學術形態與生命。

在《詩》學上，朱一反漢代經師與《小序》以「三百篇當諫書」、當道德訓誡的迂腐傾向，指出：「風詩之所謂風者，多出於里巷歌謠之作，所謂男女相與咏歌，各言其情者也」（《詩經傳序》），故作者並非聖王、君子，目的也不是道德的教誡，而是男女相戀相愛之情的抒發，從而恢復了詩之為詩乃一文學作品的本來面貌。

朱熹曾說：「曾有一老儒鄭漁仲，更不信《小序》，只依古本與疊在後面。某今亦只如此，令人虛心看正文，久之其義自見。」（《語類》卷八〇）「虛心看正文」，即擺脫前人一切成說；「其義自見」則是通過自己的理性思考而有以自得。這是朱讀《詩》的方法，亦是其讀其它一切經典著作的方法。因此，與培根的反對「四偶像」類似，突出的是一反對「成心」，反對盲從與迷信前人與權威的理性精神。朱之能在各學術領域獨樹一幟，都是由於這一理性精神的弘揚。

今天來看，說《易》原本是卜筮之書，說《詩》之風是男女戀愛之情歌，是極普通的見解。但在朱熹的時代，卻仍是石破天驚的，比之康有為的六經皆孔子作，可以說高出了整整幾個朝代。這是朱熹之理性精神之卓越表現與成果。

在自然宇宙領域，朱對天之所以為天，地之所以為地，天地如何形成，日月如何運行，山形如何呈現為高低起伏？月亮如何出現有陰影？曆法如何才能精確？歲差如何形成？高山上的蚌殼化石說明什麼？為何能夠出現？人為何有智慧、賢愚？鬼神、神靈是否存在？如何解釋？這些包羅萬象的問題，朱都滿懷興趣，進行了研究、探索，提出種種經由理性推論、論證而得出的看法和結論。

對傳統道德價值、仁義禮智孝忠等等，朱熹亦進行了重新的思考，尋根究底、追問其根據與所以然，從而提出了新的根據、見解、論證與理論。其結論：「理一分殊」、「天地以生物為心」、「人得天地生物之心以為心」、「理得於天而具於心」，理究其所自來，雖極微妙，故曰天命，而其實，不過是人心中許多「合當做底道理而已。」等等。這些結論，實質雖都是一種信仰、超越，是理性所不能證明、也不能否定的，但它又無一不經過細緻嚴密的推究、思考、推理而然；因而也就達到了新的、更為自覺、更為牢靠、更為堅實的肯定。

和世界上許多大的哲學體系一樣，朱熹哲學在追究自然宇宙何以如此和諧有序、欣欣向榮，宇宙何所自來？本心何以為萬善之源、百行之本等根本問題上，理性超出自己而進入了信仰的領域，其所提供的答案，實際上既是理性對自己的限定，又是理性對自己的逾越。所以如此，歸根結底是因為人的本性既是理性的，同時又是信仰的㉓。朱熹哲學正好是人的這兩重特徵的鮮明、集中的反映。

昔哲云：哲學是時代精神的產物，是時代精神的精華，是民族心靈與智慧的凝結與提升。朱熹哲學的出現與達到如此高的水平，又一次證明了這一真理。

㉓ 參閱拙著《哲學：理性與信仰》。臺北東大圖書公司，一九九七年。

第一章「中和新舊說」思想

乾道二年，丙戌（西元一一六六年），朱熹三十七歲，有中和之悟，學術界稱「丙戌之悟」、「中和舊說」。乾道五年，己丑（西元一一六九年），朱對「舊說」覺其非是，作《已發未發說》、《與湖南諸公論中和》第一書，提出了「新說」，學術界稱「己丑之悟」、「中和新說」。「中和新舊說」是朱熹建立自己思想體系的起點，分析它的實質及兩說區別之所在，對於弄清朱熹思想的特點，具有重要意義。

第一節 「舊說」與延平思想

朱熹二十四歲時（紹興二十三年，西元一一五三年）初見李侗於延平，三十一歲時（紹興三十年，西元一一六〇年）正式受教，至三十七歲做「中和舊說」，其思想受延平之影響，故弄清延平思想的性質，對了解「中和舊說」是有幫助的。

延平思想與治學的中心、宗旨是：

> 學問之道不在多言，但默坐澄心，體認天理；若見，雖一毫私欲之發，亦退聽矣。久久用力於此，庶幾漸明，講學始得有力耳。

> 講論之餘，危坐終日，以驗乎喜怒哀樂未發之前氣象為何如，而求所謂中者，若是者蓋久之，而知天下之大本真有在乎是也。(《文集》卷九七《延平李公行狀》)

> 大凡人理義之心何嘗無，唯守持之即在爾。若於旦晝間不梏之，則夜氣存矣。夜氣存則平旦之氣，未與物接之時，湛然虛明氣象自可見。(《延平問答》戊寅書)

> 其接後學答問，窮晝夜不倦，隨人深淺而要以反省自得，而可以入於聖賢之域。(同上)

朱熹說，延平治學「大抵令於靜中體認大本未發時氣象分明，即處事應物自然中節，此乃用龜山門下相傳指訣。」(《文集》卷四〇《答何叔京》第二書) 這裡，「體驗乎喜怒哀樂未發前氣象」，純從字面看，是指體驗一種沒有任何思慮情感、「物我兩忘」的心理狀態。但實際上其真正的意謂，是指體驗聖人喜怒哀樂未發前之「氣象」。「氣象」一詞，由魏晉品評人物而開始流行，用以指陳人的一種人格與精神境界。宋代，理學家使用這一詞彙，大多數情況亦是如此。聖人的人格精神境界蘊含於心，其喜怒哀樂未發即是「中」，發而皆中節即是和。故《中庸》「中也者，天下之大本也，和也者，天下之達道也」；「喜怒哀樂未發謂之中」，此「中」雖是對大本、對心之本體的一種形容；但此心之本體指道德本心，並非心理學之心。李侗危坐終日所體驗的，就是聖人的這種純然天理的精神境界。❶

在《存齋記》中，朱熹指出心有兩種含義：一是思慮見聞之心，一是道德本體之心。「存心」是存道德本體之心。朱熹說：「抑嘗聞之，人之所以位天地之中而為萬物之靈者，心而已矣。然心之為體，不可以聞見得，不可以思慮求。謂之有物，則不得於言；謂之無物，則日用之間無適而非是也。君子於此，心勿忘，勿助長，則存之之道也。」（《文集》卷七七《存齋記》）《答許順之》第二書又補充說：「心之為體亦微矣，彼不知用力於此者，因徇於物欲而不自知。」（《文集》卷三九）以「物欲」與「心之體」相對，「心之體」亦指心之道德本體、本心。

《存齋記》寫於紹興二十八年（西元一一五八年）九月。《年譜》載：「春，見李先生於延平。」故這裡「抑嘗聞之」，當指李侗。李侗認為，道德本心，不可以聞見得，不可以思慮求，不是認知的對象，但卻是真實的實存，通過「勿忘、勿助」，操存涵養，即可存之。朱熹《存齋

❶《文集》卷六七《舜典象刑說》論聖人之心，以其為天下之大本與天下之達道，正可說明這點。朱作張浚《行狀》，論張浚的學問要旨說：「學者當清明其心，默存聖賢氣象，久久自有見處。」（《文集》卷九五下）亦可作為「氣象」實指聖人氣象之參證。

記》所發揮的即是李侗這一思想。

《延平問答》載：紹興三十年（西元一一六〇年），庚辰，朱致李侗書說：「因看必有事焉而勿正，心勿忘，勿助長數句，偶見全在日用間，非著意、非不著意處，才有毫髮私意，便沒交涉。」李指出：「此意亦好，但不知用處卻如何?!某曩時傳得呂與叔《中庸解》甚詳。……有云：謂之有物，則不得於言；謂之無物，則必有事焉。不得於言者，視之不見，聽之不聞，無聲形接乎耳目而可以道也。必有事焉者，莫見乎隱，莫顯乎微，體物而不可遺者也。學者見乎此，則庶乎能擇乎中庸而執之。隱微之間不可求之於耳目，不可道之於言語，然有所謂昭昭而不欺，感之而能應者，正惟虛心以求之，則庶乎見之。」延平所告於朱熹的即呂大臨這一思想。「昭昭而不欺」，即「昭昭靈靈不昧底」❷，在呂、李思想中即指心之道德本體。呂大臨曾提出：「竊謂未發之前，心體昭昭具在，已發乃心之用也。」（參見程頤《與呂大臨論中書》，載《河南程氏文集》卷九）朱熹「中和舊說」所發揮的，實質就是延平這一思想。因此，把心在邏輯分析上區分為認知之心（思慮營為）與道德本體之心，也是貫穿於朱熹「中和舊說」的一個基本思想與基本方法。

❷ 牟宗三先生說：「余子積謂《存齋記》之言，『心之為體』云云，是『少年學禪，見得昭昭靈靈意思。』（見《明儒學案》卷三《崇仁學案》）此說大概是實情。」（《心體與性體》第三冊，第一章《朱子三十七歲前之大體傾向》。臺北正中書局，一九六九年版）

第二節　「舊說」的孟子心學思路

「中和舊說」的基本內容，見於《文集》卷三〇朱熹《與張欽夫》第三書及第四書；《文集》卷三二《答張敬夫》第四書及第三書。

卷三〇第三書說：

> 人自有生即有知識，事物交來，應接不暇，念念遷革，以至於死，其間初無傾刻停息，舉世皆然也。然聖賢之言，則有所謂未發之中，寂然不動者，夫豈以日用流行者為已發，而指夫暫而休息不與物接之際為未發時耶？嘗試以此求之，則泯然無覺之中，邪暗鬱塞，似非虛明應物之體；而幾微之際一有覺焉，則又便為已發，而非寂然之謂。蓋愈求而愈不可見；於是退而驗於日用之間，則凡感之而通，觸之而覺，蓋有渾然全體應物而不窮者，是乃天命流行、生生不已之機；雖一日之間，萬起萬滅，而其寂然之本體，則未嘗不寂然也。所謂未發，如是而已。夫豈別有一物，限於一時，拘於一處而謂之中哉？然則天理本真，隨處發現，不少停息者，其體用固如是，而豈物欲之私所能壅塞而梏亡之哉。故雖泊於物欲流蕩之中，而其良心萌蘗，亦未嘗不因事而發現，學者於是察致而操存之，則庶乎可以

> 貫乎大本達道之全體而復其初矣。

書的基本點即是把心區分為思慮營為與道德本體之心。朱熹認為，前者「事物交來，應接不暇」，無所謂寂然不動，因其無時不在應接事物，無傾刻停息，故無時不在「已發」之中，故若欲從此思慮營為之心求「未發之中」，是「愈求而愈不可見」，故「未發之中」、寂然不動之體，朱熹認為，只能是指道德之心這一心之本體。這本體，朱熹在書中稱之為「天命流行、生生不已之機」、「天理本真」、「良心」。認為它雖泊於物欲流蕩之中，亦未嘗不因事而發現，是物欲之私所不能令其梏亡的。因此，達到中、和的方法，是察致而操存之，而非在沉靜思慮上用功。所以全書的基本思路是孟子心學的思路。

卷三二第四書說：

> 蓋通天下只是一個天機活物流行發用，無間容息，據其已發者而指其未發者，則已發者人心、而凡未發者皆其性也，亦無一物而不備矣。夫豈別有一物，拘於一時、限於一處而名之哉。……此粹然天地之心，道義完具，此不謂之善，何以名之哉。能勿喪此，則無所適而不為善矣。今推有好有惡者為性，而以好惡以理者為善，則是性外有理，而疑於二矣。

全書反對心外有性，性外有理，強調心、性、理的合一。認為性善即「粹然天地之心」，能勿喪此，則「無適而非善矣」。同卷第三書說：「而今而後，乃知浩浩大化之中，一家自有一個『安宅』，正是自家安身立命、主宰知覺處，所以立大本行達道之樞要，所謂『體用一源，顯微無間』者，乃在於此。」「安宅」，亦指道德本心，也即「粹然天地之心」。此心與知覺及日用流行「體用一源，顯微無間」。故「主宰知覺」、「立大本行達道之樞要」，也即此道德本體之心。

卷三〇《與張欽夫》第四書說：「蓋性無時不行乎心之用，但不妨常有未行乎用之性耳。今下一前字，亦微有前後隔截氣象。……《中庸》只著一未字，便是活處，此豈有一息停住時耶？只是來得無窮，便常有個未發底耳！若無此物，則天命有已時，生物有盡處，氣化斷絕，有古無今久矣。此所謂天下之大本，若不真的見得，亦無揣模處也。」這裡，「性」實際指「道德本心」，「心之用」之心則指思慮營為之心，亦指道德本體之發用。意思是說，當思慮之心應接事物、發用流行時，此心之體——性亦隨心之發用流行而「行乎心之用」，故性在心中，不在心外。但由於此時朱熹認心為「已發」，故性是「常行乎心之用」的，但邏輯與道理上則不妨說「常有未行乎用之性」。因此，性之用與不用、發與未發，是不能以「時間」來分際的。這一常存常有之性，即是「天下之大本」。

同時期，朱熹與何叔京通信，亦反復發揮這些見解。如《文集》卷四〇《與何叔京》第三書說：「天性人心、未發已發，渾然一致，更無別物，由是而克己居敬，以終其業，則日用之間，亦無適而非此事矣。」第六書說：「所以有此病者，殆居敬之功有所未至，故心不能宰物，氣有以動志而致然耳。若使主一不二，臨事接物之際，真心現前，卓然而不可亂，則又安有此患哉。」第七書說：「愚聞之師曰：兄弟之親，天理人倫，蓋有本然之愛矣；雖有不令之人，傲很睥鬩於其間，而親愛之本心則有不可得而磨滅者。」第八書說：「蓋好者善根之發也；懿德者眾善之名也。善根，無對之善也；眾善者，有對之善也。無對者，以心言；有對者，以事言。」認為「真心」、「親愛之本心」產生本然之愛，是天理人倫、懿德眾善的本根，這是極為明確的孟子道德本心之心學思想。

又第十一書說：

> 向來妄論持敬之說，亦不自記其云何，但因其良心發現之微，猛省提撕，使心不昧，則是作功夫底本領。本領既立，自然下學而上達矣。若不察於良心發現處，即渺渺茫茫，恐無下手處也。……所喻多識前言往行，固君子之所急，熹向來所見亦是如此，近因反省，未得個安穩處，卻始知此未免支離。如所謂因公以求程氏，因程氏以求聖人，是隔幾重公案，曷若默會諸心以立其本。

所謂「默會諸心以立其本」，蓋因為此心即人之仁義道德本心，亦即良心。故工夫要點是使良心之本體不昧，方法則是持敬，於良心發現處猛省提撕，也即孟子所謂「求放心」。不是向外窮理，不是在多識前言往行處，支離用功。這可以看作是朱熹全部「中和舊說」心學思想的概括和總結。

故「舊說」對道德本心、良心的肯定是很明確的。以此良心、道德本心為性的思想也是明確的。但心與道德本心的關係，心與性的關係，已發、未發與心、性的關係，則在行文上混亂不清。所以有時說性為未發，心為已發；有時說寂然不動之本體為未發；有時又說「感之而通，觸之而覺，渾然全體應物而不窮者」為未發。講「天機活物」則似乎既指道德本心，又指思慮營為之人心；而性心又以體用關係概括之，以心為用而以性為體。如此等等，皆糾纏不清。所以在三年後終於有了新悟，而認為「此說非是」。但所謂「非是」並不指其體悟到的道德本心之非是也。

「丙戌之悟」後，朱作《雜學辨》。在《蘇氏易解》中，朱說：「夫謂不善日消而有不可得而消者，則疑若謂夫本然之至善矣；謂善日消而有不可得而消者，則疑若謂夫良心之萌蘖矣；以是為性之所在則似矣，而蘇氏初不知性之所自來，善之所從立，則其意似不謂是也。」（《文集》卷七二）《讀余隱之尊孟辨》中，朱又說：「夫孟子之所傳者何哉？曰仁義而已矣。孟子之所謂仁義者何哉？曰：『仁，人心也；義，人路也。』曰：『惻隱之心，仁之端也；羞惡之心，義之端也。』如斯而已矣；然則所謂仁義者，又豈外乎此心哉！堯舜之所以為堯舜，以其盡此心之體而已。禹湯文武周公孔子傳之以至於孟子，其間相望有或數百年者，非得口傳耳授、密相付屬也，特此心之體隱乎百姓日用之間，賢者識其大，不賢者識其小，而體其全且盡，則為得其傳耳。雖窮天地亙萬世而其心之所同然，若合符節；由是而出，宰制萬物、酬酢萬變，莫非此心之妙用，而其時措之宜，又不必同也。……孟子之所謂仁義者，亦不過使天下之人，各得其本心之所同然者耳。」（《文集》卷七三）這些亦可以看作「中和舊說」心學思想的概括和總結。

第三節 「新說」仍堅持「舊說」的心學觀點

《中和舊說序》說：

乾道己丑之春，為友人蔡季通言之（指舊說）。問辨之際，予忽自疑斯理也。……子程子之言出其門人高弟之手，亦不應一切謬誤以至於此，然則予之所自信者，其無乃反自誤乎？則復取程氏書，虛心平氣而徐讀之，未及數行，凍解冰釋。（《文集》卷七五）

這就是所謂「己丑之悟」。由此，朱熹提出了「中和新說」。「新說」的內容見於《文集》卷六七《已發未發說》、《文集》卷六四《與湖南諸公論中和》第一書等，主要內容為：

> 《中庸》未發已發之義，前認得此心流行之體，又因程子言「凡言心者，皆指已發而言」，遂目心為已發，性為未發；然觀程子之書，多所未合，因復思之，乃知前日之說，非唯心性之名，命之不當，而日用工夫全無本領。蓋所失者，不但文義之間而已。
>
> 按《文集》、《遺說》諸書，似皆以思慮未萌、事物未至之時為喜怒哀樂之未發。當此之時，即是此心寂然不動之體，而天命之性當體具焉。以其無過不及、不偏不倚，故謂之中。及其感而遂通天下之故，則喜怒哀樂之性發焉，而心之用可見。以其無不中節，無所乖戾，故謂之和。此則人心之正，而性情之德然也。然未發之前不可尋覓，已覺之後不容安排，但平日莊敬涵養之功至而無人欲之私以亂之，則其未發也，鏡明水止，而其發也無不中節矣。
>
> 向來講論思索，直以心為已發，而日用功夫止以察識端倪為最初下手處，以故缺少平日涵養一段工夫。（《文集》卷六四《與湖南諸公論中和》第一書）

這裡，「新說」明確肯定「未發」是指此心寂然而天命之性當體具焉之心。由於思慮未萌，事物未接，此時心處於寂然狀態，但寂然不是空寂，而是內具天命之性，所以未發是指心。「已發」則是此含具天命之性之心感而應物，所發之喜怒哀樂，無不中節，無所乖戾。所以道德只是一己之道德本心（性）及其發用於外的問題。它不是由外部所決定，而是由道德本心所發出的。

喜怒哀樂、思慮營為，屬於心理活動；但其是否中節，卻是由心所含具之道德本性決定的。

比之「舊說」，朱熹對心、性之內在的聯結與區別，措辭更加精密了。性不離心，心亦不離性。心能思慮營為，有喜怒哀樂，性則不能。故「未發」只能說心，但「未發之謂中」，「中」，卻是狀性之體段，而不是狀心。和是狀喜怒哀樂之中節，不是狀喜怒哀樂本身，故「和」亦不是狀心。這就是所謂心性情之三分，但「三分」正好把「心統性情」，性情皆不能離心而發、離心而有、離心而存的關係，明確地確立了。

故朱熹《中庸章句》釋「中」說：「蓋不偏不倚，獨立而不近四旁，心之體，地之中也；無過不及，猶行而不先不後，理之當，事之中也；故於未發之大本，則取不偏不倚之名；於已發而時中，則取無過不及之義，語固各有當也。」「不偏不倚」，既用以狀「性之體段」，又用以狀「心之體」。故「性之體段」即「心之體」，亦即道德本心也。

《中庸或問》：「蓋天命之性，萬理具焉，喜怒哀樂各有攸當，方其未發，渾然在中，無所偏倚，故謂之中。及其發而皆得其當，無所乖戾，故謂之和。謂之中者，所以狀性之德，道之體也。以其天地萬物之理，無所不該，故曰天下之大本。謂之和者，所以著情之正、道之用也；以其古今人物之所共由，故曰天下之達道。」很明確，中是狀性之德，但性即「心之體」。

《語類》卷八七：「惻隱、羞惡、辭遜、是非，固是良心；苟不存養，則發不中節，顛倒錯亂，便是私心。又問：『既加存養，則未發之際不知如何？』曰：『未發之際便是中，便是敬以直內，便是心之本體。』」「中」亦是狀性之體段，而性實際所指即是良心，心之本體。

《語類》卷六二：「喜怒哀樂未發謂之中，只是思慮未萌，無纖毫私欲，自然無所偏倚，所謂『寂然不動』，此之謂中。」強調「無纖毫私欲」，亦因為這裡的「中」是狀性之體段，即狀心之體的。根據「新說」，日用工夫是涵養用敬，去人欲之私，以使心體如鏡明水止，鑒照萬物，毫發不差，自然皆能中節。

《語類》卷三一：

> 問三月不違仁。曰：仁與心本是一物。被私欲一隔，心便違仁去，卻為二物。若私欲既無，則心與仁便不相違，合成一物。心猶鏡，仁猶鏡之明。鏡本來明，被塵垢一蔽，遂不明。若塵垢一去，則鏡明矣。
>
> 仁即是心，心如鏡相似，仁便是個鏡之明。鏡從來自明，只為有少間隔，便不明，顏子之心已純明了。

所以，「鏡明水止」非是荀子之「大清明」，而是道德本體之心無私欲障蔽時，自己呈現自己而能物來順應、其德光明之意。荀子之「大清明」是無色的、中性的認知工具，其明的作用亦是如鏡之鑒，是中性的認知，不具道德是非之判別作用。朱熹則說「仁猶鏡之明」，因此「明」是道德之知、道德之明，具有道德是非的判斷作用。此「明」是心所本具的，不是外攝而來。因此具此明之「心」，也就不是一般的思慮認知之心，而是具有道德本心之心。但此「明」亦不離開認知之心的認知之明。朱熹以後用張載的話來表述，就是「合性與知覺有心之名」。單純的知覺是人心；合性與知覺為一的知覺則是良知、良心，此種知與明，即朱熹這裡講的「鏡明」。

《語類》卷三〇說：「人心（亦指道德本心）操則存，舍則亡，須是常存得，造次巔沛必於是，不可有一息間斷。於未發之前，須是這虛明之本體曉，及至應事接物時，只以此處之，自然有個節制湊著、天然恰好處。」「虛明之本體曉」，也即具道德本體之心之「鏡明」。

《語類》卷六二說：「存養是靜工夫。靜時是中，以其無過不及，無所偏倚也。省察是動工夫。……其靜時，思慮未萌、知覺不昧，乃復所謂『見天地之心』，靜中之動也。其動時，發而中節，止於其則，乃艮之『不獲其身，不見其人』，動中之靜也。」❸「知覺不昧」指心知之功能不昧，亦指道德本體之良知不昧，故特別以「天地之心」相比擬，如果只指思慮營為的「人心」，

---

❸ 同樣意思的文字在書信中見於多處，如《文集》卷三二《答張欽夫》第十八書：「方其存也，思慮未萌而知覺不昧，是則靜中之動，復之所以見天地之心也。及其察也，事物糾紛，而品節不差，是則動中之靜，艮之所以不獲其身，是見其人也。」《文集》卷六七《程子觀養說》：「方其未發，必有事焉，是乃所謂靜中之知覺，復之所以見天地之心也；及其已發，隨事觀省，乃所謂動上求靜，艮之所止其所也。」這些論存養與持敬之功的文字，都是針對道德本體之心而言的。

比擬就不倫不類了。

《文集》卷六三《答孫敬甫》第六書說：「人之一心，本自光明，不是死物，所謂存養，非有安排、造作，只是不動著他，即此知覺炯然不昧，但無喜怒哀樂之偏，思慮營為之擾耳。當此之時，何嘗不靜，不可必待都無知覺，然後謂之靜也。」此「知覺炯然不昧」與光明、存養相聯繫，亦指含具有道德本體之良知之知。

《文集》卷四二《答石子重》說：「此心瑩然，全無私意，是則寂然不動之本體。其順理而起，順理而滅，斯乃所以感而遂通天下之故云爾。」此全無私意之瑩然之心，即道德本心之心。「寂然不動之本體」，即虛靈不昧之本體，亦即所謂「鏡明」。故朱熹《答林擇之》書將「新說」的思想陳述為：

> 未發只是思慮事物之未接時，於此便可見性之體段，故可謂之中，而不可謂之性也。發而中節是思慮事物已交之際，皆得其理，故可謂之和而不可謂之心，心則貫乎已發未發之間，乃大易生生流行、一動一靜之全體也。……舊疑《遺書》所記不審，今以此勘之，無一不合。信乎天下之書未可輕讀，聖賢指趣未易明，道體精微未易究也。（《文集》卷四三《答林擇之》第六書）

就是說，未發是心之未發，已發是心之已發，故心貫乎已發未發之間，是大易流行、生生不已之全體。說性是未發，心是已發，就把心性割裂了。道德之本心是心之體，此心之體即天命之性之在人心者，未發時，它不偏不倚，無過不及，可稱之為「中」。事物交來，道德本心（性）隨心之發用而起用，使思慮情感喜怒哀樂皆合乎理，這就是「和」。這一結論，對已發、未發的描述，比之「舊說」，朱熹認為是頓放得穩當了，但「舊說」關於心性之基本心學思路，則是依然保持下來，沒有任何改變的。故朱熹說：「昨日書中論未發者看得如何？兩日思之，疑舊來所說，於心性之實，未始有差，而未發已發字頓放得未穩當。」（同上）《已發未發說》又說：「前日之說雖於心性之實未始有差，而未發、已發命名未當。」（《文集》卷六七）明確指出「舊來所說於心性之實，未始有差」。這是朱熹對「新舊中和說」之方向大本一貫之最清礎明確的肯定。說「新說」否定了「舊說」心性之悟的心學方向，顯然是沒有根據的。自注之「此說非是」，只是指心、性、「未發」、「已發」之名頓放得未穩當而已。

第四節 性「因心而發」

「中和新舊說」中，容易導致理解上的混亂的，是「心體流行」與性的關係問題，與「已發」的關係問題。《已發未發說》說：

> 程子所謂「凡言心者皆指已發而言」，此卻指心體流行而言，非謂事物思慮之交也。然與《中庸》本文不合，故以為未當而復正之。固不可執其已改之言，而盡疑諸論說之誤；又不可遂以為當，而不究其所指之殊也。
>
> 周子曰：「無極而太極」。程子（明道）又曰：「人生而靜以上不容說，才說性時，便已不是性矣。」蓋聖賢論性無不因心而發。若欲專言之，則是所謂無極而不容言者，亦無體段之可名矣。未審諸君子以為如何？（《文集》卷六七）

這裡，朱熹肯定，性是不能離心而言的。也就是說，性是與心為一體的。此與性為一體之心即心之體，此與心為一體之性，即性之體段。離開心，性只能是周子所講之「無極」，是不能言說的；只能是程明道所謂「人生而靜以上」，也是不能言說的。能言說的性，是已落於氣化、落於人生以後之性，也就是合心而言的性。這樣，思慮未萌、事物未交之「未發」，雖指人心之未發，「未發之謂中」則指此時心所含具的天命之性之體段之「不偏不倚」、純然天理而為心之正。「已發」指人心之發而為喜怒哀樂、思慮營為；但「發而皆中節之和」，則是指所發之喜怒哀樂、思慮營為皆合乎天理（性）而為「性情之正」。

朱熹在「舊說」時，已經體悟到「心體流行」是指道德之心即與性為一體之心，非單指思慮營為的自然之心，故描述其為「良心萌櫱」、「天機活物」、「粹然天地之心」、「真心現前」等等。

但對於心性關係、道德本心（心之體）與人心的關係尚分疏不清；因此，根據程子「心為已發」的說法，認為既然心體流行，故心為已發，性為未發。「新說」則認識到，「心體流行」和「知覺不昧」、「虛靈之體不昧」這些說法相類，實際是就「道德本心」、「心之體」而言；故此「心體」思慮未萌、事物未交時是「不昧」。已發，事物交接、發用流行時，同樣是「不昧」。中之狀性，是就性落於人心，與心為一體而言，也就是「就心體流行處見」，故「直謂之性則不可」。「舊說」不懂得這一點，混淆了性與心之區別，故「非是」。比之「舊說」，「新說」在心性分疏上，確是完成了一大的進步。心本身不是性，但性與情不能離開心這一主體、載體。當性落於心、與心為一時，此時心體即為道德本體，當心發而為喜怒哀樂思慮營為時，性即轉而體現為喜怒哀樂之無不中節，思慮營為之無不合乎天理（性）。故心貫動靜，兼已發與未發，這也就是「心統性與情」朱以後『答方賓王』第四書說：「理之在心即所謂性。」（《文集》卷五六）「仁義禮智性也，體也；惻隱、羞惡、辭遜、是非，情也、用也。統性情、該體用者心也。」（同上）「性為體，情為用，而心則貫之。」（同上，第一書）更加明確地陳述了這一思想。所以「天下之大本」只能就「心」之道德本體而言。自然的思慮營為之心，其未發不能為「天下之大本」，發而為喜怒哀樂，亦只是自然的喜怒哀樂，亦不能中節而為「天下之達道。」

朱熹說：「聖賢論性無不因心而發」。這是對心性關係在認識上的一大躍進。孟子講性善，性善即「四端」，故實際上是以心論性的。但孟子沒有明確概括出「性因心而發」的命題。孟子以後，荀子、《樂記》、董仲舒、揚雄、韓愈等等都是離心而言性，以性為人之本性，心為神明之君、思慮情感的主體，兩者沒有內在聯繫；更沒有在理論上提出性、心之內在關係的問題。張載「心統性情」、「合性與知覺有心之名」，明確地概括出性與心之內在關聯和不可分割的關係。朱熹說：「聖賢論性無不因心而發」，可以說是在張載所概括的心性命題之基礎上、對心性關係的進一步的認識。這一認識不僅排除了離心而言性，以為性在心外，性是一抽象的理，有如一物，這種以後流行的「性即理」的觀念❹；也排除了心即是性、即是理這種混人心與道德本心之區分的觀念。「性因心而發」，既肯定性與心為一體，又肯定性不是心。用現在的話說，性只是心所先驗具有的「道德理性」，是心所得於天而內具於心的人合當如此做的「道理」（康德所謂道德命令、道德律則）。此道理、「理」離了心即不是性（不容言說）；只有當其落於心，為心所發，成為心所認為應當做的道理、命令而不容已時，它才是性。這一見地的建立，由摸索而明確，可以說就是朱熹由「舊說」到「新說」的歷史過程及其進展之所在。

❹ 朱熹這裡講的「理」，指當然與所以然，當然指種種「合當如此做」的道理。「所以然」亦指「合當如此」的「所以然」。其內涵歸根結底是「仁義禮智」四理，而四理又歸結是仁之一理，而仁則是人所得於「天地生物之心」而為人之「愛人利物之心」者。

第五節　對道德本心的論說

己丑之悟以後到壬辰（乾道八年，西元一一七二年）朱熹作《仁說》，其間三年，朱熹寫了許多論文，如《元亨利貞說》、《易寂感說》、《舜典象刑說》、《中庸首章說》、《樂記動靜說》、《程子觀養說》、《觀過說》、《盡心說》、《太極說》、《明道論性說》、《定性說》、《觀心說》等等，以發揮「中和新說」中所悟到的關於心性關係，關於已發、未發的見解。這些論文，貫穿其間的一個根本論點，即是因心發性，以心之自律、自發、自操、自存、自知為人之全部道德之根源與基礎。由此確立的心學特色，異常明確而鮮明。

《觀心說》說：

> 夫謂人心之危者，人欲之萌也；道心之微者，天理之奧也。心則一也，以正不正而異其名耳。惟精惟一，則居其正而審其差者也，絀其異而反其同者也。能如是，則信執其中，而無過不及之偏矣。非以其道為一心，人為一心，而又有一心以精一之也。夫謂操而存者，非以彼操此而存之也；舍而亡者，非以彼舍此而亡之也。心而自操則亡者存，舍而不操則存者亡耳；然其操之也，亦不使旦晝之所為，得以梏亡其仁義之良心云爾；

非愧然兀坐，以守其炯然不用之知覺而謂之操存也。若盡心云者，則格物窮理，廓然貫通，而有以極夫心所具之理也。存心云者，則敬以直內，義以方外，若前所謂精一操存之道也。故盡其心而可以知性知天，以其體之不蔽而有以究夫理之自然也。存心而可以養性事天，以其體之不失而有以順乎理之自然也。是豈以心盡心，以心存心，為兩物之相持而不相舍哉？

大抵聖人之學，本心以窮理，而順理以應物，如身使臂，如臂使指，其道夷而通。

全文的基點，即是肯定人有「自發自律自定方向而非在官覺感受中受制約的超越的道德本心」❺。這道德本心，因其能自律自覺、自定方向，故其格物窮理，應對萬事，無不廓然貫通，故「格物」即是於應事接物上，求種種道德本心認為合當如此作的種種道理、而使應對萬物萬事之行為合於道德之天理。此種符合，即「極乎心所具之理」或「本心以窮理」。「存心」，即是存此自覺自律之道德本心。此本心不依賴認知，不依賴對外界事物之由感性到理性的認知運動，而係「敬以直內」、「義以方外」，是道德本心以其本具之道德之理存之於心而使之昭靈不昧。「盡心」，則是使道德本心不為任何物欲所蔽，而使主體的行為全部自然合理。此種自然合理，即所

❺《心體與性體》第三冊，第四章《中和新說後關於仁說之論辯》，第三三七頁。臺北正中書局，一九六九年版。

謂「理之自然也」。所以「存心」、「盡心」，都是道德本心之自存自盡，而非僵死的不存不動，更非另有一個心以為心之主，而「以心盡心，以心存心」。所以朱熹猛烈批評以另一心操此心，或以另一心存此心之佛之「觀心說」，而強調道德本心之自律自覺，自我操存。此道德本心原於天理之正，其存其亡，只表現於心之正與不正，而心之正與不正，心亦是自知的，因為它「具萬理而應萬事」，是先驗自足的。這種本心思想，顯然是對「舊說」、「粹然天地之心」、「良心」、「本然親愛之心」等等思想的發展。

類似的存心、盡心思想，在同時期的書信中也所在多有，可以互相發明。如《文集》卷三二《問張敬夫》說：

蓋心一也，自其天理備具，隨處發現而言，則謂之道心。自其有所營為謀慮而言，則謂之人心。夫營為謀慮，非皆不善也，便謂之私欲者，蓋只一毫發不從天理上自然發出，便是私欲。所以要得必有事焉而勿正、勿忘、勿助長，只要沒這些計較，全體是天理流行，即人心而識道心也。（第七書）

熹謂存亡出入固人心也，而惟微之本體，亦未嘗加益；雖舍而亡，然未嘗少損；雖曰出入無時，未嘗不卓然乎日用之間而不可掩也。若於此識得，則道心之微，初不外此。不識，則人心而已矣。蓋人心固異道心，又不可做兩物看，不可於兩處求也。（第八書）

存其心養其性所以事天也，心性皆天之所以與我者，不能存養而梏亡之，則非所以事天也。夫心主乎性者也，敬以存之，則性得其養，而無所害矣。（第十書）

「心主乎性者也」，既可以說心是性的主腦、主宰，也可以說性以心為載體（基體、浮廓），兩者是合為一體的，故說：「蓋心一也，自其天理具備，隨處發現而言，謂之道心。」「惟微之本體，未嘗加益，舍而亡，未嘗少損。」

《盡心說》說：

盡其心者知其性也，知其性則知天矣。言人能盡其心則是知其性，能知其性則知天也。蓋天者理之自然而人之所由以生者也，性者理之全體而人之所得以生者也。心則人之所以主於身而具是理者也。天大無外而性稟其全，故人之本心，其體廓然，亦無限量，惟其梏於形器之私，滯於見聞之小，是以有所蔽而不盡，人能即事即物窮究其理，至於一日會貫通徹而無所遺焉，則有以全其本心廓然之體，而吾之所以為性與天之所以為天者，皆不外乎此，而一以貫之矣。（《文集》卷六七）

「皆不外乎此」，「此」即心也。「心則人之所以主於身而具是理者也」，而「理」即性理、天理，亦即人作為人所應該做的道理。此道理是心所先驗地具有的，故是一先驗道德理性。此道德理性發之於心之思慮營為、應事接物，使人能即事即物，無不符合於天理之要求，故心體廓然，沒有限量。「天之所以為天，性之所以為性，皆不外此。」故工夫的基點只在於去私欲，窮天理。而窮天理即窮盡本心所本具之天理而使事事物物「會貫通徹而無所遺焉」，從而使天之與我者皆能盡體而無所不至也。這是很純正明確的孟子式的心學思路與思想。

同時期的書信，亦相互發明這一思想。如《文集》卷三二《答張敬夫問目》說：

孟子曰，「盡其心者知其性也，知性則知天矣」。心體廓然，初無限量，惟其梏於形器之私，是以有所蔽而不盡。人能克己之私以窮天理，至於一旦脫然，私意剝落，則廓然之體，無復一毫之蔽，而天下之理，遠近精粗，隨所擴充，無不通達，性之所以為性，天之所以為天，蓋不離此，而一以貫之，無秩序之可言矣。（第十書）

盡心者，私智不萌，萬理洞貫，斂之而無所不具，擴之而無所不通之謂也。學至於此，則知性之為德，無所不該，而天之為天者不外是矣。存者存此而已，養者養此而已。事者事此而已。生死不異其心而修身以俟其正，則不拘乎氣稟之偏，而天下正命自我立矣。（同上）

這對「盡心說」之心性合一，顯然也是極好的解釋。「心體廓然」，即心之本體廓然（或本心廓然）。

《樂記動靜說》說：

> 蓋人受天地之中以生，其未感也，純粹至善，萬理具焉，所謂性也。然人有是性則即有是形，有是形則即有是心，而不能無感於物。感於物而動，則性之欲者出焉，而善惡於是乎分矣，性之欲即所謂情也。（《文集》卷六七）

這裡，「性之欲」即「心之欲」。性就理說，心就道德本體和性情之主宰者說。離心而言，抽象的性是無所謂欲的。晚年，朱《答徐景光》說：「有是形，則有是心，而心之所得乎天之理則謂之性（仁義禮智是也）。性之所感於物而動則謂之情（惻隱、羞惡、是非、辭遜是也），是三者人皆有之（指生而有之——引者），不以聖凡為有無也；但聖人則氣清而心正，故性全而情不亂耳。學者則當存心以養性而節其情也。」（《文集》卷六四）亦清楚地表達了這一思想。

《中庸首章說》說：

> 人之所受蓋亦莫非此理之全，喜怒哀樂未發是則所謂中也，發而莫不中節是則所謂和也。

然人為物誘，而不能自定，則大本有所不立，發而或不中節，則達道有所不行。大本不立，達道不行，則雖天理流行，未嘗間斷，而其在我者或幾乎息矣。(《文集》卷六七)

《中庸》全書講性，未出現心字，故朱熹論文中亦未出現心字。但雖未出現，而心即在其中。故時而講未發，講理之全，時而講喜怒哀樂之發而莫不中節。離開「心」這就完全不通了。因此，講性而不言自明地隱含心於其中，正是說明在朱熹思想中，心性是二而一、一而二，指此即是言彼也。

故《答張欽夫論仁說》說：「蓋人生而靜四德具焉，曰仁曰義曰禮曰智，皆根於心而未發，所謂理也，性之德也；及其發現，則仁者惻隱、義者羞惡、禮者恭敬、智者是非，各因其體以見其本，所謂情也，性之發也，是皆人性之所以為善者也。」(《文集》卷三二第十二書) 仁義禮智皆根於心。這樣的根於心之性、根於心之情，當然是心所內具之性情。故朱熹之「理具於心」、「心統性情」，其具其統，皆是內具內統也。

《答張欽夫論仁說》又說：「《仁說》(指張所作) 明白簡當，非淺陋所及，但言性而不及情，又不言心貫性情之意，似只以性對心。若只以性對心，即下文所引孟子『仁，人心也』，與上文許多說話，似若相戾。」(同上，第十七書) 張欽夫《仁說》把性與心割裂開來，不講心貫性情，不講性根於心；所以朱熹加以批評。朱熹所鮮明堅持的是孟子「仁，人心也」及「聖賢論性無不因心而發」這一基本思想，也即孟子心學的思想。故當心未為私欲蒙蔽時，其體即渾然天理、純粹至善。聖人之心正是如此，故於聖人之心即可見人人本有之心之本體也。

《舜典象刑說》說：

> 聖人之心未感於物，其體廣大而虛明，絕無毫髮偏倚，所謂天下之大本者也。及其感於物也，則喜怒哀樂之用，各隨所感而應之無一不中節者，所謂天下之達道也。蓋自本體而言，如鏡之未有所照，則虛而已矣，如衡之未有所加，則平而已矣；至語其用，則以其至虛而好醜無所遁其形，以其至平而輕重不能違其則。此所以致其中和而天地位、萬物育，雖以天下之大而舉不出乎吾心造化之中也。（《文集》卷六七）

王陽明說：「天理何以謂之中？曰：無所偏倚。曰無所偏倚，是何等氣象？曰：如明鏡然，全體瑩徹，略無纖塵染著。……須是平日好色好利好名等項一應私心，掃除蕩滌，無復纖毫留滯，而此心全體廓然，純是天理，方可謂之喜怒哀樂未發之中，方是天下之大本。」（《傳習錄》卷一）「聖人致知之功至誠無息，其良知之體皎如明鏡，略無纖翳。妍媸之來，隨物見形，而明鏡曾無留染，所謂情順萬物而無情也。……明鏡之應物，妍者妍，媸者媸，一照而皆真，……一過而不留。」（《傳習錄》卷二《答陸元靜》）與朱熹加以比較，兩者是沒有本質差別的。不過一者直接

了當，一者基於理氣架構，不講「心即理」而講「心之本體」即理罷了。❻

有些著作說，朱熹這裡講的「心體廣大虛明」只是指認知之心的反映特性，如荀子所謂「大清明」，與王陽明講良知之體、情順萬物而無情不同。實際上，朱熹講「心體虛明」完全是結合心之為道德本體而言的。純認知思慮活動之心，朱熹稱之為「氣之靈」、「靈處」或「神明」，講「虛明」、「湛然虛明」，如同講仁是鏡之明、明德一樣，是就心之道德本體亦即就道德本心而說的。故《舜典象刑說》說聖人之心「湛然虛明」，物來順應，喜怒賞罰，一一皆從天理自然流出，無一毫私智與於其間，而「物皆自爾」，與王陽明所講心體、良知之體之順萬物而無情，是完全一致的。

《文集》卷五一《答黃子耕》第七書說：

> 人之心，湛然虛明，以為一身之主者，固其本體。而喜怒憂懼隨感而應者，亦其用之所不能無者也。然必知至意誠無所私係，然後物之未感，則此心之體寂然不動，如鑒之空，如衡之平。物之既感，則其妍媸高下，隨物以應，皆因彼之自爾，而我無所與，此心之體用

---

❻ 王陽明講「心即理」。此心是道德本體之心，其預設的隱含的「人心」之心，王則不提。不提並不表示它的不存在。朱熹講心之體是性是理，不講「心即理」，因心「合知覺與性」而言。從性作為道德本體之心、是理的根源而言，亦可以說「心即理」。

所以常得其正而能為一身之主也。

這與《舜典象刑說》所說聖人之心也是完全一樣的。所以強調「知至意誠，無所私係」，有如王陽明所謂：「一應私心，掃除蕩滌，無復纖毫滯留，而此心全體廓然，純是天理，方可謂之喜怒哀樂未發之中，方是天下之大本」。離開道德本體而講心之知覺作用、反映特性，朱熹稱之為「無星之稱」，是不可能稱物平施，喜所當喜，思所當思，賞所當賞，刑所當刑，而為天下之大本的。《語類》說：

人心如一個鏡，先未有一個影象，有事物來，方始照見妍醜。若先有一個影象在裡，如何照得！人心本是湛然虛明，事物之來，隨感而應，自然見得高下輕重，事過便當依前恁地虛方得。(卷一六)

以前看得心只是虛蕩蕩地，而今看得來，湛然虛明，萬理便在裡面。(卷五)

心之全體，湛然虛明，萬理具足。(同上)

這裡，「湛然虛明」亦是結合心之道德本體而言的。把虛明講成認知的空靈，就把朱熹講成荀子與朱熹所批評的佛氏了。[7]

《語類》卷五說：「心之全體，湛然虛明，萬理具足，無一毫私欲之間；其流行該徧，貫乎動靜，而妙用又無不在焉。故以其未發而全體者言之，則性也；以其已發而妙用者言之，則情也。然心統性情，只就渾淪一物（心）之中，指其已發、未發而為言爾；非是性是一個地頭，情又是一個地頭，如此懸隔也。」這可以看作朱熹「中和新說」關於心統性情或心性情三分說的實質的解說。

朱熹說：「『合性與知覺有心之名』，張子言之矣。言心則合知覺與性而言。」（《論語集注》）離性而言的心，只是自然的思慮營為之心，而不是朱熹所意謂的心；離心而言的性，就不是實底性而只是「天理」。這是朱熹在「中和新說」中所完成的心性關係或心的見解。

---

❼《語類》卷一二六：「問：『聖門說知性，佛氏亦言知性，有以異乎？』先生笑曰：『也問得好。據公所見如何？試說看。』曰：『據友仁所見及佛氏之說者，此一性，在心所發為意，在目為見，在耳為聞，在口為議論，在手能持，在足運奔，所謂知者，知此而已。』曰：『且據公所見而言，若如此見得，只是個無星之秤，無寸之尺。』」又說：「釋氏棄了道心卻取人心之危者而作用之，遺其精者，取其粗者以為道，如此仁義禮智而非性，而以眼前作用為性是也，此只是源頭錯了。」《語類》卷一四：「心自有個準則。」《語類》卷一二：「人心是個無揀擇底心，道心是個有揀擇底心，佛氏也不可謂之邪，只是個無揀擇底心。」

第六節　心性關係與「自動機床」的比喻

馮友蘭先生說：「（朱子所講的心）是實際底心。……此實際底心，是知覺靈明底。因其是知覺靈明底，我們知其依照知覺靈明之理。但依照此理而已，其中並不具眾理。雖不具眾理，但因其是知覺靈明底，所以能知眾理，知眾性，知眾情。」❽牟宗三先生說：「在朱子……心是氣之靈之心，而非超越的道德的自發自律之本心，其本性是知覺，其自身是中性的、無色的，是形而下者，是實然的，也是一個實然之存在。但存在必有其所以存在之理，是以知覺亦有其所以為知覺之理。此理只是知覺之性，是知覺存在之存在性，與仁義禮智之為理與性不同，不可混。」「心氣具仁義禮智之理，首先是『認知地具』，其具是先通過格物窮理之靜攝工夫而具，此時是心知之明之認知地、關聯地具，而非道德本心之自發、自律的『本具』。」❾「（朱子）全具、具焉等所表示之心具，實只是關聯地具。……心通過莊敬涵養工夫，收斂凝聚而合理或能表現理，方始具有此理而成為其自身之德，否則即不能具此理而有此德，此即非『固具』之義也。『人心

---

❽《三松堂全集》第四卷《新理學》，第四章《心性》，第一一三頁。河南人民出版社，一九九二年六月版。

❾《心體與性體》第三冊，第一章《朱子三十七歲前之大體傾向》，第二四四頁。臺北正中書局，一九六九年版。

之靈，莫不有知』，即通過此知（靈覺）的靜攝關係而具之以為其自身之德也。是以從心寂然不動，而性體之渾然體段具顯於或具存於此時，到心具眾理而為其自身之德，須通過莊敬涵養之敬涵工夫，以及知的靜攝工夫（察識、致知格物）始能具有之以為自身之德。此即後天地具，非先天地具；關聯地當具，非分析地本具。此其以為靜涵靜養系統也。」❿因此，在馮先生、牟先生看來，朱熹所講的人，實際（本來面貌）只是一自然人、一自然系統，其心是「大清明」，其心之所以「大清明之理」，是其自然之「性」。仁義禮智之性，則是後天經由心之認識與修養、攝取與靜涵而得到，不是本具的。此系統用陳來《朱熹哲學研究》之比喻來說，即：「心如一部自動機床，其切削磨銑為情。其所以切削磨銑之原理為性。此機床即所以具此理而行此情者，乃心。」⓫「按這個觀點，任何一個工作系統都可以如此分析。」⓬所以這是一普遍存在的道家自然心性系統。

實際上，如用上述自動切削機床來比喻朱熹所講心性關係，應加上一為達到某一特定目的的「自動控制程序」於此機床才恰當。就是說，自動切削機床及其切削活動是氣，其自動切削所依據的原理、規律是理，但此理為知覺活動之所以然之理，是中性、無色的，只是使切削活動得以

❿ 同上。

⓫ 陳來《朱熹哲學研究》，第二〇五頁。

⓬ 同上。

自動進行者。它沒有特定的目的、方向。只有當自動切削機床為某一特定目的而加上一特定的「控制程序」時，此機床之自動切削為此特定「程序」所控制而呈現出方向性與目的性，這才相當於朱熹所講的「性」。具此「性」的自動機床才相當於朱熹所講的合性與知覺為一之心。自動切削機床所具的為某一特定目的的「控制程序」，是人所賦予的。心之性體這一「自控程序」，則是天之所賦，為心所先驗地具有的。故當心有了「性」作為體時，其知覺、視聽言動，就不僅僅是中性、無色的，而是有著明確的目的、方向（愛人利物），能使思慮營為、喜怒哀樂皆合乎天理，從而才成為「天下之大本」；喜怒哀樂皆中節而成為「天下之達道」。否則只是一中性、無色的認知與反映工具，就根本不能成為天下之大本了。

「自動控制程序」實際上只是一個「程序」，因而只是一個「理」，它無形、無象、超時空，形而上。對於自動切削機床言，此「程序」能隨機床之活動而起用，但「程序」自身不能活動，不能經營造作。如果機床不存在、不活動，它也就只是一個「天理」，在人腦中存在而已。但它一旦與機床內在結合成為一體時，它就真正成了此機床的特「性」了。朱熹心目中的心之體、性，實際上就是這一規定與修正人心之思慮營為與喜怒哀樂，使之發而皆中節的「程序」，故說「性即理」。此理得於天而具於心。但「天」並非一人格神，不過是「理之自然」，因此，實際上也無異於說，「性」是心所內在地具有、先驗地具有的。此先驗之道德本體之心與知覺內在結合，就成了朱熹所講的聖人之心、「湛然虛明之心」、「性情之正」、「天下之大本」。這湛然虛明之心，朱熹自己比喻為明鏡，說仁是鏡之明。這裡「仁」（性）就相當於自動機床的「特定控制程序」了。沒有仁的鏡，也有明，物來能照，但只是荀子講的「大清明」，見好色即好，見好食則食，見危險即避，見名利即逐，是不可能見義勇為、見孺子入井而自然地無條件地援之以手的。有仁以為鏡之明，則不僅有物能照，同時亦有道德之知之明。所以把朱熹的「心」比之為純自然的、中性的認知或自動切削（照物）系統，是不妥的。

現代自然科學據說已發現人之大腦（朱熹所謂心）中，有一機制、小區，是主司道德的。當大腦感應外物、接受刺激、作出反映、產生喜怒哀樂和種種行動時，此道德小區即隨而起用，使喜怒哀樂皆中節而合乎道德。一旦此小區受損，或為私欲等等所蒙蔽，不能發揮作用，則大腦的喜怒哀樂、接事應物狂惑昏亂，不知所以。大腦進行純認知活動時，它則不表現其作用。如果真是如此，此「小區」也即朱熹所講心之體、性或道德本心。它之在大腦中的「存在」，也只是一指令、理，它為大腦所內具，故靜涵、外攝是絕不可能使之成功的。

牟先生的根本預設是：心既然是形而下的實然活動之心，就不能是超越的自發自律的心，但這正如說自動切削機床不能內具一特定的調控程序（超越的形而上）一樣，是不能成立的。

西哲史上，康德講先驗感性、悟性、理性。此先驗之感性、悟性、理性，亦只是一認識活動的形而上、法則、理（形式）而已。但它即存在於人之思維認知活動中，其具體的發用，不能離開大腦及其具體的思維認知活動（各種細胞及其中的分子的活動等等）。這些活動所依賴與內涵的自然法則、規律，是其思維活動之理，相當於朱熹所講的知覺之理。先驗理性、悟性、感性（形式）則是與此不同的一種內在於此思維者之「理」。故真正的類比，朱熹講的性，即康德所講的實踐理性。實踐理性、道德法則是理性、心所內具的。朱熹的性、道德本心、仁義之心等等，亦是理性、心所內具的。以為形而下中，不能有超越的形而上之先驗理性、感性、悟性及道德法則、道德本心，這是在哲學史上及其哲理上都是講不通的。

中國哲學史上，孟子講性善，性即「不忍人之心」、「惻隱之心」，朱熹講仁，仁即「愛人利物之心」。此「心」如說佛祖、觀世音以慈悲為心，母親以慈幼為心一樣⑬，都不是實然的「心之官則思」，或氣之精爽則靈之心，但亦不離乎此心。王陽明說「有孝親之心則有孝親之理矣」，其「孝親之心」亦如孟子的「不忍人之心」，朱熹的「愛人利物之心」，也並不就是人的思慮營為的實然之心。究其實，它不過是心所認為一合當做（慈悲、不忍人、惻隱、慈幼、孝親等）的道理而已。這也就是所謂「性即理」。此心此理是超越的（超時空的）形而上，但它就在形而下的實存之心中。它因心而存、因心而發，猶如某穀種、樹種之「樹之理」、「穀之理」內涵於穀種、樹種之中，因種子而發一樣。樹之理、穀之理，使某樹成為某樹，某穀成為某穀，支配穀、樹之萌發、生長、開花、結果、復歸本原的全過程。它無形、無象、超時空，不過是一「理」，離開「種子」之載體，它即不能存在與活動。活動的實體、潛能、動力（經營造作）是種子，種子之

⑬ 朱熹《大學或問》：「母者慈愛之心出於至誠。」「而慈愛之心又非外鑠而有待於強為也。」

存在與活動（生理的）亦有其理。但此「理」不是某穀某樹之為某穀某樹之性理。決定某穀某樹之為某穀某樹之種子之理，才是種子之「性理」，此性理乃「種子之德而生之理」，依種子而發。朱熹講心以性為體，而性即理，正是與此相類。

《語類》卷五說：「叔器問：『先生見教，謂動處是心，動底是性。竊推此兩句只在底、處兩字上。如穀種然，生處便是穀，生底卻是那裡面些子。』曰：『若以穀譬之，穀便是心，那為粟，為菽，為禾，為稻底，便是性。康節所謂「心者，性之郛郭」是也。包裹底是心，發出不同底是性。』」朱熹說「聖賢論性無不因心而發」，此發即種子之性因種子而發；因而其發是內在的，是心之所不容已。《語類》卷五說：

心與理一，不是理在前面為一物。理便在心之中，心包蓄不住，隨事而發。

性、情、心，惟孟子、橫渠說得好。仁是性，惻隱是情，須從心上發出來。心，統性情者也。

大凡道理（指做人的道理、性理也。引者）皆是我自有之物，非從外得來，所謂知者便只是知得我底道理，非是以我之知去知彼道理也。道理固本有，用知方發得出來，若無知，道理何從而見。（或錄云：無知則道理無安頓處）

亦如自動機床之自控「程序」，須從自動機床發（表現、作用、發現）出來，種子之為粟為菽為稻為禾之性理須從種子發出來，康德之先驗理性、悟性、感性、實踐理性，須從心、思維活動發出來，朱熹說性亦須從心上發出來。所以，心性一體，心與理、性與知覺是合而為一的。牟先生說朱熹「因心而發」是「因心而發其論，或因心而說」⓮，如此理解朱熹所講心性關係，真是誤說之極了。

⓮ 同❾，第一四五頁。

第二章 《仁說》剖析

朱熹「中和新舊悟」之時，即對「仁說」進行研究、探討。朱和張栻這時期及以後的通信，「仁說」是兩人討論、切磋的重要內容。乾道四年（西元一一六八年），朱《答張欽夫》書說：「蓋仁也者，心之道而人之所以盡性至命之樞要也。……天下之理，無出於此，但自人而言，非仁則無自而立。故聖門之學以求仁為要者，正所以立大本也。」（《文集》卷三〇第十書）乾道七年（西元一一七一年），朱《答張敬夫》書又說：「大抵二先生之前，學者全不知有仁字，凡聖賢說仁處，不過只作愛看了。自二先生以來，學者始知理會仁字，不敢只作愛說；然其流復不免有弊者，蓋專務說仁，而於操存涵養之功，不免有所忽略，故無復優柔厭飫之味，克己復禮之實，但其蔽也愚而已。」（《文集》卷三一第六書）同年，朱作《觀過說》（《文集》卷六七），與湖湘學者胡廣仲、吳晦叔、胡伯逢等，就「觀過知仁」相互辨論。在這些討論的基礎上，乾道八年（西元一一七二年），朱熹作《仁說》[1]。《仁說》承前啟後，發天人之蘊，對於了解朱熹心性思想及哲學思想體系的特點，具有極其重要的意義。

第一節　天地生物之心

《仁說》最為特別的地方是，以「天地生物之心」為仁的天理根源，故如何理解「天地生物之心」，成為剖析與了解《仁說》的關鍵。朱熹說：

> 天地以生物為心者也，而人物之生又各得乎天地之心以為心者也，故語心之德雖其總攝貫通無所不備，然一言以蔽之，則曰仁而已矣。
>
> 請試詳之，蓋天地之心其德有四，曰元亨利貞，而元無不統，其遠行焉則為春夏秋冬之序，

---

❶ 《仁說》寫作的時間，學術界看法不一。劉述先《朱熹哲學思想的發展與完成》定為癸巳，乾道九年，朱四十四歲時。陳榮捷定為辛卯，乾道七年，朱四十二歲時。牟宗三認為「仁說之論辨，大體是在四十三歲後」。據《文集．別集》之《答林擇之》第二書：「得婺州報云，薛士龍物故，甚可傷。……《尤溪學記》及《克齋記》近復改定，及改去歲《仁說》，答欽夫數書……。」《尤溪學記》寫於乾道九年十月，薛士龍卒於同年。《克齋記》後署時間為乾道八年，壬辰。故《仁說》當作於壬辰，乾道九年繼續改定。

而春生之氣無所不通，故人之為心，其德亦有四。故論天地之心則曰乾元坤元，則四德之體用不待悉數而足……。蓋人之為道，乃天地生物之心即物而在。

此心何心也，在天地則坱然生物之心，在人則溫然愛人利物之心，包四德而貫四端者也。

（《文集》卷六七）

這裡，「天地生物之心」可以有三種詮釋或了解：㈠實體的心，即思慮情感、發號司令之心，這是神學的說法。如董仲舒天有意創生萬物以為人用；㈡假說虛託之辭，沒有任何實質意義。這是牟宗三先生的說法。牟先生說：「天地生物之心，若從正面有心而觀之，心只是理之定然義，心被吞沒於理。『天地無心而成化』，若從反面無心之義而觀之，心只成氣化之自然義，心被吞沒於氣。」「天地生物之心被融解為理與氣，其自身遂成虛托。」❷㈢「目的」義，即天地以生物為目的。它介於前兩種之間。作為非思慮營為之心而言，它是「無心」；作為某種生物活動之主宰、導向而言，它是「有心」。《語類》說：

---

❷《心體與性體》第三冊，第四章《中和新說後關於仁說之論辨》，第二三六頁。臺北正中書局，一九六九年六月版。

天地之心不可道是不靈，但不如人恁地思慮。

道夫言：「向者先生教思量天地有心無心。近思之，竊謂天地無心，仁便是天地之心。若使其有心，必有思慮，有營為。天地曷嘗有思慮來！然其所以四時行，百物生者，蓋以其合當如此便如此，不待思惟，此所以為天地之道」。曰：「如此則《易》所謂復其見天地之心，正大而天地之情可見，又如何？如公所說，只說得它無心處爾。若果無心，則須牛生出馬，桃樹上發李花，他又卻自定。」程子曰：「以主宰謂之帝，以性情謂之乾」。他這名義自定，心便是他個主宰處，所以謂天地以生物為心。今須要知得他有心處，又要見得他無心處，只恁定說不得。（卷一）

心，按通常的了解，就是思慮營為之心。所以道夫說，要麼天地有心，那就有思慮營為；沒有思慮營為，那就是無心。朱熹認為這種非此即彼的說法是不能成立的。天地沒有思慮營為，其春生、夏長、秋收、冬藏是一自然活動，故是無心。但雖然如此，卻不能說生物活動沒有「主宰」。如果沒有「主宰」，牛會生出馬、桃樹上發李花，生物會成為一種無方向、秩序的盲目的活動，而事實卻不是如此。春夏秋冬，總是有節奏地、終而復始地循環；生命則總是春生、夏長、秋收、冬藏，有序地生生不息。牛生牛，馬生馬，桃樹也不開李花。一切皆井井有條，和諧有序。所以如此，固然是氣化與理數使然，但最重要的，在朱熹看來，則是天地有生物之心，以為此氣化與理數之主宰，從而使自然之氣化與理數，皆為著一生物的目的。有如一機器人，其動作行走是氣化有以使然；其動作行走之原理是理數有以使然，但若無「主宰者」以確定此機器人行走動作之方向與目的，則機器人之動作行走，將成盲目的、無方向、無目的的活動。機器人之「主宰者」，為機器人之設計者所確定。自然之陰陽氣理的活動，則為天地所具有的「生物」之目的所確定。

亞里士多德說：「以為我們既然看不見動作者在思考，因此並無目的的存在，這種想法乃是荒謬的。技藝也並不思考。如果造船術是在木材裏面的話，它就會由於自然（此自然即自己如此之意。引者）而產生出同樣的結果。由此可見，如果在技藝中有目的的存在，那麼在自然（此指自然界。引者）也有目的的存在。最好的例子是一個醫生醫療自己，自然就是像那樣。」❸朱熹的思路正和亞里士多德這裡一樣。

王弼說：「凡物之所以生，功之所以成，皆有所由。有所由焉，則莫不由乎道也。」「道者，萬物之所由也。」（《老子注》五一章）王弼這裡所講的道，既包括氣化之自然，亦包括理數之定然，但兩者皆自然如此，非有為之者（即主宰、目的）。朱熹則認為，此氣化之自然與理數之定然，背後尚有為之者（主宰、目的），此為之者不僅使物得以生，功得以成，而且使物只是生，功只是成，而不是非生非成，或反生反成。此為之者，即「天地生物之心」。

---

❸ 北京大學哲學系外國哲學史教研室編譯，《古希臘羅馬哲學》，第二五八頁。北京三聯書店，一九五七年版。

朱熹《答張敬夫》第三書說：「復見天地之心，熹則以為天地以生物為心者也。雖氣有闔辟，氣有盈虛，而天地之心則亙古至今，未始有毫釐之間斷也。故陽極於外而復生於內，聖人以為於此可以見天地之心焉。蓋其復者氣也，其所以復者，則有自來矣。向非天地之心生生不息，則陽之極也，一絕而不復續矣，尚何以復生於內而為闔辟之無窮乎？此則所論動之端者，乃一陽之所以動，非徒指夫一陽之已動者而為言也。夜氣固未可謂之天地心，然正是氣之復處。苟求其故，則可以見天地之心矣。」（《文集》卷三二）按道家自然論的說法，氣有闔辟，物有盈虛（理），只是自然如此，不必也不能再問其所自來，事情到此就終結了。但朱熹卻認為，其「所以復者」尚有「所自來」，「向非天地之心生生不息，則陽之極也，一絕而不復續矣，尚何以復生於內而為闔辟之無窮乎？」就是說闔辟無窮之所以能如此，歸根結底，是由於天地以生物為心。故「天地閉闔」之時，陽氣終於七日來復，使大地回春，萬物復甦。如果不是天地以生物為心，一陽極於外也許就將不復續於內了。

朱《答何叔京》第十七書說：「來教云：天地之心不可測識，惟於一陽來復乃見其生生不窮之意，所以為仁也。熹謂若果如此說，則是一陽來復以前，別有一截天地之心，謨然無生物之意，直到一陽來復，見其生生不窮，然後謂之仁也。如此則體用乖離，首尾沖決，成何道理！（王弼之說便是如此，所以見辟於程子也。）」（《文集》卷四〇）何叔京否認有「天地生物之心」，但含糊其詞，只說「不可測識。」但既不可測識，就不可能肯定其存在。所以朱熹指出何陷入了王弼自然無為論的錯誤。朱熹認為，必須肯認有天地生物之心，才能解釋一陽來復、生生不窮（用）之何以可能。天地生物之心是體，生生不窮是用。有體才能有用。何叔京的說法，實際是以無為體。這種體用乖離，是不能成立的。這裡一陽來復之「用」，既指氣化之實然，也指此「實然」中含寓的理數之定然。而兩者的最後的所以然——即體，朱熹認為是「天地的生物之心」。

在答《張敬夫論仁說》書中，朱又指出：「蓋天地之間，品物萬形，各有所事，惟天確然於上，地隤然於下，無所為，只以生為事。故《易》曰『天地之大德曰生』，而程子亦曰『天只以生為道』。其論『復見天地之心』，又以『動之端』言之，其理亦已明矣。然所謂以生為道者，亦非謂將生來作道也。凡若此類，恐當肯認正意，而不以文害詞焉，則辨詰不煩，而所論之本指得矣。」（《文集》卷三二）「將生來作道」，即是以生之氣化之實然與氣化之理以為道。朱熹認為，這不是《易傳》和程子（明道）的意思。朱認為，《易傳》講「天地之大德曰生」、「生生之謂易」，是就元亨利貞四德和「乾元、萬物資之以為始」來說的。故讚美的不是「生」這一事實，而是使生成為生、成為生生不息的天地之「大德」。因此，否認天地有生物之心，生只是一自然現象，「大德」的說法就沒有任何意義了。「動之端見天地之心」，是程頤《易傳》提出的。王弼認為「復見天地之心」，復是靜止的意思。王弼發揮老子「夫物芸芸，靜復歸其根」的思想，認為動是暫時的，不是根本。程頤強調「動之端、天地之心見也」。動指陽動。陽動，萬物復甦、生長、發育。所以程頤《易傳》崇尚動、崇尚生，以仁為生道。但程頤沒有明確以「天地以生物為心」為自己天人合一的哲學體系的根本概念。朱熹才明確地提出。在同書中，朱又指出：「又謂仁之為道無所不體,而不本諸天地生物之心,則是但知仁之無所不體而不知仁之所以無所不體也。」「仁之無所不體」，一指仁者以天地萬物為一體，就主體言；一指仁之為道無所不體，就理言。就理言，仁之無所不體，表現為仁為「眾善之長」，「仁包四德而貫四端」。但何以仁能如此？朱熹認為，其根據即在於仁是「天地生物之心」。因此，「天地生物之心」不僅不是被理吞沒了、消融了，相反是由「理」而愈益彰顯了。

《仁說》以後，朱熹在其它重要著作如《周易本義》、《語類》及《四書集注》中，也一直堅持這一思想。

《周易本義・復卦彖傳注》說：「積陰之下，一陽復生。天地生物之心幾於滅息，而至此乃復見耳。在人則為靜極而動，惡極而善，本心幾息而復見之端也。」以人之本心對應天地生物之心。以一陽復生顯見天地之心，對應惡極而善，顯見人之至善之本心。這說明「天地生物之心」對朱熹而言，確是一真實的實存。

朱熹《孟子章句》說：「天地以生物為心，而所生之物，因各得乎天地生物之心以為心，所以人皆有不忍人之心也。」《離婁上》對「天地生物之心」亦堅信不疑。

因此，朱熹的自然觀，實包含有兩種系統：一是自然的陰陽理氣系統；一是天地生物之心的價值道德系統。前一系統表現為春夏秋冬之序，而春生之氣無所不通；後一系統表現為元亨利貞四德而元無不統。兩個系統不是互不相涉的，相反，是相輔相成的。春夏秋冬之所以有序，既是理、氣之自然，亦是元亨利貞四德的作用。從體用看，元亨利貞是春夏秋冬所以如此運行之體，春夏秋冬是元亨利貞所以生物之德之用。離開春夏秋冬，元亨利貞無所憑依與附著，而無以表現其生物之德；離開元亨利貞，春夏秋冬也將只是一純自然現象，而無以表現其生物、長物、收物、藏物之大功大用。就自然法則言，春夏秋冬之為春夏秋冬之自然法則，是陰陽二氣在天地間消長盛衰所遵循的規律，有如《淮南子》及董仲舒所描繪者。《春秋繁露・陰陽出入》說：「天之道，初薄大冬，陰陽各從一方來，而移於後。陰由東方來西，陽由西方來東。至於中冬之月，相遇北方，合而為一，謂之曰至。別而相去，陰適右，陽適左……冬月盡，而陰陽俱南還……。」這種陰陽運行的規律，只是一種自然法則、自然規律，不具道德的意義。元亨利貞卻是道德的屬性，「元者，善之長也，亨者，嘉之會也，利者，事之和也，貞者，事之幹也。」在《易傳・文言》中，它是用以形容乾的純粹至善的德性的。在《仁說》中，朱熹將其歸之於「天地生物之心」。董仲舒曾說：「天常以愛利為意，長養為事，察於天之意，無窮極之仁也。」「仁，天心。」（《春秋繁露・王道通三》）朱熹正是繼承了董仲舒這一目的論思想，從而把宇宙道德化，反轉來又以之為仁——人性的根源。因此，如果離開「天地生物之心」，離開「元亨利貞」、「乾元坤元」這一宇宙道德系統，而以純自然的陰陽理氣系統作為人的生命價值之源，就將如道家一樣，把人看作是純粹的自然人而與儒學背道而馳，也就完全不能理解朱熹《仁說》了。

第二節 心統性情

《仁說》接著說：

> 天地以生物為心者也，而人物之生又各得乎天地之心以為心者也。故人之為心，其德亦有四，曰仁義禮智，而仁無不包；其發用焉則為愛恭宜別之情，而惻隱之心無所不貫。蓋仁之為道乃天地生物之心即物而在，情之未發，而此體已具，情之既發，而其用不窮；誠能體而存之，則眾善之源，百行之本，莫不在是。誠能克去己私，復乎天理，則此心之體無不在，而此心之用無不行也。此心何也也，在天地則怏然生物之心，在人則溫然愛人利物之心，包四德而貫四端者也。

這裡，朱熹反復以「心」說仁，以「心之體」說仁，以「得乎天地生物之心以為心」說仁，以「溫然愛人利物之心」說仁，沒有「性即理」、仁即理的字樣。那麼，這裡的「心」含義為何？這裡，心不指人之思慮營為的自然之心，但它也不離乎此思慮營為的自然之心。究其實，它之所指，是一存在於人之思慮營為之「氣之靈」之心中的道德本心，也即「心之體」。它不離乎思慮營為之心，故具有「理性」的特徵，能隨思慮營為之心的發用流行而起用；但它不是此思慮營為之心本身，而是道德之源，眾善之本，故是道德理性。此道德理性之實質內容是「愛人利物」，故朱稱之為「仁心」。當仁心未隨人心之思慮營為之活動而起用（未發）時，它無形、無象，不落時空，不落有無，不過是人心所先驗地具有的一應當如此做（應當愛人利物而不計條件、利害）的道理，道德命令、道德律則而已，故可稱之為「理」。它得於天而具於心，是人之為人（道德人）的本性、善性、善根之所在，故又可稱之為「性」。這也就是「性即理」的意思。當仁心、愛人利物之道德理性隨人心思慮營為、喜怒哀樂之活動而起用時（已發），它使思慮營為、喜怒哀樂在在皆合乎天理，在在皆是愛人利物而不是害人殘物。這時，它表現自己為惻隱、是非、辭讓、羞惡等道德之情（百行眾善）。兩方面合起來，就是所謂「心統性情」。

要之，仁——仁性是得之於天而內具於人心的。心是合人心與仁心、道德本心（性）而為一的。故朱熹說：「仁字、心字，亦須略有分別始得。」（《文集》卷四〇《答何叔京》第三十書）「略有分別」，即指兩者不能分開，離心無仁；但又不能籠統地以心為仁、以仁為心。就是說，不能籠統地講「心即理」，必須講「性即理」。但講性又絕不能離乎心，不能外心以求性。以為性在心外，仁在心外，那就完全背離朱熹思想的本意了。❹故《語類》中朱熹反復申說：

❹ 乾道八年，朱問呂伯恭：「孟子曰：『仁，人心也。』前輩以為言仁之功無如此者，其說安在？且程子以為性，孟子以為心，其不同者何邪？」呂回答說：「孟子曰：『仁，人心也。』此則仁之體也。程子

> 心性本不可分。（《語類》卷六〇）
>
> 性，不是有一個物事在裡面（指在人心裡面）喚做性，只是理所當然者便是性，只是人合當如此做底便是性。（同上）
>
> 性無形質，而含之於心。故一心之中，天德具足，盡此心則知性知天矣。（同上）
>
> 心之全體湛然虛明，萬理具足，無一毫私欲之間；其流行該偏，貫乎動靜，而妙用又無不在焉。故以其未發而全體者言之，則性也；以其已發而妙用者言之，則情也。然心統性情，只就渾淪一物（指心）之中，指其已發、未發而為言爾；非是性是一個地頭，心是一個地頭，情又是一個地頭，如此懸隔也。（《語類》卷五）

以為性，非與孟子不同，蓋對情而言，情之所發不可言心（如《遺書》所謂「自性之有動者謂之情」，不曰「心之有動者謂之情。」程子之言非指仁之體，特言仁屬乎性爾（有未是處，望一一指教）。」（《東萊太史別集》卷一六《答朱侍講所問》）朱回信說：「仁字之義，孟子言心，貫體用、統性情而合言之也；程子言性，剖析疑似，分體用而對言之也。」（《文集》卷三五《答呂伯恭》）就是說「心統性情」，仁是心之體，情（指本情、正情、喜怒哀樂發而皆中節之情）是性之用（指發用流行），因此，既可以心言仁，亦可以性言仁，兩種回答的本質是完全一致的。而歸根結底，則是「心統性情」、「貫體用」。性與情都是不能離心而存、而有的。

故求仁的功夫歸結到一點，也只是「滅私欲，存天理」，求放心。《語類》說：

> 孔孟只教人求仁。求仁只是主敬，求放心。若能如此，道理便在這裡。（卷六）
>
> 學者須是求仁。所謂求仁者，不放此心。……今看《大學》亦要識此意，所謂「顧諟天之明命」，無他，求其放心而已。（同上）
>
> 或曰：存得此心，即便是仁。曰：此句甚好。……今且只以孟子「仁，人心也；義，人路也」，便見得仁義之別。蓋仁是此心之德，才存得此心，即無不仁。如說「克己復禮」，亦只是要得私欲去後，此心常存耳。（同上）
>
> 耳之德聰，目之德明，心之德仁，且將這意去思量體認。（同上）
>
> 人之本心無有不仁，但既汨於物欲而失之，便須用功親切，方可復得本心之仁。（《文集》卷四〇《答何叔京》第三十書）
>
> 心是通貫始終之物，仁是心體本來之妙，汨於物欲則雖有是心而失其本然之妙，惟用功親切者，為能復之，如此則庶幾近之矣。（同上）
>
> 人未嘗無是心，而或至於不仁，只是失其本心之妙而然耳。（同上）

這此，十分明確，都是建立在以道德本體之心，亦即愛人利物之心論仁的基礎上的。牟宗三先生說：「依孟子學，道德的必然性是性分之不容已，此不容已不是強制，是從本心即性之本身說，不是關聯著我們的習心說。」❺朱熹的《仁說》正是如此。

第三節 仁者心之德而愛之理

《仁說》的思想，用一句話來概括，即是「仁者心之德而愛之理。」

在與張敬夫《又論仁說》第二書中，朱熹說：「仁乃性之德而愛之本，因其性之有仁，是以其情能愛，但或蔽於有我之私，則不能盡其體用之妙。」（《文集》卷三二第二書）《又論仁說》則說：「仁本吾心之德。」（同上，第三書）又說：「仁只是愛之理，人皆有之。」（同上，第四書）《答胡廣仲》說：「須知仁義禮智四字一般，皆性之德，乃天然本有之理。」（《文集》卷四二第五書）《答吳晦叔》說：「仁者性之德而愛之理也，愛者情之發而仁之用也。」（《文集》卷四二第十書）在這些論述中，朱熹或說仁是「心之德」，或說仁是「性之德」。「心」、「性」交互替代，異名同謂，所指皆是心之道德本體或道德本心。只是從其無形、無象、不落時空、不落有無，是一超越的、應當愛人利物的道理言，稱為「理」；從其作為人的本質本性之所在而言，稱

❺ 牟宗三《實踐理性批判．論純粹實踐理性的動機》注解。

為性；從作為心之體、道德理性而言，則稱為心之德。所以愛之理是不能離心之德而獨立存在的。《語類》說：

> 愛之理，即是心之德，不是心之德了，又別有個愛之理。（卷二〇）

> 愛之理，是偏言則一事；心之德，是專言則包四者。故合而言之，則四者皆心之德，而仁為之主；分而言之，則仁是愛之理，義是宜之理，禮是恭敬、辭遜之理，知是分別是非之理。（同上）

> 仁只是愛底道理，此所以為「心之德」。（同上）

「愛底道理」，即是心所認為合當愛底道理。因此，朱熹所講的「仁者愛之理」與新實在論所講一般（理）與特殊（殊相）的關係是大不相同的。在新實在論體系中，愛之「理」是從形形色色的愛的殊相中抽象出來的「共相」。將其本體化的結果，此理存在於一超時空的理世界中，如程頤所說：「沖膜無朕，萬象森然已具」、「百理俱在，平鋪放著」、「幾時道堯盡君道，添得此君道多」、「元來依舊」。❻愛之理（共相）與「心之德」是沒有任何關係的。但在朱熹體系中，此愛之理只是心所認為合當愛人利物的一道理，因而其發出的愛，與新實體論體系中的種種特殊

---

❻《二程遺書》卷二上。

的「愛」之不帶道德價值的意義不同，是具有先驗道德的性質的。也就是說，它包含有一應當愛的「標準」在內，即是愛所應當愛者。而此「應當」的標準亦只是心所先驗地認為應當者。因而亦可以說，它雖然表現為人的世俗的喜怒哀樂，但其實質卻是一純道德的愛。追本溯源，它之所本是人所得於天之天地生物之心。而在新實在論體系中，愛的「共相」則是獨立自存，永恒固有的，與「天地之心」等等，毫無關聯。另一方面，此「應當」亦包含有隨具體名分、境遇等等之不同，而愛之具體表現亦自不同的「標準」。也就是說，理自身（仁心）是能隨經驗條件之「分殊」而表現自己為一「分殊」的。

程頤論《西銘》說：「《西銘》明理一而分殊，墨氏則二本而無分。老幼及人，理一也，愛無差等，本二也。分殊之蔽，私勝而失仁；無分之罪，兼愛而無義。分立而推理一，以正私勝之流，仁之方也；無別而述兼愛，至於無父之極，義之賊也。」朱熹發揮說：

> 大抵仁字，正是天理流動之機，以其包容和粹，涵育融漾，不可名貌，故特謂之仁。其中自然文理密察，各有定體處，便是義。只此二字，包括人道已盡。義固不能出乎仁之外，仁亦不能離乎義之內也。然則理一而分殊者，乃是本然之仁義。前此乃以從此推出分殊合宜處為義，失之遠矣。（《延平問答》）

> 仁，只是流出來底便是仁；各自成一個物事底便是義。仁只是那流行處，義是合當做處。

> 仁只是發出來底，及至發出來，有截然不可亂處，便是義。且如愛其親，愛兄弟，愛親戚，愛鄉里，愛宗族，推而大之，以至於天下國家，只是這一個愛流出來；而愛之中便有許多等差。且如敬，只是這一個敬，便有許多合當敬底。如敬長、敬賢，便有許多分別。
> （《語類》卷九八）

這裡，愛之理所以能分殊，原因即在於它不是僵死的、靜止的愛之「共相」，而是「心之德」，是心所認為應當做的一愛人利物的「道理」。《語類》卷二〇，朱熹論仁與孝弟等的關係說：

> 仁是理之在心，孝弟是心之見於事。「性中只有個仁義禮智，曷嘗有孝弟」！見於愛親，便喚做孝；見於事兄，便喚做弟。如「親親而仁民，仁民而愛物」，都是仁。性中何嘗有許多般，只有個仁。自親親至於愛物，乃是行仁之事，非是行仁之本也。故仁是孝弟之本。推之，則義為羞惡之本，禮為恭敬之本，智為是非之本。自古聖賢相傳，只是理會一個心，心只是一個性。性只是有個仁義禮智，都無許多般樣，見於事，自有許多般樣。
>
> 仁只是理之在心者，孝弟是此心之發見者。孝弟即仁之屬，但方其未發，則此心所存，只是有愛之理而已，未有所謂孝弟各件，故程子曰：「何曾有孝弟來！」

這裡，「理之在心」即內具於心，與心為一。以後王陽明論「心即理」說，見父自然知孝，見兄自然知弟，實是發揮朱熹此說，不過更加簡易直截，不講「仁」是「心之體」、是性、本於「天地生物之心」而已。

牟宗三先生說：朱熹「一概由存在之然以推證其所以然以為理，而此理又不內在於心而為心之所自發，如是其言之理或性乃只是一屬於存在論的存有之理，靜擺在那裡，其於吾人之道德行為乃無力者，只有當吾人敬以凝聚吾人之心氣時，始能靜涵地面對其尊嚴」。❼朱熹「視性為只是理，是一個普通的理，而愛與惻隱乃至孝弟都視同一律，一律視為心氣依這普遍之理而發的特殊表現，而表現出來的卻不是理，如是，仁與惻隱遂成為性與情之異質的兩物。……如此言理或性，是由『然』以推證其『所以然』之方式而言，此是一種本體論（存在論）之推證之方式。如此所言之理，是屬於存有論的存有之理，而不必是道德之理」。❽這是用新實在論來理解朱熹思想的結果，可以說是差之毫厘、謬以千里了。

馮友蘭先生說：「理是形而上者，是抽象的，無跡象可尋。不過因吾人有惻隱之情，故可推知吾人性中有惻隱之理，即所謂仁。因吾人有羞惡之情，故可推知吾人性中有羞惡之理，即所謂義。……蓋每一事物，必有其理。若無其理，則此事物不能有也。」❾這種由「然」以推證其「有

❼ 同❷，第二四二頁。

❽ 同❷，第二四一頁。

所以然」的推證方式，完全避開「心之德」，從而把朱熹講的仁性、仁理，一概講成一「存有論的存有之理」（共相），可以說與朱熹思想是背道而馳的。

第四節 人心與道德之心

在《仁說》中，心，一方面是氣之靈、是知覺、是思慮營為；一方面是愛人利物之心，那麼這如何可能？就是說人心、「氣之靈」的心如何能含寓一超越的道德本心？照牟先生的說法，兩者是不能並存的。要麼是「氣之靈」，那就不是、也不可能是超越的道德本心；要麼是超越的道德本心，那就不是也不可能是「氣之靈」之心。因此，牟先生認為，朱子之仁之名義應修改如下：

> 仁是愛之所以然之理，而為心知之明之所靜攝（心靜理明）。常默識其超越之尊嚴，彼即足以引發心氣之凝聚向上，而使心氣能發為溫然愛人利物之行（理生氣）。久久如此，即可謂心氣漸漸攝具此理（當具）以為其自身之德（心之德，理轉成德）。⑩

⑨《中國哲學史》第十三章《朱子》，著於一九三三年，引自《三松堂全集》第三卷，第三三二頁。河南人民出版社，一九八九年版。

⑩同❷，第二四四頁。

簡言之，即是：仁者愛之所以然之理而為心所當具之德也。⓫

也就是說，朱熹的道德心性思想，究其實是告子的義外系統、道德他律系統，與康德所謂道德只能是心之自律、理性之自律完全不同。

本書前已指出，這實際上是對朱熹《仁說》及其心性思想的曲解。這裡要著重指出，從一般哲學看，牟先生這段話，也是不能成立的。

朱熹在答張欽夫《又論仁說》中曾說：「仁本吾心之德，又將誰使知之而覺之耶？」（《文集》卷三二第十四書）就是說，仁不是如馮友蘭、牟先生所講的「共相」，有如飛機之理、舟車之理，能為心知之明所靜攝、所認知。仁是得於天而具於心者，因而是根本不能成為認知、攝取的對象的。「如人飲水，冷暖自知」。客觀的冷暖，可以溫度計量之、知之，自我的冷暖，除自知以外，別人是不可能知之覺之的。仁作為人所得於天而已具的「心之德」，亦不可能成為心知之明的認知、攝取的對象。它只能為自我所先驗地、內在地知，但此種知，即是張載所謂「天德良知」，孟子所謂「良知良能」，朱熹所謂「明德」。因此，牟先生所謂仁為心氣所攝取而為己之德的說法，是不能成立的。

朱熹更尖銳地提出對道德認知的動力與主體問題。按牟先生的說法，心氣是中性的、無色的，

⓫ 同❷，第二四四頁。

心氣之知也是中性的、無色的，沒有價值取向的。那麼它如何有一種動力、興趣或內在需要要去認知、攝取仁以為己之「德」？心既然只是中性無色的認知工具，又如何能攝取仁以為己之德？說它「常默識其（仁）超越之尊嚴」。超越之尊嚴是一強烈的道德情感，無色的、中性的認知如何能起此超越的尊嚴之感？這些，如果不假定人有一道德之本心，顯然都是講不通的。所以要麼是義外、他律系統，那麼「道德」本質上就不是道德，而是理性對利益的計算；要麼是自律系統，那麼道德就只能是「心之德」，是天德良知。朱熹一貫堅決、明確地把道德、天理與人欲、私欲——即對理性而言的他律的存在對立起來，因此，朱熹的「仁者，心之德」屬於道德自律系統，是毫無疑問的。牟先生的「修改」恰恰是把朱熹弄錯了。

那麼，人作為現實的形而下的氣的存在，其現實的心及其喜怒哀樂、思慮營為，無不受經驗條件和自然法則的制約，它如何能同時是一自由的不受經驗條件與自然法則制約的道德理性?!用康德的話也就是說，純粹理性其自身如何就能是實踐的？朱熹沒有提出這一問題，更沒有提供任何答案。因此《仁說》的一些說法，如「人之為心，其德亦有四」、「仁，人心也」、「仁者，心之德」，這些話中的心，既不能理解為只是思慮營為之心，亦不能理解為只是道德之心，它是兩者的結合。但何以如此？何以道德本心能為人心之體？等等，朱熹都沒有解答。

孟子說：「心之官則思，思則得之，不思則不得也」，「人之異於禽獸者幾希，庶民去之，君子存之」。孟子講的「心」也是思慮營為之心與仁義本心的並存。因此，也有兩者如何聯結與統一的問題。王陽明講「心即理」，同時也講「存天理，滅人欲」，其心亦有純乎天理之心與人欲之心、私意之心的區別，故亦有道心與人心的關係問題存在。只有把人講成聖人或上帝，「道成肉身」，肉身的存在只是「道」的感性形象，因而其愉悅、興趣純然全是天理；或者把人講成純然的自然物，僅受自然法則的制約，上述的矛盾才不再存在。但朱熹、王陽明和康德等等，都清醒地看到人作為人，其存在是兩重性的，既是天使，又是魔鬼；既是自由的，又是不自由的；即有「神性」，又有人性，因而其道德本心與人心、人欲之心的矛盾糾結，是無可避免的。

牟先生不想人有這種矛盾，認為人可以純然是道德的存在：「當本心仁體或視為本心仁體之本質的作用（良功良能 essential function）的自由意志發布無條件的定然命令時，即它自給其自己一道德法則時，乃是它自身之不容已，此即為『心即理』義。它自身不容已，即是它自甘如此。它自甘如此即是它自身悅此理義（理義悅心）。本心仁體之悅其自給之義理即是感興趣於理義，此即是發自本心仁體之道德之感，道德之情、道德興趣，此不是來自感性的純屬於氣性的興趣。」[12]興趣、愉悅本身只能是肉體的、氣性的，理、形而上、超越的東西，不能有興趣與愉悅。說興趣、愉悅不純屬於氣，也屬於非感性的理性與道理，是不通之論。所以牟先生自以為超越了康德，實際則是在人欲與道德的矛盾中而完全沒有拔出的。

孟子說過「理義之悅我心，猶芻豢之悅我口。」（《孟子・告子》）但孟子的這種比喻實際是

---

[12] 《智的直覺與中國哲學》，第一九五頁。臺灣商務印書館，一九七一年版。

不恰當的。這一說法不是孟子道德思想的深刻之處，相反是其缺乏深思之處。牟先生對此大加發揮，以之為中國儒學道德學的正宗。這顯然是把儒學的道德學的膚淺之處當成寶貝和精華了。

孔子說：「吾未見好德如好色者也」，「民之於仁甚於水火，水火吾見蹈而死者也，未見蹈仁而死者也」。（《論語・衛靈公》）孟子說：「人之異於禽獸者幾希。」王陽明說：「破山中賊易，破心中賊難。」（《傳習錄》卷一）「須教他省察克治，省察克治之功則無時而可間，如去盜賊，須有個掃除廓清之意，無事時將好色好貨好名等私心，逐一追究，搜尋出來，定要拔出病根，永不復起，方始為快。」（同上）「戒懼之念，無時可息，若戒懼之心，稍有不存，不是昏憒，便已流入惡念。」（同上）康德說：「如果一個有理性的存在者竟然能夠完全樂意實踐一切道德法則，那麼，那就無異於說，他心中永遠不可能有些許欲望，引誘它背棄那些法則。因為倘有這樣一種欲望，就需要加以克服。而要克服這種欲望，就總要當事人割愛忍痛，因而需要他自行強制，並且從內心強制他實行他並不完全樂意實行的事情。……他既然是一個被造物，而且總是有待於外面的條件，才能完全滿意自己的處境，所以他就永遠不能擺脫欲望和好惡。這些欲望和好惡，因為是以體質原因為基礎，所以並不能自動符合於來源完全不同的道德法則，並正因為它們的緣故，才使人們永遠不得不把自己準則的意向，建立在道德的強制力上，而不建立在心甘情願的嗜好上；建立在要求人遵守法則（不論其樂意與否）的敬重心上，而不建立在內心原不害怕意志對法則發生憎惡的那樣一種愛上。」[13]朱熹的《仁說》，一方面說：「仁之為道，乃天地生物之心即物而在，情之未發而此體已具，情之既發而其用不窮」；一方面說：「聖門之教所以必使學者汲汲於求仁也，其言有曰：『克己復禮為仁』。言能克去己私，復乎天理，則此心之體無不在，而此心之用無不行也。又曰：『居處恭，執事敬，與人忠』，則亦所以存此心也。又曰：『事親孝，事兄弟，及物恕』，則亦所以行此心也。又曰：『求仁得仁』，則以讓國而逃，諫伐而餓，為能不失乎此心也。又曰：『殺身成仁』，則以欲甚於生，惡甚於死，能不害乎此心也。」⓮其所發揮的，正是中外先賢對「道德」的共同的、基本的見解。而它是以兩種心的並存為基礎的。

「仁」、道德，是莊嚴、神聖的，但並不是曲折、深奧、令人難解的。康德的《實踐理性批判》，通過道德的莊嚴和人對道德的敬重之情，把人引到了自由的存在，引到上帝與靈魂不死。朱熹的《仁說》，通過仁心、仁德的追本溯源，把人引到了超乎物欲、私欲的超越的自由本心，引到了「天地生物之心」及其普照一切的愛，他們的目的都在鼓勵人由卑鄙、渺小、自私、縱欲、犯罪走向崇高、光明、聖潔，因為只要你願意，人人都可以求仁得仁；一旦達到了「仁」，也就與天地為一體，而永恆與不朽，無愧於為人。所以「仁說」即是朱熹的人學，也是朱熹的信仰與神學。

⓭ 關文運譯，《實踐理性批判》，第八五—八六頁。北京商務印書館，一九六〇年版。

⓮ 在同時期寫的《克齋記》中，朱指出求仁之要，為克己復禮。「克之克之而又克之，以至於一旦豁然欲盡而理純，則其胸中之所存者，豈不粹然天地生物之心，而藹然其若春陽之溫哉。」（《文集》卷七七）

第三章　「太極」思想

「太極」是朱熹哲學宇宙論、理氣論與人性論及天人關係的最重要概念。

在《延平問答》中，朱已對周敦頤《太極圖說》思想進行討論。❶「丙戌之悟」（西元一一六六年）後朱熹至長沙訪張敬夫，「太極」也是兩人商討的重要內容。乾道五年（西元一一六九年），朱熹整理、修訂、編輯周敦頤《太極通書》❷，與張敬夫、呂祖謙展開討論。乾道八年（西

---

❶ 朱《周子通書後記》說：「《通書》，濂溪夫子之所作也。……熹自早歲幸得其遺編而伏讀之，初蓋茫然不知其所謂，而甚或不能以句。壯歲獲游延平先生之門，然後始得聞其說之一二。……顧自始讀以至於今，倏焉三紀。」（《文集》卷八一）此記作於淳熙丁未，朱五十八歲時。推前為朱二十八歲時，紹興三十一年，朱致李侗信，提出：「太極動而生陽即天地之喜怒哀樂發處，於此即見天地之心。二氣交感，化生萬物，即人物之喜怒哀樂發處，於此即見人物之心。」李指出：「在天地只是理，今欲作兩節看，切恐差了。」這即是討論《太極圖說》的。

元一一七二年）寫出《仁說》以後，乾道九年（西元一一七三年）完成了《太極圖說解》、《通書解》，標誌其天人合一、從「天地以生物為心」的宇宙論到人學心本論的哲學體系的建立。釐清朱熹的太極思想，對於了解朱熹哲學的內容、性質與特徵，具有重要意義。

第一節　本體的涵義

「太極」是《易傳》提出的，但朱熹「太極」思想不是直接源於《易傳》，而是出於周敦頤《太極圖說》。

朱熹特別推崇周敦頤《太極圖說》。❸在乾道五年所作《周子太極通書後序》中，他說：「蓋

---

❷ 朱熹乾道五年（己丑），作《周子太極通書後序》，乾道六年，朱《答張敬夫》說：「《通書跋》語甚精，……《太極解》後來所改不多，別紙上呈來，當處更乞指教。」（《文集》卷三一第三書）張敬夫《通書後跋》作於乾道六年，乃為嚴陵刊刻朱熹所定《太極通書》所作，可見朱熹乾道六年已有《太極圖說》初稿。又《呂東萊文集》卷三《與朱元晦》第二書說：「《太極圖解》近方得玩會。」第三書說：「《太極》所疑，重蒙一一鐫誨。」二書皆作於乾道六年。

❸ 參閱錢穆《朱子新學案》第三冊，《朱子對濂溪橫渠明道伊川四人之稱述》。錢先生指出：「後世卒群奉濂溪為有宋一代理學不祧之始祖者，則皆朱子表彰闡述之功也。」「朱子重視濂溪太極圖而信之至篤。」

先生之學，其妙始具於太極一圖。《通書》之言皆發此圖之蘊，而程先生兄弟語及性命之際，亦未嘗不因其說，觀《通書》之誠、動靜、理、性命等章及程氏書之《李仲通銘》、《程邵公誌》、《顏子好學論》等篇，則可見矣。故潘清逸自誌先生之墓，敘所著書，特以作《太極圖》為稱首，然則此圖當為書首無疑也。」又說：「五峰胡公仁仲作《通書序》，謂：『人有真能立伊尹之志，修顏子之學，則知此書之言，包括至大，而聖門之事業無窮矣』。此則不易之至論。」（《文集》卷七五）

乾道五年（西元一一六九年）冬，朱《答張敬夫》第九書又說：「太極圖立象盡意，剖析幽微，周子蓋不得已而作也。觀其手授之意，蓋以為唯程子為能受之。程子之秘而不示，疑亦未有能受之者爾。夫既未能默識於言意之表，則道聽塗說，其弊必有甚焉，近年已覺頗有此弊矣。」《文集》卷三一）乾道六年（西元一一七〇年），《答汪尚書》第六書亦說：「大抵近世諸公知濂溪甚淺，如《呂氏童蒙訓》記其嘗著《通書》而曰『用意高遠』。夫《通書》『太極』之說，所以明天理之根源、究萬物之終始，豈用意而為之，又何高下遠近之可道哉！」（《文集》卷三〇）淳熙六年（西元一一七九年）朱熹守南康，再刊《太極通書》，撰《再定太極通書後序》，重申十年前《周子太極通書後序》之意，說明朱熹對《後序》思想的重視。

這些論述，所謂「明天理之根源，究萬物之終始」、「立象盡意，剖析幽微」、「惟程子為能受之」，確是把周之太極思想抬得極高了。但實際上，程氏兄弟「天理二字是自家體貼出來」；《程氏易傳》的指導思想——「體用一源，顯微無間」，完全排除了「太極圖」的宇宙圖式。程頤推薦的易學著作，也沒有《太極圖說》；❹所以朱說「惟程子為能受之，程子秘而不示，疑其未有能受之者」，是不合實際的。❺

朱熹太極思想，學術界有不少研究。一般認為：朱的「太極」是「動靜陰陽之理」，是陰陽動靜與存在的所以根據與本體，氣的動靜則是太極的「外在過程和表現」。❻按這種理解，「太極」實質上即陰陽之為陰陽的「共相」或支配陰陽動靜之運動「規律」。這實際上是從「本體」這個詞的一般哲學意義所作的推論。但朱熹論述太極是陰陽動靜的本體，本體是有其特別的意義的。只有抓住其特別意義之所在，才可能對朱熹太極思想有確切的理解。朱熹說：

❹ 程頤說：「易有百餘家，難為偏觀……須看王弼、胡先生、荊公三家。」（《遺書》卷一九）

❺ 全祖望曰：「濂溪之門，二程子少嘗游焉。其後伊洛所得，實不由於濂溪，是在高弟滎陽呂公希哲已明言之，其孫子微本中又申言之，汪玉山應辰亦云然。今觀二程子終身不甚推濂溪，並未得與馬、邵之列，可以見二呂之言不誣也。晦翁、南軒確然以為二程子所自出，自是後世宗之，而疑者亦踵相接焉。然雖疑之，而皆未嘗考及二呂之言以為證，則終無據。予謂濂溪誠入聖人之室，而二程子未嘗傳其學，則必欲溝而合之，良無庸矣。」這是符合實際的。（《宋元學案·濂溪學案》）

❻ 陳來《朱熹哲學研究》第一部分《理氣論》，第五頁。臺北文津出版社，一九九〇年版。

此所謂無極而太極也，所以動而陽、靜而陰之本體也。然非所以離乎陰陽也，即陰陽而指其本體，不雜乎陰陽而為言耳。(《太極圖解》)

問：即陰陽而指其本體，不雜於陰陽而言之，是於道有定位處指之。曰：然。一陰一陽之謂道，亦此意。(《語類》卷九四)

若以為止是陰陽，陰陽卻是形而下者；若只專以理言，則太極又不曾與陰陽相離。正當沉潛玩索……。某解此云：非有離乎陰陽也；即陰陽而指其本體，不雜乎陰陽而為言也。(同上)

哲學史上常用的本體義，指現象與本質中之本質、存在與本原中之本原、運動與運動之支配的規律。但朱熹心之「本體」是指道德本心或性理。此道德本心寓於人心以起用；但與人心的關係，非現象與其內在本質的關係；非運動之外在過程與其支配規律的關係；而是隨人心之發用流行，使思慮營為、喜怒哀樂在在皆合乎天理。❼太極與陰陽動靜的關係亦是如此。也就是說，它是寓於陰陽動靜以起用，使陰陽動靜在在皆合乎「道德」、「至善」之道德性本體。故朱熹說：

太極只是個極好至善的道理。……周子所謂太極，是天地萬物至善至好的表德。(《語類》

❼ 參見本書第一章《「中和新舊說」思想》。

卷九四）

事事物物皆有個極，是道理之極至。蔣元進曰：「如君之仁，臣之敬，便是極。」曰：「此是一事一物之極。總天地萬物之理，便是太極。太極本無此名，只是個表德。」（同上）

太極便是性，動靜陰陽是心。（同上）

在理學體系中，人的道德性命和宇宙天理的關係是理一分殊的關係。所以「太極便是性，動靜陰陽是心」，雖係類比的說法，但在朱熹心目中，兩者確是同類的。

因問：「太極圖所謂太極，莫便是性否？」曰：「然。此是理也。」問：「此理在天地間，則為陰陽而生五行以化生萬物；在人，則為動靜而生五常以應萬事。」曰：「動則此理行，動中之太極也。靜則此理存，此靜中之太極也。」（《語類》卷九四）

問：「先生說太極有是性則有陰陽五行云云，此說性是如何？」曰：「想是某舊說，近思量又不然。此性字為禀於天者言，若太極，只當說理，自是移易不得。易言：『一陰一陽之謂道』，繼之者則謂之善，至於成之者方謂之性，此謂天所賦於人物，人物所受於天者也。」（同上）

或問太極圖之說，曰：「以人身言之，呼吸之氣便是陰陽，軀體血肉便是五行，其性便是理。」又曰：「其氣便是春夏秋冬，其物便是金木水火土，其理便是仁義禮智信。」又曰：「氣自是氣，質自是質，不可滾說。」（同上）

所有這些都是從道德至善的意義上論述太極、論述太極之為陰陽動靜的本體的。所以，一方面陰陽動靜及其所以然，是純自然的事實與過程，所謂「一動一靜，循環無端。無靜不成動，無動不成靜。譬如鼻息，無時不噓，無時不吸；噓盡則生吸，吸盡則生噓，理自如此。」「此理循環生去，動靜無端，陰陽無始。」（《語類》卷九四）「易，變易也，如奕棋相似，寒了暑，暑了寒，日往而月來，春夏為陽，秋冬為陰，一陰一陽只管恁地相易。」（《語類》卷九五）「所謂易者，變化錯綜，如陰陽晝夜，雷風水火，反復流轉，縱橫經緯而不已也。」（同上）但另一方面，此陰陽動靜卻又含具有天命道德之理以為其本體，猶如心以性為本體一樣。性作為人心之本體，實際是人的溫然愛人利物之心，是仁之理。「太極」作為陰陽動靜之本體，實際則是天地生物之心，天地生生之理。故朱熹說：

> 蓋所謂性，即天地所以生物之理，所謂維天之命，於穆不已，大哉乾元，萬物資始者也。（《文集》卷四三《答李佰諫》）
>
> 元亨利貞便是天地之心，而元為之長。故曰：大哉乾元，萬物資始。（《文集》卷四〇《答

何叔京》第十七書）

天地之帥，則天地之心而理在其間也。（《文集》卷五八《答黃道夫》第二書）

在《易傳》中，元亨利貞是《文言》對乾的四種德性的形容。乾代表陽氣，陽氣具有種種特性，如剛健、活動、伸展、生長、光明、發散，能促進生命的生長、發育、康健、向上。從自然觀點看，它只是自然如此，不具任何道德意義。但朱熹認為，這四種德性卻是「天地生物之心」，故當其賦命於人時，它不僅使其能得一自然生命，同時，亦使其內具「好生」之仁德❽。故說：「人之所以為人，其理則天地之理，其氣則天地之氣。理無跡，不可見，故於氣觀之。要識仁之意思，是一個渾然溫和之氣，其氣則天地陽春之氣，其理則天地生物之心。」（《語類》卷六）「須知所謂純粹至善者，便指生物之心，方有著實處也。」（《文集》卷四七《答呂子約》第二十五書）「天地生物之心」與「天地生物之理」，可以說異名而同謂。所以「太極」作為本體，是陰陽動

❽ 朱熹解四德有兩義：四階段說與四種德性說，如說：「雖一息之微，亦有四個段子恁地運轉。」（《語類》卷六八）「元亨利貞，理也有這四段，氣也有這四段。」（同上）「梅蕊初生為元，開花為亨，結子為利，成熟為貞。物生為元，長為亨，成而未全為利，成熟為貞。」（同上）這是指生長、發展的階段。但朱說「仁義禮智，似一個包子，裡面合下都具了，一理渾然，非有先後。元亨利貞便是如此。」（同上）「元亨利貞，乾之四德；仁義禮智，人之四德。」（同上）這是指《文言》中的四德。

靜所含具與表現的「天地生物之心」。它與陰陽動靜的內在結合，使宇宙既是自然的，又是道德的。故從宇宙本源上講，分析地看是有兩種理：一是陰陽動靜所以不得不為陰陽動靜的自然之理；一是其含寓的太極至善之理、乾坤健順之理。太極至善之理即在陰陽動靜之中，隨陰陽動靜而動靜，其作用則是使陰陽動靜具有方向、使命、歸宿——生物、利物之目的。因此，朱熹說，太極與陰陽動靜的關係，如人跨馬相似：

> 太極理也，動靜氣也。氣行則理亦行，二者常相依而未嘗相離也。太極猶人，動靜猶馬；馬所以載人，人所以乘馬。馬之一出一入，人亦與之一出一入。蓋一動一靜，而太極之妙未嘗不在焉。（《語類》卷九四）
>
> 理不可見，因陰陽而後知，理搭在陰陽上，如人跨馬相似。（同上）
>
> 氣既有動靜，所載之理亦安得謂之無動靜！（《語類》卷五）
>
> 動則此理行，此動中之太極也；靜則此理存，此靜中之太極也。（《語類》卷九四）
>
> 太極之有動靜，是天命之流行也，所謂一陰一陽之謂道。……蓋太極者，本然之妙也，動靜者所乘之機也。（《太極圖說解》）

人跨馬的作用是使馬之一出一入，循著一定的路線，向著一定的方向，到達一定的目的。太極與陰陽動靜的關係亦是如此。陰陽動靜本身自有其為陰陽之所以然，道德性命之理即乘在此陰陽動靜上，使之向著一定的方向，朝著一定的目標。故太極並不是一實體，亦非朱熹錯誤地使之實體化了，而是有如種子之生之理之於植物的發芽、成長、開花、結果。發芽、成長、開花、結果是陰陽動靜的活動，此活動皆有其自然之理。發芽有發芽之理，開花有開花之理，結果有結果之理，但無不遵循一定的方向，為著一共同的目的。此方向、目的之規定者、駕馭者，即種子之性理，也即此種子之「太極」。

這種種子之性理與現實的生的活動的關係，在哲學上即是「目的」與蘊含此目的之實體運動的關係。「目的」不是物，無形跡，無方所，本身不會造作，不能凝聚生物，故只是理、形而上。凝聚生物者是氣。此氣之凝聚亦有其自然的凝聚之理；但太極卻是此凝聚運動方向的駕馭與支配者。朱熹所謂太極本體，亦是如此。

西方哲學史上，黑格爾哲學具有目的論的背景，故黑格爾論絕對精神，亦喜以有機種子之發育為例。當絕對精神自己外化為自然、又掙脫自然這一異己的形式，轉化為人類精神並經由各種有代表性的民族與時代精神之活動而由低向高，終於回歸到自己時，它亦如人乘馬一樣，駕馭在種種具體的自然、人類、民族、時代精神之活動上。具體的自然與人類精神之活動，有自己的條件、機緣、規律，但無一不有絕對精神寓於其中以起作用。而絕對精神並不因此而成了精神或規律的「實體」，亦並不與自然及人類精神活動中之具體規律相並列或相重疊。太極之妙，如同種子之生理之妙一樣，它不過是借它們為用，使之成為自己的表現者與工具而已。

朱熹說：「氣行則理亦行」。顯然，「氣行」有自己氣行的所以然，此所以然是氣行之自然之理。「理亦行」，此理則是乘在氣行之上的「駕馭者」，使氣行向著一特定的道德至善的方向與目的。

「一動一靜而太極之妙未嘗不在焉」。此一動一靜亦有其自然之理：「合動不得不動，合靜不得不靜」。❾但太極之妙，如同種子之生理，乘在此動靜上以起作用，所以說「未嘗不在」；又說「動靜者所乘之機也」。朱熹《齋居感興》說：「人心妙不測，出入乘氣機，凝冰亦蕉火，淵淪復天飛。至人秉元化，動靜體無為。……」（《文集》卷四）太極之乘氣機，正如人心之乘氣機。

此理處處皆渾淪，如一粒粟生為苗，苗便生花，花便結實，又成粟，還復本形。一穗有百粒，每粒個個完全；又將這百粒去種，又各成百粒。生生只管不已，初間只是這一粒分去。（《語類》卷九四）

太極如一木生，分而為支干，又分而生花生葉，生生不窮。到得成果子，裏面又有生生不窮之理，生將出去，又是無限個太極，更無停息。（《語類》卷七五）

---

❾《朱子語類》卷一二六。

循環不已者，乾道變化也。合而成質者，各正性命也。譬如樹木，其根本猶大義，散而生花結實，一向發生去，是人物之萬殊。(《語類》卷九八)

所有這些樹木、根、粟等等的比喻，都反映出朱熹心目中的「太極」，是具有某種能動性、精神性與目的性的東西。故以新實在論的哲學眼光或自然論的總規律、具體規律之類的流行哲學眼光去考察，是不可能把握住它的真精神的。

按自然論或新實在論的觀點，陰陽動靜有陰陽動靜的「所以然」為其根據，此「所以然」使陰陽動靜「合動不得不動，合靜不得不靜」，因而它既是必然的，亦是偶然的。如「天地合氣，物偶自生」。「合氣」既是必然的，又是偶然的，兩者皆統一於天地陰陽動靜的自然性。它自然如此，自己如此，不能再問其「所自來」。因其無所自來，故亦無所歸宿。故可以說宇宙、自然是有規律、有秩序的，亦可以說是無規律、無秩序的。無數個別、有限、分殊的規律，不體現也不構成總體的秩序與規律。故陰陽動靜、天地闔闢從整體上只是一無方向、目的、歸宿的往復循環。然而在朱熹看來，則事情完全不是如此。朱熹說：

雖氣有闔闢，物有盈虛，而天地之心則亙古亙今未始有毫釐之間斷也。故陽極於外而復生於內，聖人以為於此可以見天地之心焉；蓋其復者氣也，其所以復者，則有所自來矣。向

非天地之心生生不息，則陽之去也，一絕而不復續矣，尚何以復生於內而為闔闢之無窮乎？（《文集》卷三二《答張敬夫書》第三書）

以天理觀之，則動之不能無靜，猶靜之不能無動也；靜之不能無養，猶動之不可不察也。但見得一動一靜互為其根、敬義夾持不容間斷之意，則雖下靜字，元非死物，至靜之中，蓋有動之端焉，是乃所以見天地之心者也。（同上，第十八書）

就是說，陰陽動靜雖理自如此，但此「理」仍有「所自來」。此「所自來」，朱熹認為即天地以生物為心；因為，如果天地不是以生物為心，則陽極於外，也許就不能復續於內了。故朱熹論「易」說：

體，是體質之體，猶言骨子也。「易」者，陰陽錯綜，交換代易之謂，如寒暑晝夜，闔闢往來。天地之間，陰陽交錯，而實理流行，蓋與道為體也。寒暑晝夜、闔闢往來，而實理於是流行其間，非此則實理無所頓放。……「易」為此理之體質也。（《語類》卷九五）

天命流行，所以主宰管攝是理者，即其心也；而有是理者，即其性也，如所以為春夏、所以為秋冬之理也。（同上）

天命流行，有所主宰，其所以為春夏秋冬，便是性；造化發用，便是情。（同上）

夫「易」，變易也，兼指一動一靜、已發未發言之。太極者，性情之妙也，乃一動一靜、未發已發之理也。（《文集》卷四二《答吳晦叔》）

以其體謂之易，以其理謂之道，這正如心、性、情相似。（《語類》卷九五）

反復以人之心、性、情比喻天理、實理與易之陰陽動靜、交換變易的關係。「心」（知覺）相當於「易」之陰陽動靜之交換變易，「性」相當於支配、駕馭「易」之陰陽動靜之理。心作為知覺有其知覺的自然之理，陰陽變易亦有其陰陽變易的自然之理，但他們都不是心之性理，不是陰陽動靜的天命道德之理。心之性理是仁理，陰陽動靜之天命道德之理，則是「太極」。

要而言之，「太極」是陰陽動靜所含具的道德性命之理，天之生物之理。它是天地萬化的總根。因其極至，故名太極。因其極好至善，故名太極。它不離乎陰陽，不雜乎陰陽，是陰陽動靜的本體。宇宙、陰陽動靜因有此本體，故是至善、是誠，是一道德的宇宙。

周敦頤提出《太極圖說》時，受道教思想的影響，故「無極而太極」，意思是說太極是自然存在、自己存在的，並沒有一個「有」以為其根源。其分陰分陽也是自然過程，自然如此，非有為之者。朱熹繼承了周的這一思想，但卻予以目的的論的解釋；因而「太極」被認為是「天地生物之心」；是「極好至善的道理」；又以元、亨、利、貞四德之說與之相聯繫；從而以之為人之仁義道德之心的天理根源。這些，實際上都是周的原說所沒有的。所以如此，是因為朱注釋《太極圖說》時，已在丙戌、己丑之悟牢固地建立了心學的心性觀以後，故其強調太極是本體，並以道德性之本心釋「本體」，實際是運用心性思想以解釋《太極圖說》的結果。不是由一般的天道觀而引申出人性論、心性論，而是相反，由心性論以建立天道觀、宇宙圖式，這是朱熹思想發展過程的特點。因此，流行的種種由理氣論引出心性論而對「太極」作種種自然規律、自然屬性的解釋，不能符合朱熹的原意，乃是必然的。⑩

第二節 理氣關係

朱熹太極思想的本體論觀點十分明確。本體論排斥「理生氣」這樣的生成論的說法。但周敦頤《太極圖說》說：「太極動而生陽，動極而靜，靜而生陰。」朱熹在解釋時，不免有理生氣的

---

⑩ 朱的太極思想顯然有一發展過程：丁亥朱到長沙和張敬夫論學前，對太極、《太極圖說》實際是不了解的。朱酬答張敬夫的詩，曾謂：「昔我抱冰炭，從君識乾坤。始知太極蘊，要渺難名論。謂有寧有跡，謂無復何存。惟應酬酢處，特達見本根。萬化自此流，千聖同茲原。」就是說以「太極」為天地萬化及心性性善之根源，是從張敬夫湖湘學派處得知的，故其太極思想是在心性論建立以後。錢穆先生說：「南軒師事五峰，五峰家傳有濂溪書，又特為作序，盛加稱道。朱子必在衡山得此書，歸來兩年，重為編定，然則朱子之鄭重於濂溪之《太極圖說》與《通書》，亦必於湖湘之游有所啟益矣。」（同❷）

說法。

《語類》說：

> 有是理後生是氣，自一陰一陽之謂道推來。
>
> 未有天地之先，畢竟是先有此理。動而生陽，亦只是理；靜而生陰，亦只是理。《語類》卷九四）
>
> 動而生陽，靜而生陰，動即太極之動，靜即太極之靜。動而後生陽，靜而後生陰，生此陰陽之氣。謂之動而生、靜而生，則有漸次也。（同上）

據此，好些學者肯定朱熹有理生氣、理在氣先思想。陳來在《朱熹哲學研究》中還探討了朱熹這一思想的形成過程，認為：在《太極解義》時期，朱熹沒有理在氣先思想。淳熙十五年（西元一一八八年），五十九歲時致陸九淵書，形成了理先氣後思想，其前兩年完成的《易學啟蒙》已包含有此思想。《大學或問》（六十歲時）表明理先氣後思想已完全確定。淳熙十七年，朱熹守漳州（六十一歲）前後，理在氣先思想得到了進一步的表述和發展，晚年則以理邏輯在先作為理氣思想的定論。⓫

⓫ 同❻，第一部分《理氣論》。

實際上，這並不符合朱熹思想的實際。

㈠朱熹從早年到晚年一直堅持「陰陽無始，動靜無端」的思想；認為理不先而氣不後，理不離氣，氣不離理，理氣都是永恒常存的，並沒有一個時期朱熹放棄了這一觀點。

㈡邏輯上理在氣先的說法，實質即本體論思想，不過表述方式不同而已。

㈢《易學啟蒙》、《答陸子靜》書與《大學或問》中某些說法引人誤解，但究其實質，亦是本體論思想。

《易學啟蒙》說：

> 《易》非獨以河圖而作也。蓋盈天地之間，莫非太極陰陽之妙，聖人於此俯仰觀察，遠求近取，固有以超然而默契於心矣。故自兩儀之未分也，渾然太極，兩儀四象六十四卦之理，已粲然於其中。（卷二）

《易學啟蒙》作於淳熙十三年（西元一一八六年）。《周易本義》作於淳熙四年（西元一一七七年），比《啟蒙》早十年。在上面這段話中，朱熹明確地指出有兩個太極系統：一是天地之間的太極陰陽系統；一是聖人仰觀俯察所作《易》的太極兩儀四象六十四卦系統。在天地的太極陰陽系統中，理氣沒有先後，太極即在陰陽之中，是陰陽的本體。在聖人所作《易》中，則太極先於兩儀，並生兩儀。但此太極、兩儀是聖人所作《易》之象數系統。《周易本義》說：「兩儀者，始為一畫以分陰陽；四象者，次為二畫以分太少；八卦者，次為三畫而三才之象始備。此數言者，實聖人作《易》自然之次第，有不假絲毫智力而成者。畫卦揲蓍，其序皆然，詳見序例《啟蒙》。」⑫正是講的這一道理。因此，如果以此而推論說這即是宇宙本原的理在氣先、太極生陰陽，不僅與朱熹上文原意不符，理在氣先、理生氣的思想也要提前到淳熙四年、朱熹四十八歲時，比《易學啟蒙》早得多了。

《易學啟蒙》又說：「太極者，象數未形而其理已具之稱，形器已具而其理無朕之目，在河圖洛書皆虛中之象也。周子曰『無極而太極』。邵子曰『道為太極』，又曰『心為太極』，此之謂也。」（卷二）這也是上面《周易本義》的說法。這裡，象數指象徵陰陽之一畫二畫三畫及奇偶。象數是形而下，其理是形而上。聖人作象數之前，此象數之理已渾然具於《易》之「太極」之中。所以說「象數未成而理已具、形器已具而理無朕。」這一《易》的象數義理系統是不應該與宇宙本原之太極系統混淆的。朱熹自己曾講得很明確：「以天地為兩儀，而天生神物以下四者為四象，此尤非是。大抵曰儀曰象曰卦，皆是指畫而言，故曰易有太極而生兩儀四象八卦。」（《文集》卷

---

⑫《周易本義》的基本思想完成於淳熙四年，但正式刊行在《易學啟蒙》以後，故這裡有見序例《啟蒙》的說法。參見朱伯昆先生《易學哲學史》中冊，第七章第二節《朱熹的易哲學》。北京大學出版社，一九八八年版。

三八《答袁機仲》）

在《周易本義》中，朱熹收集了伏義八卦、六十四卦方位次序圖、文王八卦方位次序圖，還有「河圖」、「洛書」兩圖。此兩圖沒有「太極」，只有象數。但朱熹認為兩圖的「虛中之象」相當於《易》的「太極」，此「太極」不在兩儀等象數之先而在其中。「河圖之虛五與十者，太極也。」（《易學啟蒙》）「洛書而虛其中，亦太極也。」（同上）這也說明無論在《周易本義》或《易學啟蒙》時期，朱熹都沒有理先氣後、理生氣的思想。

朱熹說：「有天地自然之易，有伏義之易，有文王周公之易，有孔子之易。自伏羲以上皆無文字，只有圖畫，最宜深玩，可見作《易》本原精微之意。」（《周易本義》）伏義以上《易》無文字，只有圖畫。它沒有太極的位置，更不像周敦頤《太極圖說》一樣，在陰陽之前，先畫一太極。朱熹認為這恰好體現了作《易》本原精微之意。這也說明，朱熹心目中的太極實際是在陰陽之中的。

朱熹作《易五贊》，其《原象》曰：「太乙肇判，陰降陽升，陽一以施，陰兩而承。惟皇昊義，仰觀俯察。奇偶既陳，兩儀斯設，既干乃支，一各生兩，陰陽交錯，以立四象。」（《文集》卷八五）明顯受漢人宇宙發生論思想影響。但「太乙」在這裡指理氣混而未分的宇宙原始狀態。故漢人象數學的影響，不是使朱熹走向了理生氣之說，而毋寧是使之更加執著於陰陽無始、動靜無端的觀點。

《易學啟蒙・序》中，朱熹還指出：「聖人觀象以畫卦，揲蓍以命爻，……是豈聖人心思智慮之所得為也哉？特氣數之自然，形於法象、見於圖書者，有以啟於其心而假手焉耳。」（《文集》卷七六）氣數之自然，並不是氣本論，但其絕非「理生氣」思想，亦是很顯然的。

稍後，在《記林黃中辨易、西銘》一文中，朱又指出：「太極乃兩儀四象八卦之理，不可謂無，但未有形象之可言爾。故自此而生一陰一陽，乃為兩儀。而四象八卦又是從此生，皆有自然次第，不由人力安排。孔子以來，亦無一人見得，至邵康節然後明其說，極有條理。」（《文集》卷七一）這裡的「太極」亦是《易》之象數義理之「太極」，不能直接等同於宇宙陰陽之太極。雖然朱熹有時含混為說，但注意兩個系統的區分，是十分必要的。

其後（西元一一八七—一一八九年），朱熹和陸象山討論無極太極問題，但通觀全部書信，其反復申論、發揮的，皆是理本論思想，如說：

凡有形有象者，皆器也，其所以為是器之理者，則道也。

太極之妙，不屬有無，不落方體。

上天之載，是就有中說無；無極而太極，是就無中說有。若實見得，即說有說無，說先或後，都無妨礙。

老氏之言有無，是以有無為二。周子之言有無，是以有無為一。

理（太極）與天地萬物的關係是：

> 不言無極則太極同於一物而不足為萬化根本；不言太極則無極淪於空寂而不足為萬化根本。

> 一陰一陽雖屬形氣，然其所以一陰一陽，是乃道體之所為也。

> 太極無偏倚而為萬化之本，然其得名，自為至極之極，而兼有標準之義。

完全不從理生氣，理氣先後立論。書信中提到「太極乃天地萬物本然之理，亙古亙今顛撲不破者也」，強調了「理」的本然性、永恆性。實際上，理不落方所，不落有無，超時空，當然是獨立永存的。但說它是「天地萬物本然之理」，仍然是鮮明的理本論思想。「顛撲不破」不過是為了強調它不以「人之識與不識」為轉移而已，與理在氣先而生氣，是不相干的。「至於在無物之前而未嘗不立於有物之後，在陰陽之外而未嘗不行於陰陽之中」，亦是理不落方所，不落有無，是超時空的形上之意，並非說先有理的存在，由理產生氣、產生陰陽、產生物，與理在氣先、理生氣也是不相干的。

書信對《易傳》之太極，更明確地持「理本論」觀點，指出：「且夫《大傳》之太極者何也？

即兩儀、四象、八卦之理，具於三者之先而蘊於三者之內者也。」[13]《大學或問》說：「天道流行，發育萬物，其所以為造化者，陰陽五行而已。而所謂陰陽者，又必有是理而後有是氣。及其生物，則又必得是氣而後有是形。故人物之生必得是理然後有以為健順仁義禮智之性，必得是氣然後有以為魂魄、五臟百骸之身。」實際上這也是理本論的說法。就生物而言，生物之理與氣存在於所生之物之先，是不言而喻的。必先有磚瓦、圖紙，才能有房子；必先有種子、土壤才能有植物。但得「是氣之聚」與得「是形」，得「是理之賦」與得「是性」，兩者在時間上是沒有先後的，正如電擊與電火花之生是同時的一樣。但朱熹卻講先後，這先後是本體的、也是邏輯上的先後。就天地發育言，其為造化者的「陰陽五行」，是包括著理與氣兩者在內的，兩者無先後之可言。但從本體、從邏輯上說，則「所謂陰陽者，又必有是理而後有是氣」，是有先後的。但這裡「是理」、「是氣」，都是指的陰陽，故顯然是本體論。如果將此解成普遍判斷，說未有氣之先，先有氣之理，由理生出氣來，就完全不符合朱熹思想了。

理氣時間上無先後可言，在《語類》中，朱熹有反復的論述。如：

> 有是理便有是氣，但理是本，而今且從理上說氣。（卷一）
>
> 問：「先有理抑先有氣?」曰：「理未嘗離乎氣，然理形而上者，氣形而下者。自形而上

---

⑬ 以上引文見《文集》卷三六《答陸子靜》。

下言，豈無先後。」（同上）

或問：理在先氣在後。曰：「理與氣本無先後之可言，但推上去時，卻如理在先，氣在後相似。」（同上）

又問理在氣中發見處如何？曰：「如陰陽五行錯綜不失條緒，便是理，若氣不結聚時，理亦無所附著。」（同上）

或問先有理後有氣之說。曰：「不消如此說。而今知得他合下是先有理，後有氣耶？後有理，先有氣耶？皆不可得而推究（這是從事實上講不可推究），然以意度之，則疑此氣是依傍這理行。及此氣之聚，則理亦在焉。」（同上）

可以設想，如果沒有周敦頤《太極圖說》須作解釋，朱熹是決不會提出理生氣的說法的。朱熹所以如此明確肯定理不能生氣，因為朱熹對理氣的區分，形上形下的區分十分明確：理「無情意、無計度、無造作，只是個淨潔空闊的世界。」「無形跡，他卻不會造作。氣則能醞釀凝聚生物也。」（《語類》卷一）如果理能生氣，理就成了氣一樣的形而下了。

對老子有生於無的思想，朱熹亦有明確的批評。在《答楊子直》第一書中，朱指出：「此一圖之綱領，大易之遺意，與老子所謂物生於有，有生於無，而以造化為真有始終者，正南北矣。」（《文集》卷四〇）「造化」即指陰陽造化。也就是說，如果認為陰陽有始有終，就入於老子有生於無之說了。朱熹認為這是錯誤的。朱熹《致陸九淵書》說老子以有無為二，正是指老子認為無能生有，道能生氣。「周子以有無為一」，「無」指理，正是說理在氣中，理氣不離，本原上不存在理生氣的問題。因此，關於「太極」生陰陽之說，朱熹就有下列說法：

太極動而生陽，靜而生陰，不是動後方生陽，蓋才動便屬陽，靜便屬陰。動而生陽，其初本是靜，靜之上又須動矣。所謂動靜無端，今且自動而生陽處看去。（《語類》卷九四）

太極動而生陽，靜而生陰。非是動而後有陽，靜而後有陰，截然分為兩段，先有此而後有彼也。只太極之動便是陽，靜便是陰……動靜無端，陰陽無始。（同上）

問：「太極動而生陽，靜而生陰，見得理先而氣後。」曰：「雖是如此，然亦不須如此理會，二者有則皆有。」（同上）

太極非是別為一物，即陰陽而在陰陽，即五行而在五行，即萬物而在萬物，只是一個理而已。因其極至，故名曰太極。（同上）

才說太極，便帶著陰陽；才說性帶便帶著氣。不帶著陰陽與氣，太極與性那裏收附？然要得分明，又不可不拆開說。（同上）

五行一陰陽也，陰陽一太極也，太極本無極也。此當思無有陰陽而無太極的時節。若以為止是陰陽，陰陽卻是形而下者；若只專以理言，則太極又不曾與陰陽相離。……某解此：

非有離乎陰陽也，即陰陽而指其本體，不雜乎陰陽而為言也。此句自有三節意思，更宜深考。(同上)

很明確，是否認本原上太極生陰陽之說的。因此，前面所引理生氣的話，實際上都可不解為本原上的理生氣。

《語類》卷一的第一段話「有是理後生是氣，自一陰一陽之謂道推來」。強調「是理」「是氣」。用現在的話說，意思是有某種理就有某種氣。這是本體論的說法。有一陰一陽之所以然之理，才有一陰一陽的推移變化。故推而論之，有某理才有某氣。「生」的意思是本體論的根據、所以然之意。第二段「未有天地之先，畢竟是先有此理。動而生陽，亦只是理。」完全是對理之超時空特點的論述，不涉及本原上的理生氣。

《語類》卷九四所謂「動而生、靜而生」，應是前面講的太極才動便是陽，靜便是陰的意思。這段話為周謨所錄，文字很長。但全文反復強調，太極與陰陽不離不雜，是陰陽的本體。「生」字不應孤立理解。《語類》卷七五，朱熹有一段話說：「周子、康節說太極，和陰陽滾說，《易》中便抬起說。周子言『太極動而生陽，靜而生陰』。如言太極動是陽，動極而靜，靜便是陰；動時便是陽之太極，靜時便是陰之太極，蓋太極即在陰陽裡。如『易有太極，是生兩儀』，則先從實理處說。若論其生則俱生，太極依舊在陰陽裡，但言其次序，須有這實理，方始有陰陽也。其理則一。雖然，自見在事物而觀之，則陰陽函太極；推其本，則太極生陰陽。」這段話，寫於朱熹七十一歲時，可以看作朱子理氣關係的總結，和早年《太極圖說解》，思想完全一致。可見朱熹是始終堅持理是氣之本體的觀點的。⓮

第三節　兩種氣質之性

朱熹認為，《太極圖說》「究天理之根原，萬物之終始」，所以天之「生物」及人物由此而具有的本然之性、氣質之性，成為朱熹太極思想的最重要組成部分。

在《答黃道夫》書中，朱熹說：「天地之間，有理有氣。理也者，生物之本也；氣也者，生物之具也。是以人物之生，必稟此理，然後有性；必稟是氣，然後有形。」（《文集》卷五八）這裡應注意的是，朱熹所討論的是天之「生物」，而不是一般的桌子、飛機的產生問題。故其理氣關係也不是一般的桌子與桌子之理的關係。朱熹曾指出舟有舟之理，車有車之理，舟車等也有理氣關係。但有生命之物的理氣性命問題才是朱熹著眼的基點，故《大學或問》說：「天道流行，發育萬物，其所以為造化者，陰陽五行而已。而所謂陰陽者，又必有是理而後有是氣。及其生物，

⓮ 關於朱的理本論，可參閱朱伯昆《易學哲學史》中冊，第二章第二節《朱熹的易哲學》，北京大學出版社，一九八八年版。

則必得是氣之聚而後有是形。故人物之生，必得是理，然後有以為健順仁義禮智之性。必得是氣，然後有以為魂魄五臟百骸之身」。都是特指天之「生物」的。

天之生物，在道家看來，是自然現象，與天地沒有恩德關係。但《易傳》中，生物是天地的大德。《西銘》發揮說：「乾稱父，坤稱母，予茲藐焉，乃混然中處。」朱熹解釋說：「天，陽也，以至健而位乎上，父道也；地，陰也，以至順而位乎下，母道也。人稟氣於天，賦形於地，以藐然之身，混合無間而位乎中，子道也。」（《西銘解》）「乾陽坤陰，此天地之氣，塞乎兩間，而人物所資以為體者也。」「乾健坤順，此天地之志，為氣之理而人物之所得以為性者也。」（同上）以生物為天地的「大德」。

何以陰陽之氣與陰陽動靜之理，妙合而凝，能產生健順仁義禮智之性？朱熹的同時代人和他的學生已很不了解。

> 問：「天地之帥吾其性，先生解以乾健坤順為天地之志。天地安得有志？」曰：「復其見天地之心，天地之情可見，安得謂天地無心、情乎！」（《語類》卷九八）
>
> 或問：「福善禍淫，天之志否？」曰：「程先生說天地以生物為心，最好，此乃是無心之心也。」（同上）
>
> 天地之塞，似亦著擴充字未得，但謂之充滿乎天地之間，莫非氣，而吾所得以為形骸者，

皆此氣耳。天地之帥，則天地之心，而理在其中也。(同上)

《西銘》之義……緊要都是這兩句，若不是此兩句，則天自是天，我自是我，有何干涉。

或問「此兩句便是理一處否?」曰：「然。」(同上)

困難確實存在，一方面天地陰陽本身是形器之大者，是人之身體的根源，一方面天地是萬物的父母，以生物為心，是人之道德之性的根源。從科學觀點看，兩者是不能統一的。以新實在論式的哲學觀點看，兩者也是不能統一的。但朱熹卻把兩者統一在一起，因為朱熹所持的是一目的論的哲學思想。當其探討天地與人物之性與命的關係時，他完全是從目的論觀察問題的，⑮故說：

天地之帥，則天地之心，而理在其中也。

又說：

⑮ 朱熹是哲學家，也是學問家，他的著作中關於天地、人物等許多見解，實際是科學問題，不應將其歸之於哲學。如天地之氣磨來磨去，磨得急，生渣滓；高山上有螺蚌化石；天地一個闔闢十二萬年等等。有些是一般哲學的見解，如「陰陽無始，動靜無端」、「理氣先後皆不可得而推究」等等。但討論天之生人生物時，朱熹所持的主要是目的論的哲學思想。

天之蒼蒼，此是形體；所謂「惟皇上帝，降衷於下民」，此是謂帝以此理付之，便有主宰意。(《語類》卷六八)

或問：「以主宰謂之帝，孰為主宰？」曰：自有主宰。蓋天是個至剛至陽之物，自然如此運轉不息。所以如此，必有為之主宰者。這樣處處要人自見得，非語言所能盡也。因舉《莊子》「孰綱維是」、「孰主張是」十數句，曰：「他也見得這道理，如圭峰禪師說知字樣。」(同上)

這裡，朱熹說「有為之主宰者」，此主宰非人格神的上帝，而是以理而言的主宰，也即生物之心——「目的」的主宰。宗密說「知」曾謂：「身中覺性未曾生死，……如水作冰而濕性不易，若能悟此性即是法身，本自無生，何有依托。靈靈不昧，了了常知，無所從來，亦無所去。」(《景德傳燈錄》卷一三)朱熹以此喻「天地生物之心」之主宰，也即「無心」之「心」、無主宰之主宰也。

所以細察朱熹所講生物之理，分析地看，實際是兩種：一是陰陽動靜的自然之理，一是乾健坤順、以生物為心的道德性命之理。仁義禮智之性源於此道德性命之理。陰陽動靜之自然之理與氣形成的五臟百骸等形體，朱熹則籠統地把它歸之於氣之下而一筆帶過了。朱熹說：

花瓶便有花瓶的道理，書燈便有書燈的道理。水之潤下，火之炎上，金之從革，木之曲直，土之稼穡，一一都有性，都有理。人若用之，必順著它理，始得。若把金來削作木用，把木來溶作金用，便無此理。（《語類》卷九七）

問：「……物之無情者亦有理否？」曰：「固是有理，如舟只可行之於水，車只可行之於陸。」（《語類》卷四）

因行街，云：階磚便有階磚之理。因坐，云：竹椅便有竹椅之理。（同上）

不知枯槁瓦礫，如何有理？曰：「且如大黃附子，亦是枯槁。然大黃不可為附子，附子不可為大黃。」（同上）

這些，實際上都是氣與陰陽動靜的自然之理所構成的物之自然之性。氣是質料，理則使之具有特殊的性能、屬性。這種屬性，朱熹亦稱之為氣質之性。

朱熹說，知覺不專是氣，氣與知覺之理合才有知覺。故視覺是氣、形器（眼）與目之視之理合；聽是氣（耳）與耳之聽之理合。這種知覺之理、視之理、聽之理，也都是自然之理。⑯由其

⑯《語類》卷五：「問：知覺是心之靈固，如此，抑氣為之邪？曰：不專是氣，是先有知覺之理。理未知覺，氣聚成形，理與氣合，便能知覺。」這裏講的知覺之理，不是性理，是知覺之所以為知覺之理，它

構成的氣質之性是自然之性。朱熹說「蓋知覺運動者，形氣之所為。仁義禮智者，天命之所賦。」（《文集》卷五〇《答程正思》第十六書）「形氣」指知覺運動之器官及其作用、屬性，其根源是陰陽動靜及其自然之理。這種性不是人之為人之性。「犬、牛、人之形氣既具，而有知覺能運動者生也。有生雖同，然形氣既異，則其生而有得乎天之理亦異。」（同上）「得於天之理」，指仁義道德性命之理。這種道德性命之理，人與牛犬等禽獸是不同的。告子生之謂性，佛教以作用為性，朱熹認為其錯誤即在把自然之性當成性之本體，當成人之為人之性了。朱熹說：

> 釋氏專以作用為性。……在目曰見，在耳曰聞，在鼻嗅香，在口談論，在手執捉，在足運奔，即告子生之謂性之說也。（《語類》卷一二六）
>
> 釋氏言作用是性，乃是說氣質之性，非性善之性。（《語類》卷五九）
>
> 告子只說那生來底便是性，手足運行，耳目視聽，與夫心有知覺之類。他卻不知生便屬氣稟，自氣稟而言，人物便有不同處。（同上）
>
> 告子不曾說得性之本體。（同上）

這種氣質之性是中性的、工具性的，猶如無星之稱，不能辨別是非善惡。天命道德之性則能

不帶道德性質，是中性、無色的、工具性的，即自然之理。

辨別是非善惡。當自然之性發用流行時，天命道德之性即隨其發用流行而起用，使之知善知惡，好善惡惡，這才是人的本性，性之本體。朱熹說：「釋氏則只認那能視、能聽、能言、能思、能動的，便是性。視明也得，不明也得；聽聰也得，不聰也得；……它最怕人說這理字，都要除掉了。……聖人則視有視之理，聽有聽之理……思有思之理，如箕子所謂明、聰、從、恭、睿是也。」（《語類》卷一二六）「知覺之理是性，所以當如此者，釋氏不知。他但知知覺，沒這理，故孝也得，不孝也得。所以動而陽，靜而陰者，蓋是合動不得不動，合靜不得不靜。」（《語類》卷一二六）「合動不得不動，合靜不得不靜」，即自然之理的陰陽動靜。它形成告子所謂的「生之謂性」，佛氏所謂的「作用之性」。

但天命道德之理，亦非離陰陽動靜而另有一理真在「天上者」。它即在陰陽之中，隨其發用流行而起用。故天命道德之理賦於人時，亦落在氣稟之中（對人言，即人之知覺中），因而其現實表現亦是氣質之性。朱熹說：

天命之性，若無氣質，卻無安頓處。……程子云：「論性不論氣，不備；論氣不論性，不明，二之則不是。」所以發明千古聖賢未盡之意，甚為有功。（《語類》卷四）

論天地之性，則專以理言；論氣質之性，則以理與氣雜而言之。（同上）

性即理也。當然之理，無有不善，故孟子之言性，指性之本而言。然必有所依而立，故氣

質之稟不能無淺深厚薄之別。孔子曰：「性相近也。」兼氣質而言。（同上）

才說性，便是落於氣，而非性之本體矣。（同上）

許多研究朱熹的著作，對以上人與物的兩種氣質之性不加區分，以致產生了混淆和誤解，如馮友蘭先生。馮先生說：「譬如方一類的東西有方性，方性就是方之理，就是極方，就是方之標準。它不可能是不方，也不可能是方與不方的混合，也不可能有很方、不很方、很不方這三品。有這些差別的是具體的方的東西。其所以有這些區別，是因為構成具體的東西材料有好壞。就人類說，人之性就是人之理，他只能是善，不能是善惡混合，也不能有上中下三品。就具體的人說，人有生來就不那麼善的，照張、程、朱的說法，只是由於氣質不同。」⑰實際上，方的東西，其方性、方理是純自然之性。此方理之「標準」、「至好」，並不具有善惡、道德的意義。同樣，知覺一類的東西有知覺性，知覺性就是知覺之理。此理是知覺之所以然，亦是知覺的「標準」。它不可能是不知覺，也不可能是知覺與不知覺的混合，也不可能有很知覺、不很知覺、很不知覺這三品。有這些差別的是具體的知覺，如鷹的眼，視覺能力比人遠；狗的鼻子，嗅覺比人敏銳等等。其所以有這些差別，是構成具體知覺的東西材料有不同，氣殊質異，形成了差別。但這種性，雖亦是人之理，但不是人之為人之理。如果把它看成人之為人的人之理，就墮入告子生之謂性的觀

⑰《中國哲學史新編》第五冊，第五十四章，第一九四頁。臺北蘭燈出版公司，一九九一年十二月版。

點而不自知了。

就道德的氣質之性而言，人在稟賦上會有上中下之別，賢愚之別。但它們不構成人本然的道德上的善惡之別。氣稟對本然的道德之性的限制，使善的本性表現出來有大、小、偏、全等等區別，但在「善」這一點上是沒有區別的。朱熹說：「蓋在天在人雖有性命之分，而其理未嘗不善。在人在物雖有氣稟之異，而理則未嘗不同。此吾之性所以純粹至善，而非荀、揚、韓子之所云也。」《中庸或問》所以在朱熹看來全宇宙都是一個「善」。天命、太極、道是善；太極、道之發育流行及其所生，亦是善。惡則在天理本原上取消了存在的根據。朱熹《問張敬夫》書說：「《遺書》有言，人心私欲，道心天理，熹竊疑私欲二字太重，近思得之，乃識其意。蓋心一也，自其天理備具，隨處發現而言，則謂之道心。自其有所營為謀慮而言，則謂之人心。夫營為謀慮，非皆不善也，便謂之私欲者，蓋只一毫發不從天理上自然發出，便是私欲。」（《文集》卷三二第七書）「人心是知覺，口之於味，目之於色，耳之於聲的，未是不好，只是危。」（《語類》卷七八）「有知覺嗜欲，無所主宰，則流而忘返，不可以據以為安，故曰危。」（《語類》卷六二）所以善惡只在人的一念，只在人的修為與努力。只要存心養性、格物窮理，讀書明理，無人不可以達到道德的至善。這一人性論的結論，使朱熹與董仲舒、韓愈人性說所反映的社會等級制的影響，完全不同了。

人與物（主要是有知覺之物），在稟受天地生物之理上並無不同，形氣的差異則使其現實的道德之性表現不同。朱熹在論述這一思想時，有時說「理同氣異」；有時說「理有偏全」；有時說「氣異理異」，因而產生了一些混亂。陳來《朱熹哲學研究》據此認為：朱熹在這一問題上，思想有一發展過程。早年注意人物性理之同，《論孟集注》後提出了人物性理的偏全問題，到慶元中，確認了因其氣稟之不同，所賦之理固亦有異。⑱祝次平《朱子學與明初理學的發展》則不同意陳來的看法，⑲認為朱熹的思想是一貫的。實際上，朱熹的上述提法中，確是有一些混淆不清。但混淆的原因則值得深入研究。

朱熹說：「人物之性，本無不同，而氣稟則不能無異耳。程子所謂『率性之謂道，兼人物而言』；又云『不獨人爾，萬物皆然者』，以性之同然者而言也。所謂『人受天地之正氣，與萬物不同』。又云『只是物不能推，人則能推之者』，以氣稟之異而言也。……性同氣異，只此四字，包含無限道理。」（《文集》卷三九《答徐元聘》第二書）性無不同，氣稟有異，人得天地之正氣（氣之靈，氣之清），物則得其偏，故人得此理、此性而自知之，並能推其所知。物則雖得而不能自知，不能推。人對性之自知即「良知」，此良知在心即是心之明德。推即推致，如親親而仁民，仁民而愛物等，也即致知。這裡朱熹強調了人之為人的特殊性，即人與禽獸等萬物的重大區

⑱ 同❻，第七八—七九頁。

⑲ 參見祝茨平《朱子學與明初理學的發展》，第一章《朱子的理氣論》，第三九頁。臺北學生書局，一九九四年二月版。

別。但這一區別不影響宇宙本源是善這一統一性、普遍性，相反，兼顧了統一性與差別性的聯繫。就是說既是理一，又是分殊；分殊中有理一，理一又表現為分殊。在中國哲學史上，孟子講禽獸之別，實際強調差別性，把差別與理一、與統一性對立起來。董仲舒講宇宙本原的統一性，同時強調萬殊實際存在的差別性。「察於天之意，無窮極之仁也。」（《春秋繁露．王道通三》）這是本原的統一性，但陰惡陽善，在實際上宇宙不完全是善的。其性三品之說則認為性本身只是質，善惡是後天經驗條件的產物，從而強調了社會人的等級性。朱熹上面的說法，是糾正了這些偏差的。

那麼，《論孟集注》以後，朱熹思想是否偏離了上述基點？《論孟集注》說：「人物之生，莫不有是性，亦莫不有是氣。然以氣言之，則知覺運動人與物若不異也；以理言之，則仁義禮智之稟，豈物之所得而全哉？此人之所以無不善，而為萬物之靈也。」（《告子上》）「犬牛人之形氣既具，而有知覺能運動者，生也。有生雖同，然形氣既異，則其生而有得乎天之理亦異。蓋在人則得其全而無有不善，在物則有所蔽而不得其全，是乃所謂性也。」（《文集》卷五〇《答程正思》第十六書）這裡的「得」顯然是就氣稟後所實得而表現之性而言，不是天之所賦本身即是偏而不全。因為如果這樣，「蔽」字就沒有著落了。所以兩段話不過是理一分殊、理同而氣異的另一種表達形式而已。就是說形氣不同，使人物所得以表現出來的性理也有不同。《語類》說：

如稟氣清明者，這道理只在裡面；稟得氣皆濁者，這道理亦只在裡面，只被這昏濁遮蔽了。

（卷五九）

天之生物，不容有二命，只是此一理耳。物得之者自有偏正、開塞之不同，乃氣稟使然，此理甚明。（《文集》卷五七《答林一之》第三書）

理固不可以偏正通塞言，然氣稟既殊，則氣之偏者便只得理之偏，氣之塞者便是與理相隔。（《文集》六二《答杜仁仲》第二書）

這裡「遮蔽」、「偏正」、「開塞」，正是對上面引文中「蔽而不得其全」、「氣有清濁，稟有偏正」的解釋。

黃商伯問：「《中庸章句》謂人物之生各得其所賦之理以為健順五常之德。《或問》亦言人物雖有氣稟之異而理則未嘗不同。《孟子集注》謂以氣言之則知覺運動人與物若不異，以理言之則仁義禮智之稟，豈物之所得而全哉？二說似不同。豈氣既不齊，則所稟之理亦隨以異歟？」朱熹回答說：「論萬物之一原，則理同而氣異；觀萬物之異體，則氣猶相近而理絕不同也。氣之異者，粹駁之不齊，理之異者，偏全之或異。」（《文集》卷四六《答黃商伯》第四書）黃商伯的意思確是氣異而所稟得之天理有異。朱熹的回答則是對黃的否定。所以肯定在本原上天之所賦，萬物是完全相同的，只是所賦之氣有粹駁之不齊，從而萬物之實際地表現出之性理不同。所謂「氣猶相近」，即知覺運動「人與物若不異也」。所以全文的意思，仍是理一分殊的觀點。《語類》和書信中，對此亦有反復的申述，如：「所疑理氣之偏，若論本原，即有理然後有氣，故理不可以偏全論。」（《文集》卷一九《答趙致道》）「理無不善……但氣稟偏，則理亦欠闕了。」（《語類》卷四）都是說，理之偏或欠缺，是氣稟所造成的情況。

究其實，如果認為理本身就有欠缺的話，那就是認為，理就是可以分割的。仁本身、義本身等等可以分割為不很仁、很不仁等等。這與理之為形而上、超時空、絕對等等是矛盾的。朱熹說：「理，只是一個理。理舉著，全無欠闕。」（《語類》卷六）「理只是這一個道理」。（同上）因此理是無法偏欠的。如分割是指或稟仁，或稟義等而言，則與朱熹所謂「一實萬分」，萬理歸結為一理，仁義禮智皆是仁之分殊，亦是矛盾的。道理是一個，氣稟分殊有不同，用比喻來講就是明珠掉在污泥濁水或清水中的不同。故朱熹常用此以為喻。

但朱熹確也有另外的說法，《文集》卷六一《答嚴時亨》第三書說：「生之謂性一章，論人與物性之異，固由氣稟之不同，但究其所以然者，卻是因其氣稟之不同，而所賦之理，固亦有異，所以孟子分別犬之性、牛之性、人之性有不同者，而未嘗言犬之氣、牛之氣、人之氣不同也。」關於理氣關係，朱熹也有「氣之錯綜不失條緒便是理」的說法，因此，氣本身帶有「仁義禮智」等不同的屬性。如：

有得木氣重者，則惻隱之心常多，而羞惡、辭遜、是非之心為其所塞而不發；有得金氣重

> 者，則羞惡之心常多，而惻隱辭遜是非之心為其所塞而不發，水火亦然。唯陰陽合德，五性全備，然後中正而為聖人也。（《語類》卷四）
>
> 問：「五行之生各一其性，理同否？」曰：「同，而氣質異。」曰：「既說氣質異則理不相通。」曰：「固然。仁作義不得，義作仁不得。」（《語類》卷九四）
>
> 問：「季通主張氣質太過。」曰：「形質也是重。且如水之氣，如何似長江大河，有許多洪流！金之氣，如何似一塊鐵恁地硬！形質也是重。被此生壞了後，理終是拗不轉來。」又曰：「孟子言人所以異於禽獸者幾希，不知人何故與禽獸異。」又言：「犬之性猶牛之性，牛之性猶人之性與？不知人何故與牛犬異。此兩處似欠中間一轉語，須著說是形氣不同，故性亦少異，始得。恐孟子……卻於這些子未甚察。」（《語類》卷四）

所以，氣稟似乎對理之多少欠缺也是有影響的。但「拗不過」、「少異」、「羞惡是非之心為其所塞而不發。」這些說法又可以解釋為氣稟對所能表現出來的性而言。要而言之，朱熹在人性、物性等差異問題上，確是有些思想不清的。但以之為前後中期思想發展的不同，則顯得論證不充分。

人性問題是一十分複雜、難於解決的問題。康德講「物自體」，人的本性確是一物自體，它是不可能被認識清楚的。一旦被清楚地認識了，人自身也就結束自己的發展與歷史了。這是很荒謬的。所以古往今來，人性問題一直糾纏不清。朱熹用他的哲學和《太極圖說解》思想，對這一問題提出了自己的看法。他的看法，自然也是不清楚的，不過是他自己的一種看法、一種信仰而已。因此，不可能、也無法以科學、以真理的標準去衡量和要求。可以肯定的一點是，比之同時代人和他的先輩，朱熹的人性論思論，無疑是一最為完備的理論。根據這一理論，朱熹提出了理性主義的教育思想、格物窮理思想，在統治者和人民——被統治者的應有關係上，也得出了和韓愈、和法家等等不同的看法，在當時是起了有益的作用的。

朱熹人性論的核心是道德問題，即認為人的本質在於道德。這一看法本是孔孟以來儒家堅持的一個基本點，但到朱熹，他發展為上至宇宙本原，下至人的心性以及和物的區別的一整套嚴密理論體系。通過「道德」是人之所以為人的本質及人的這一本質不是來源於經驗、世俗、後天、社會，而是來源於天命、太極、宇宙至善這一基本觀點，朱熹把人的神聖、莊嚴、卓爾不凡的高大形象突顯出來。因而儘管人的形氣離不開世俗、人欲、肉欲、私欲，但人自身具有的內在力量，卻可以自己把自己振拔出平庸、污穢、墮落、縱欲之中，事情只在於自知自己的本質、根源與力量之所在。因而正如康德的「純粹實踐理性」把人的本質存在——自律的道德存在與上帝、與靈魂不朽相聯繫，從而使人成為一超越的、自由的存在一樣，朱熹的人的本質即在於自己稟賦的天命道德這一思想，也使人成為一超越的自由的存在。比之於王充等人所謂人只是氣之偶然的聚散的觀點；比之於佛教以清淨為性的觀點，它確給予了生命以莊嚴和意義。如同康德一樣，朱熹人性論的宗教性格是十分濃烈和顯著的。但這並不使其人性論突顯落後、愚昧，相反的，是突顯了莊嚴和光彩。

第四節 人人有一太極

《太極圖說》中，朱熹提出了「人人有一太極，物物有一太極」的思想，。因為太極是極好至善的表德，是理之極至，是宇宙的至善，是天地萬化之根，當人具有太極時，人也就在本質上分有「太極」。朱熹說：

人人有一太極，物物有一太極。(《語類》卷九四)

自其本而之末，則一理之實而萬物分之以為體，故萬物之中各有一太極。(《通書解》)

本只是一太極，而萬物各有稟受，又自各全具一太極爾。」(《語類》卷九四)

蓋合而言之，萬物統體一太極也；分而言之，一物各具一太極也。(《太極圖說解》)

朱熹這裡反復申述的「人人有一太極，物物有一太極」，太極是指天命之性。朱熹所以要特別提出上述命題，其理論意義是要人知道：人人自身都有一極好至善的本性，都具有一稟受於天的極好至善的道理與標準。此道理與標準是不需向外假借、向外求索的。朱熹說：

> 五行之生，各一其性。氣殊質異，各一其○（太極），無假借也。《太極圖說解》
>
> 萬物之生，同一太極者也。而謂其各具，則亦有可疑者。然一物之中，天理完具，不相假借，不相陵奪，此統之所以有宗，會之所以有元也，是安得不曰各具一太極哉！《太極解義．附辨》
>
> 近而一身之中，遠而八荒之外，微而一草一木之衆，莫不各具此理。如此四人在坐，各有這個道理，某不用假借於公，公不用求於某，……各各滿足，不待於求假於外。……濂溪《通書》只是說這一事。（《語類》卷一八）

這裡，文字上好像是強調理的同一性，無差別性，但實質上是強調各一其性、各一其極、各具一太極，即強調現實的太極的氣殊質異的差別性。⑳如果現實地各物之「太極」完全同一，無

⑳ 從受教於延平起，朱熹比較強調和重視的就是「理一分殊」的「分殊」方面，所謂「理不患其不一，所難者分殊耳。」「五行之生各一其性。」（《太極圖說解》）「以其分之殊，則其理之在是不能不異。」（《文集》卷五九《答余方叔》）「花瓶便有花瓶的道理，書燈便有書燈的道理。」（《語類》卷九七）「大黃不可為附子，附子不可為大黃。」（同上）等等。

任何差異，則「不相假借」、「不相陵奪」的問題也就沒有提出的必要了。一方面「天理完具」，人人皆有，不需假借和陵奪，不需向外求索；另一方面天理、太極又是各具的，假借、陵奪也絕無可能。因此，人人可以做、可以努力的，只是自己去完成自己的標準、去達到自己的至善。因此，從天道流行發育的觀點看，太極是一自己把自己分化為多樣性，最後又復歸於自己的過程（天命流行、道體流行）。林林總總的現實世界、殊形異質，是太極表現自己的一個階段，一種場所，一個方面。而從人物個體的觀點看，則復歸於太極是生命最本質的歸宿與意義、價值之所在。故朱熹說：

> 「太極圖首尾相因，脈胳貫通，首言陰陽變化之原，其後即以人所稟受明之。自唯人也得其秀而最靈。所謂最靈，純粹至善之性也，是所謂太極也。……至聖人定之以中正仁義而主靜，立人極焉，則又有以得乎太極之全體，而與天地混合而無間矣。」（《語類》卷九四）

由天而人，再由人而天。太極首先展現自己為一五行、陰陽、萬物與萬化萬事的多樣性，最後經由聖人的「自覺」回復到自身，而完成天人統一、太極本原自身的統一。這和黑格爾所謂絕對精神把自己外化為自然，又通過人、通過人類精神的由低到高的辯證發展而回復到自身、完成對自己的復歸，說法是類似的。

黑格爾的絕對精神是人類全部精神活動內容的概括。黑格爾把它絕對化與客觀化，以之為宇宙、自然、社會和人類發展之根。當絕對精神把自己展開為多樣性時，它表現為自然，又表現為人類各主要民族所代表的歷史、文化、精神之活動，當它最後在以黑格爾的哲學為標誌的人類精神中認識到了自己時，它就完成了自己的使命與發展。此時，它顯現出自己的全部宏偉、豐富與莊嚴。朱熹的「太極」是人類道德理性、道德至善的概括。朱熹把它絕對化與客觀化，以之為宇宙、自然和人類發展之根、生命之根。當太極把自己展開為多樣性時，它表現為「理一分殊」，表現為無數生命與人對道德至善的追求。當它終於由聖人定之以中正仁義而主靜、立人極時，它也自覺到了自己，回歸到了自己。這時，太極同樣顯現出自己的神聖和莊嚴。故黑格爾與朱熹的哲學，兩者在哲學內容與性質上雖然不同，但在同具目的論思想這一點上，又殊途同歸，因而都以「天人合一」——天——人——天，作了自己哲學的歷程與歸宿。

所以回歸到自己，回歸到自己的「太極」，也就成為各人生命活動的動力及精神力量之源泉。當達到這一目標時，人的生命也就得到了超越、昇華，由有限而進至了無限，融入了永恒。這也就是孟子所講的「存心養性，所以事天也；夭壽不二，修身以俟之，所以立命也。」《西銘》所講的「生吾順事，沒吾寧也。」故朱熹說：

誠者聖人之本，言太極。大哉乾元！萬物資始，誠之源，言陰陽五行。乾道變化，各正性

命，誠斯立焉，言氣化。純粹至善者，通繳上文。（《語類》卷九四）

一陰一陽之謂道，解誠者聖人之本。繼之者善也，解大哉乾元以下。成之者性也，解乾道變化之下。元亨，誠之通，言流行處；利貞，誠之復，言學者用力處。大哉易也性命之源，又通繳上文。（同上）

因此，貫穿於朱熹人人有一太極思想的，是生命之所自與生命意義之解說與探討，如果只把它講成西方哲學的一般的宇宙論、本體論，或認識論、人性論，就使朱熹哲學失去其為朱熹哲學的特色了。

這看來有點神秘，滲透和充滿著宗教和神秘的氣韻。但朱熹哲學本來就是這樣的，亦如黑格爾的絕對精神，使人們想到上帝；康德的「純粹實踐理性」把人們引向上帝、靈魂不朽一樣。朱熹哲學的「太極」，究其實也是神的別名。但這也並不值得奇怪。因為，歸根結底，當人去哲學地、尋根究底地探討、研究人，企圖對人是什麼、人的本質是什麼這一問題作出答案時，它走向對世俗、現存、凡庸、有限的超越，走向神是必然的。沒有這種氣質，哲學就成為科學，而要從宇宙本原，從人的本原、本體這一領域退出了。而恰好在宇宙本原和人的本原問題上，朱熹真正為理學建立起大廈和體系，從而大放異彩。因此，它顯得神秘，表現出神性，也是十分自然的。

所以朱熹的「太極」，可以說是「理」，也是「心」，也是「神」。朱熹的太極思想是哲學，也是某種神學與宗教學。

第四章「格物致知」說

朱熹的「格物致知」說，現今最為流行的對它的了解，是馮友蘭先生的觀點，認為朱熹「格物」是「增進人對於客觀上各個具體事物的知識。」其《大學補傳》，「前段的要點是增進知識，後段的要點是提高精神境界。」朱熹把增進知識「作為吾心之全體大用無不明矣的方法，這就講不通了。」❶

馮先生的看法，建築在一個基點上，認為朱熹所講的「心」，只是「知覺靈明」，其所講「理」完全是心外之理。實際上朱熹「丙戌之悟」奠定了牢固的心學心性觀以後，這種向外窮理的說法，就只是朱熹「格物致知」說的部分內容而不是主體了。因此，為了從根本上闡明問題，仍必須從朱熹關於心性的見解講起。

❶ 馮友蘭《中國哲學史新編》第五冊，第五十四章《朱熹》，第一九二頁。臺北蘭燈出版公司，一九九一年十二月版。

第一節 心性見解

在朱熹思想體系中，「心」字具有多義：有器官實體的意義，有認知功能的意義，有主宰的意義，亦有從道德本體意義上使用的。朱熹說：

心者，氣之精爽。(《語類》卷五)

心官至靈，藏往知來。(同上)

能覺者，氣之靈也。(同上)

這裡的「氣之靈」、「心官」指每個人的實體的心，相當於孟子講的「心之官則思」的「心之官」，用現在的名詞說是「大腦」。大腦是思維的器官，古人認為是心。「大腦」是由發展到高級階段的物質細胞構成的，朱熹則說是「氣之靈」、「氣之精爽」。這種「氣之靈」的心，對於陸象山、王陽明，也都是不言而喻的。這心是中性的、無色的，其思維、情感的功能也是中性的、無色的，即工具性的，如鏡之明，故荀子直稱之為「大清明」。中性、無色的「大清明」能否認知世界？哲學史上有各種答案。康德的答案是：既能認知、又不能認知。康德認為，認知實際上是

「心之官」所具有的先驗理性、悟性、感性對外界經驗材料的整理與加工。當人具體地進行認知活動時，先驗理性、悟性、感性即寓於此實際的思維活動中以起用，但它本身並不是此思維活動。它是思維活動中之「不動者」，是一動而無動之「超越者」、「形上者」。無此「超越者」、「不動者」寓於認知活動以起用，具體的認知活動不可能達到實際的認知成果；但如不寓於具體的認知活動以起用，此先驗理性、悟性、感性，如範疇、時空形式等等，也不過是一僵死的形式而已。朱熹講的「心」，重要功能是這種認知。心能否認知世界？朱熹沒有提出懷疑，亦沒有康德上面一類的答案；但朱熹明確肯定，物理是可以窮格的。此種思慮（包括情感）之心，朱熹亦稱之為「人心」。

> 問：「知覺是心之靈固如此，抑氣為之邪？」曰：「不專是氣，是先有知覺之理。理未知覺，氣聚成形，理與氣合，便能知覺。」（《語類》卷五）
>
> 虛靈自是心之本體，非我所能虛也。耳目之視聽，所以視聽者即其心也，豈有形象。然有耳目以視聽之，則猶有形象也。若心之虛靈，何嘗有物。（同上）
>
> 感而遂通處是心。（同上）

這裡講的思慮、知覺、情感之心、虛靈之心，都可歸結為認知心或人心。但在朱熹體系中，心還指道德「本心」或「溫然愛人利物之心」。它在人心中，當人心感物而動時，它寓於人心以起用，使思慮營為、喜怒哀樂皆符合於「天理」，而卻並不消解自己為此思慮營為與情感之喜怒哀樂本身，因而它亦是動中之不動者、形而上者、超越者。此種「超越者」、形上者之心，朱熹稱之為「心之本體」或「心之體」❷，陸象山稱之為「本心」，朱熹有時亦稱為「本心」❸，其未發時，即稱為性。當心在這一意義上使用時，心、性是異名同體的，相當於康德講的「純粹實踐理性」或道德理性。

康德「純粹實踐理性」，作為「道德法則」、「絕對命令」之產生者或發號司令者，亦具有先驗性質。它不起於理性對利害、利益的計算；亦不起於道德理性所及之對象之性質與條件，它是自本自根、自滿自足的，因而是先於經驗的、先驗的。當人感物而動時，它寓於人之現實的具體的意志、意願以起用，使此意願與行為是道德的，但並不就是這一具體的意願、行為本身；亦不

---

❷ 如《語類》卷五：「問：『心之為物，眾理具足。所發之善固出於心，至所發不善，皆氣稟物欲之私，亦出於心否？』曰：『固非心之本體，然亦是出於心也。』」「或問：『心有善惡否？』曰：『心是動底物事，自然有善惡。……離著善，便是惡。然心之本體未嘗不善，又卻不可說惡全不是心。若不是心，是什麼做出來？』」「心以性為體。」「心之全體湛然虛明，萬理具足。」又《文集》卷三〇《答張敬夫》：「心之本體，固無時不虛，然而人欲，已私汩沒久矣。」

❸ 參閱本書第八、九章《朱熹思想與陸象山》㈠、㈡。

消解自已於此已發的具體的意願、行為之中。作為「實踐理性」、「道德法則」，它是動中之不動者、超越者、形而上者。它不能離開「人心」、「理性」；但它的根源卻並不在此意願、行為與人心之中。它指向上帝、永恆，指向絕對，亦如朱熹將其歸結為天命之性一樣。所以朱熹、康德在展開道德內涵及其根源之分析時，雖然背景、角度、方法等等很不相同，但在何謂道德及其根源上，兩者的思想方向卻是基本一致的。

嚴格地說，認知心作為中性的認知功能，是不可能建立任何道德系統的。它能建立的只能是利益的計算與趨利避害之理性系統，即通常所謂社會制度、法律、規約、契約等等，其中不被強制而由人們自願服從的某一部分，人們稱之為道德。但此種道德與朱熹所稱「天理」、「良知」，康德所稱「道德法則」、「絕對命令」，本質上是不同的。「德性之知，不萌於見聞」，這是理學與康德在道德本質上所達到的共同見解。這一見解使朱熹與康德把「性」、「心之體」、「實踐理性」、「道德法則」與人心、認知、思慮營為、情感活動等等嚴格區分開來。如果因為這種區分而指責朱熹是道德他律者，是以習心為道德，那就把朱熹完全弄錯了。

道德理性、天命之性或心之本體，即在人心之中，又不是人心本身，這種「即在又不是」的關係，或「即是又不是」的關係，常常令人不得其解。朱熹自己也感到極難於講清，所以反反復復加以解釋，亦用種種比喻，但即便如此，到今天也仍然是令人常生誤解的問題。有了與康德的上述比照，從實質上看，應該說兩者的區別與聯繫是不難理解的。

《語類》說：

性無形質，而含之於心。故一心之中，天德具足，盡此心則知性知天矣。（卷六〇）

心與性自有分別。靈底是心，實底是性。靈便是那知覺底；如向父母則有那孝出來，向君則有那忠出來，這便是性。如知道事親要孝，事君要忠，這便是心。張子曰：「心統性情者也」，此說得最精密。（卷一六）

心統性情，只就渾論一物（指心）之中，指其已發、未發而為言爾；非是性是一個地頭，心是一個地頭，情又是一個地頭，如此懸隔也。（卷五）

且如心性情，而今只略略動著看，便有三個物事在那裡，其實只是一個物。虛明而能應物者便是心，應物有這個道理便是性，會做出來的便是情。這只是一個物事。（卷九八）

就是說，道德理性、道德本心、天命之性不在心外，它就是心；但卻不是「氣之靈」之心本身，亦不是「氣之靈」之心的思慮營為和感情活動，而只是一個存在於心的道德法則、道德命令，它指導人應該如何「應物」，使之符合天理而不計較任何外界經驗的條件與利害。

康德說：「一般有理性的存在者在感性界的存在，乃指他們在受經驗制約著的法則之下的存在。這種存在在理性看來就是他律。反之，同樣存在者在超越性世界的存在，乃指他們合乎不依任何經驗條件的那個法則的存在而言，因而屬於理性的自律。」❹朱熹說：「夫謂人心之危者，人欲之萌也；道心之微者，天理之奧也。心則一也，以正不正而異其名耳……非以道為一心，人為一心，而又有一心以精一操存之也。」（《文集》卷六七《觀心說》）「從形骸上起底見識，便是人心；義理上起底見識，便是道心。心則一也，微者難明，有時發現些了，使自家見得，有時又不見了，惟聖人便辨之精，守得徹頭徹尾，學者則是擇善而固執之。」「道心如言心之官則思，故貴先立乎其大者。人心只見那邊利害情欲之私。道心只見這邊道理之公，有道心則人心為所節制，人心皆道心也。」（《語類》卷七八）這裡人心的「存在」，即康德所謂對理性而言的他律的存在，它受氣稟、物欲等經驗條件與自然法則的制約。道心或仁義之心則是一超感性世界的存在，它的發用、流行不受經驗條件或物欲的制約，只是出於性之「自不容已」，其存其亡，完全在於人的一念一心，是康德所謂理性的自律。因此，在朱熹體系中，心的結構、內涵可以圖式為：

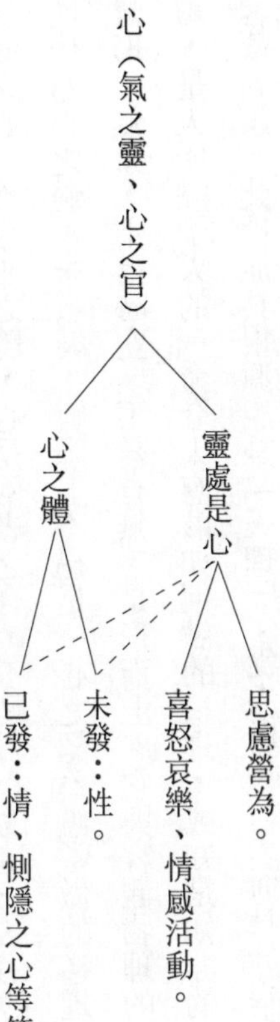

心（氣之靈、心之官）
- 靈處是心
  - 思慮營為。
  - 喜怒哀樂、情感活動。
- 心之體
  - 未發：性。
  - 已發：情、惻隱之心等等。

❹ 關文運譯，康德《實踐理性批判》，第四三頁。北京商務印書館，一九六〇年版。

朱熹說：「合性與知覺有心之名，張子言之矣。言心則合知覺與性而言。」《論語集注》知覺指認知之心，性指心之體，心是兩者之合，正是對心的這一結構的明確的概括。❺

性作為心之體，未發時，實際上不過是一心之認為應當做的道理，即一道德法則、道德命令；故它無形、無象，不落時空、不落有無，是形而上。它與客觀物理的分別是：它即在心中，是心之本體，是天所賦予人的一命令人應該如何做的道理，或知是知非的良知，而不是可以外求和認知的客觀對象。此性從其根源說是「天理」；從人所得於天而具於心而言是「心之德」。「心之德」其總名是仁。朱熹說：「人之一心，虛靈洞澈，而所具之理，乃所謂德也。指虛靈洞澈而謂之德固不可，捨虛靈洞澈而謂之德亦不可。於虛靈洞澈之中而有理存焉，此心之德也，乃所謂仁也。」《論語集注》因此，「性即理」與「心即理」在本質上是沒有區別的。當心指道德本心或心之體時，此心之體即理。朱熹不願講「心即理」，因為心有人心之一內涵，人心不能是性，不能是理（道德法則）。講「性即理」，可以表明人之道德理性、道德之性源於天命、天理，是一超越的先驗的絕對；也可以表明性並非是一物、一實體，而不過是隨人心之發用流行而起用、使人心之活動符合天理的道德法則而已。故《語類》說：

❺《文集》卷五八《答徐子融》第三書：「道心則知覺之在人而具此理者也。橫渠先生云：「合虛與氣有性之名，合性與知覺有心之名」，其名義亦甚密，皆不易之至論也。」

性是合當底。（《語類》卷五）

性是天生成許多道理。（同上）

心與理一，不是理在前面為一物。理便在心之中，心包蓄不住，隨事而發。（同上）

主宰運用底便是心，性便是會恁地做底理。（《語類》卷五）

性只是合如此底，只是理。（同上）

性是心之道理，心是主宰於身者。❻（同上）

原此理之所自來，雖極微妙，然其實只是人心中許多合當做底道理而已；但推其本，則見其出於人心，非人力之所能為，故曰天命；雖萬事萬化皆自此中流出，而實無形象之可指，故曰無極耳。（《文集》卷四五《答廖子晦》第十八書）

所謂「合當底」、「合如此底」、「會恁地做底理」，都是心所認為「合當底」、「合如此底」、「會恁地做底」。因此，這「性」即是康德所謂「道德理性」、「道德法則」。

---

❻ 關於心的主宰作用，一指知覺功能的主宰，如「心是主宰於身者」。「主宰運用都在心。」（《語類》卷五）。一指心之本體、道德理性對是非善惡的辨別作用，如「然則天理人欲之判，中節不中節之分，特在乎心之宰與不宰，而非情能病之，亦已明矣。」（《文集》卷三二《答張敬夫》）此種宰與不宰，不來自心之知覺本身，而是隨知覺以發用的性。

朱熹說：「心之為物，實主於身。其體則有仁義禮智之性；其用，則有惻隱、羞惡、是非恭敬之情，渾然在中，隨感而應。以至身之所具，身之所接，皆有當然之則而自不容已，所謂理也，元有一貫意思。曰：然。施之君臣，則君臣義；施之父子，則父子親；施之兄弟，則兄弟和；施之夫婦，則夫婦別，都只由這個心。」（《語類》卷二七）「心字，各有地頭說。如孟子云：『仁，人心也。』仁便是人心，這說心是合理說。如說顏子其心三月不違仁，是心為主而不違乎理。」（《語類》卷五）這裡說「心是合理說」，亦即心是與理為一的心，也即「心即理」的心、道德本心。❼「不違乎理的心」則是一般的思慮營為之心、認知之心。「心性固是一理，然自有合而言處，又有析而言處。」（《語類》卷一八）朱熹講格物致知，是包括著兩種心和理的關係的，是以上述心、心之體、性與理的關係為主體的。只有懂得朱熹兩種心和理的見解，才能為理解朱熹的格物說提供真正的基礎。

---

❼ 朱熹講心與理一，有些地方是講修養境界上與理為一，即達到純然天理、無所私曲的心性境地。如「為學之要，惟事事審求其是，決去其非，積集久之，心與理一，自然所發皆無私曲。」（江永《考訂朱子世家》）「仁者心與理一，心純是這道理。」（《語類》卷三七）但有些地方是從本體、心之本體上講的。如說「心與理一，不是理在前面為一物，理便在心之中。」（《語類》卷五）「儒釋之異，正為吾以心與理一，而彼以心理為二耳。」（《文集》卷五六《答鄭子上》）此處所說「仁，人心也。」即是與理為一的「心」，指心之體、性。

第二節「格物致知」與「明明德」

「格物致知」是《大學》提出的。朱熹的「格物致知」說大致經歷了三個不同發展階段。第一階段是丙戌（西元一一六六年）「中和舊悟」以前及稍後。此時期朱的思想籠罩在章句之學的影響之下，其求學之方以「格物致知」為中心，基本內容是格物、讀書、向外窮理，沒有心學的心性觀作為基礎；如紹興二十六年，作《一經堂記》，提出：「古之所謂學者，非他，耕且養而已矣，其所以不已乎經者何也？曰：將以格物而致其知也。學始乎知，惟格物足以致知。」（《文集》卷七七）紹興三十二年，朱應詔上封事，提出：「古者聖帝明王之學，必將格物致知、以極夫事物之變，……使義理所存，纖微必照，……則自然意誠心正，而所以應天下之務。」（《文集》卷一一）孝宗興隆元年（西元一一六三年），奏事垂拱殿，又提出：「大學之道，……在乎格物以致其知而已。」「蓋有是物，必有是理，然理無形而難知，物有迹而易睹，故因是物以求之，使是理瞭然於心目之間，而無毫髮之差，則應乎事者，自無毫髮之謬。」（《文集》卷一三）與隆二年《答江元適》第二書說：「語夫進修節序之緩急先後者……則熹之所聞，以為天下之物，無一物不具夫理；是以聖門之學，下學之序始於格物以致其知，不離乎日用事物之間，別其是非，審其可否，由是精義入神以致其用。」（《文集》卷三八）這裡，心是認知的主體，理是認知的對象。「格物」是於日用事物之間別是非，審可否，求知其道理、義理之所在。「致知」是得到道理、義理之知識的意思。這階段的朱熹與「龍場之悟」前王陽明「格竹子」以求入聖域，十分類似。第二階段由丙戌到己丑（西元一一六九年）「中和新悟」後。此時期朱由章句之學、向外求理擺脫出來，經湖湘學派的引導、啟迪而建立了心學的心性觀。在為學工夫上，戊子時提出「主敬以立其本，窮理以致其知」、「本立而知益明，知精而本益固」，己丑時又修正發展為「涵養須用敬，進學則在致知。」涵養本原成為為學工夫的基礎。「本原」指生而具有的仁義義理之心。窮理致知則主要指存養、擴充、推致本心之良知、義理之知，也包括讀書明理及應事接物、別是非、審可否等求知的內容。故為學秩序上，強調《大學》格物致知以前，應有整個一個小學階段的涵養本原工夫，所謂：「蓋古人由小學而進於大學，其於灑掃應對進退之間，持守堅定，涵養純熟，固已久矣；是以大學之序特因小學已成之功，而以格物致知為始。今人未嘗一日從事於小學而曰必先致其知，然後敬有所施，則未知其以何為主而格物以致其知也。」（《文集》卷四二《答胡廣仲》第一書）「致知云者，因其所已知者，推而致之以及其所未知者，而極其致也。」（《文集》卷四二《答吳叔晦》第九書）「蓋義理，人心之所固有，苟得其養而無物欲之昏，則自然發現明著，不待別求。格物致知亦因其明而明之爾。」（《文集》卷四三《答林擇之》第二十一書）「古人直自小學中涵養成就，所以《大學》之道，只從格物做起。今人從前無此工夫，但見《大學》以格物為先，便欲只以思慮知識求之，更不於操存處用力，縱使窺測得十分，亦無實地可據。」

（同上，第十九書）否定了上面第一階段的說法；故乾道三年「中和舊悟」後，《答許順之》第十三書說：「大學之說，近日多所更定，舊說極陋處不少。大抵本領不是，只管妄作，自悞悞人，深為可懼爾！」（《文集》卷三九）「本領不是」即指前此的「格物致知」說沒有心學的心性觀與涵養本原作基礎。第三階段則是作《大學章句》時期，以「明明德」為中心而講格物致知。第三階段起於淳熙初年（西元一一七四年），直至朱熹逝世（西元一二〇〇年）❽。第二、第三階段「格物致知」說都以心學的心性觀作基礎，也包括第一階段的內容與講法，但它是從屬於「明明德」的。《語類》說：

---

❽ 乾道三年，朱《答許順之》第十三書，說：「大學之說，近日多所更定，舊說極陋處不少。大抵本領不是，只管妄作，自悞悞人，深為可懼爾！」（《文集》卷三九）淳熙元年，朱四十五歲，《答呂伯恭》說：「《中庸章句》一本上納，此是草本，幸勿視人。更有詳書一本，字多未暇，俟後便寄。《大學章句》並往。亦有詳說，後便寄矣。」（《文集》卷三三第三十五書）淳熙二年，《與張敬夫》說：「《大學》、《中庸》章句，緣此略修一過，再錄上呈。」（《文集》卷三一第二十八書）同年《答江德功》又說：「蓋自十五六時知讀是書，而不曉得格物之義，往來於心，餘三十年，近歲就實處求之，而參以他經傳記，內外本末，反復證驗，乃知此說之的當，恐未易以一朝卒然立說破也。」（《文集》卷四四第一書）故第三階段起於淳熙初年，直至朱熹逝世。

學者須是為己。聖人教人，只在大學第一句「明明德」上。以此立心，則如今端己斂容，亦為己也，讀書窮理，亦為己也。（卷一四）

為學只在「明明德」一句。君子存之，存此而已；小人去之，去此而已。（同上）

明明德是大綱。……下面方說平天下、至格物八者，便是明明德、新民底工夫。就此八者理會得透徹，明德、新民都在這裡。（同上）

如格物、致知、誠意、正心、修身五者皆明明德事。（同上）

「明明德」成為朱熹「格物致知」說的綱領。

「明德」一詞由德與明連輟而成。德者得也，有得於道謂之德。在朱熹體系中，德指「心之德」。❾明則是光明、明白、知曉之意。兩者聯用，指所得於天而已為心所知曉、明白的天理。此天理在心，有如明鏡，光明鑑照、毫發不差。因其能判斷是非，知善知惡，照鑑萬物，故相當於王陽明所說的良知，是著重從知而不是從性之本體而言的。《語類》卷一四：

或問：「所謂仁義禮智是性，明德是主於心而言?」曰：「這個道理在心裡光明照徹，無

---

❾ 關於德，朱熹有兩種講法：㈠「德是行其道而有得於心。」（《語類》卷三四）這是從工夫說，從道德踐履上說。㈡「德，是自家心下得這箇道理。」「是有得於心。」（同上）這是從本原上說。

一毫不明。」

明德是自家心中具許多道理在這裡，本是個明底物事，初無暗昧，人得之則為德。

明德，謂本有此明德也。孩提之童，無不知愛其親；及其長也，無不知敬其兄。其良知、良能，本自有之，只為私欲所蔽，故暗而不明。

明德者，人之所得於天，而虛靈不昧，以具衆理而應萬事者也；但為氣稟所蔽，人欲所惑，則有時而昏，然其本體之明，則有未嘗息者。（《大學章句》）

因此，如果說「性」是從本體說的話，則「明德」主要是從良知、從此天命之性與理為心所具而「已知」來說。朱熹說：「性是個糊塗不明的事物。」（《語類》卷五三）與性相比，「明德」是已明的事物。性所以「不明」，因為性泛指人與物而言，「明德」則僅指人所稟具的為心所已知的性。性作為本體，從稟賦而言；「明德」則指此性已為心所內在地認知，因而不僅是心之德，亦是心之「明德」。

「明德」從其先驗地具有而言，亦是一種本體；但它可以為物欲、氣稟等所蔽而不明，但「本明之體得之於天，終有不可得而昧者，是以雖其昏蔽之極而介然之傾，一有覺焉，則即此空隙之中而其本體已洞然矣。」（《大學或問》）這裡，「覺」是良知之「自覺」。《語類》卷一七：「林安卿問：『介然之頃，一有覺焉，則其本體已洞然矣。須是就這些覺處，便致知擴充將去。』曰：

「然，昨日固已言之。如擊石之火，只是些子，才引著，便可以燎原。」」「覺是忽然心中自有所覺悟，曉得道理是如此。」強調覺的忽然性與自有所覺。這種「覺」顯然是良知之自覺。朱熹講「明明德」，「明明德」之「明」即這種「覺」。

《語類》說：

> 「此明德乃是人本有之物，只為氣稟與物欲所蔽而昏。今學問進修，便如磨鏡相似。鏡本明，被塵垢昏之，用磨擦之工，其明始現。及其現也，乃本然之明耳」。曰：「公說甚善。但此理不比磨鏡之法。這光明不待磨而後現，但人不自察耳。如孺子將入於井，不拘君子小人，皆有怵惕、惻隱之心，便可見。」（卷一七）

> 孟子將孺子將入井處來明這個道理。……蓋人心至靈，有什麼事不知，有什麼事不曉，有什麼道理不具在這裡。何緣有不明？為是氣稟之偏，又為物欲所亂，……所以不明。然而其德本是至明物事，終是遮不得，必有時發見。……學者便當因其明處下功夫，一向明將去。致知、格物、皆是事也。（卷一四）

所以「明明德」之明，亦是本體的自覺。故在明德發現處下擴充、推廣功夫，去人欲，存天理，使被人欲所昏惑掩蓋了的本體「明德」重放光明即是「明」，所以「明明德」也即是擴充良知之意。《文集》卷五〇《答周舜弼》第六書說：「致知功夫，亦只是據所已知者玩索推廣將去，具於心者，本無不足也。」《語類》亦說：

> 而今便要從那知處推將去，是因其已知而推之，以至於無所不知也。（卷一五）

> 凡人各有個見識，不可謂他全不知，如孩提之童知愛其親，長知敬其兄，以至善惡是非之際，亦甚分曉。但不推致充廣，故其見識終只如此。須是因此端緒從而窮格之。未見端倪發見之時，且得恭敬涵養。有個端倪發見，直是窮格去，亦不是鑿空尋事物去格也。涵養於未發見之前，窮格於已發見之後。⑩（同上）

> 人誰無知？為子知孝，為父知慈，只是知不盡，須是要知得徹底。且如一穴之光也喚做光，然逐旋開劃得大，則其光愈大。物皆有理，人亦知其理，如當慈孝之類，只是格不盡。但

---

⑩錢穆先生說：「此條說因其已知而益窮之之義更透切。若非心中先已有知，鑿空尋事物去格，則如陽明格庭前竹子。若不因吾心已知之理而益窮之，則如齊宣王僅知不忍一牛觳觫而不能即推此以保民而王天下。……陽明致良知之教，今日知到這裡，今日即行到這裡，只重知行合一，不求推極其知，乃是獎勵人只為毫厘絲忽之黃金，不教人進為百斤千斤也。徒務於致知格物而不知於心性根源求端緒，以為推致充廣奠其基而正其本，則有泛濫之病。」（《朱子新學案》第二冊《朱子格物》）對朱熹的格物致知說之精神實質，是極好的概括與闡釋。

物格於彼，則知盡於此矣。又云：知得此理盡，則此個意便實。若有知未透處，這裡面便黑了。（同上）

所以朱熹的格物、「致知」，是將心中本已具足之理推廣、擴充。致知、「明明德」的過程，本質上即是去人欲、存天理、存心養性的過程。

問：「致知格物。」曰：「此心愛物是我之仁；此心要愛物是我心之義；若能分別此事之是，此事之非是我之智；若能別尊卑上下之分是我之禮。以至於萬物萬事，皆不出此四個道理。其實只是一個心，一個根底出來，抽枝長葉。」（《語類》卷一五）

夫外物之誘人，莫甚於飲食男女之欲，然推其本，則固亦莫非人之所當有而不能無者也；但於其間自有天理人欲之辨而不可以毫釐差耳。惟其徒有是物，而不能察於吾之所行乎其間者，孰為天理，孰為人欲，是以無以致其克復之功，而物之誘於外者，得以奪乎天理之本然耳。（《大學或問》）

人之一心，本自光明，常提撕他起，莫為物欲所蔽，便將這個做本領，然後去格物、致知，如大學中條目便是材料。聖人教人將許多材料來修治平此心，令常常光明耳。（《語類》卷一五）

人性本明，如珠寶沈溷水中，明不可見，去了溷水，則寶珠依舊自明。自家若知得是人欲蔽了，便是明處。只是這上便緊緊著力主定，一面格物，今日格一物，明日格一物，正如游兵攻圍拔守，人欲自消去。（《語類》卷一二）

這些「格物」、「致知」的論述，要點都是去人欲、存天理，擴充心之良知，使其無物不到，無理不盡。而「物」主要所指即「飲食男女之欲」，理主要指天理。

朱熹《大學》格物致知《補傳》說：「所謂致知在格物者，言欲致吾之知，在即物而窮其理也。蓋人心之靈，莫不有知，而天下之物，莫不有理。惟於理有未窮，故其知有未盡也。」此「知」指人心思慮之知，亦指良知。「知有不盡」，亦指良知有所未盡。理包括事物的條理，自然的物理，主要是性理、天理，如事親當孝等等。物指外物，主要指飲食男女、修齊治平、人倫日用；所以《補傳》的主要意思是說，學者當於修齊治平、人倫日用、飲食男女處推致擴充心之良知，使修齊治平等等，事事皆得其理。至於「用力之久，一旦豁然貫通，則眾物之表裡精粗無不到，吾心之全體大用無不明矣。」「全體」，主要指心所稟受之性體，或天命之性之全體；「大用」則指性體之發而皆中節之和。所以，離開「明明德」講格物、窮理，把朱熹說成義外系統、道德他律系統，或完全向外求知系統，就與朱熹思想不符合了。

牟宗三先生斷定朱熹思想是認知的橫攝系統，故對於朱熹「明明德」作如下解釋，說：「明德者，人之所得乎天而可以由虛靈不昧之知之明以認知地管攝之之光明正大之性理之謂也。」⓫「心知之明既可以認知存在之然自身曲折之相，亦可以認知存在之然之所以然之理，而且還能辨別存在之然自身曲折中之是非善惡，此皆為心知之明之所及。」⓬實際上，朱熹自己早就講過：「仁本吾心之德，又將誰使知之而覺之耶？」（《文集》卷三二《又論仁說》第十四書）朱熹批評胡廣仲以孟子「知此覺此」為知仁覺仁之說，指出胡把仁作為認知對象，以為通過認知可以使仁成為自己之性理，是錯誤的。「仁本吾心之德」，根本不可能成為外在的認知對象，更不可能通過認知而攝取為個人的「心之明德」。朱熹說：「大凡道理，皆是我自有之物，非從外得。所謂知者，便是知得我底道理，非是以我之知去知彼道理也。道理本固有，用知方發得出來。若無知，道理何從而見。」（《語類》卷一七）很明確地肯定，所謂知是把道理——義理、性理發出來，如同道德理性，善的意志把道德命令發出來，使之成為現實的道德一樣。牟先生把朱熹講的知講成對外在性理的認知，顯然是不符合朱熹本意的。

按朱熹的思想，心知之明所以能辨別是非善惡，是因為是非善惡之辨別標準，並非外在的，而是內在於心之良知的。按牟先生的說法，則中性的心的認知功能可以認知存在之然自身的是非

⓫《心體與性體》第三冊，第五章《中和新說與仁說後以大學為規模》，第三七四頁。臺北正中書局，一九六九年版。

⓬同上，第三七二頁。

善惡，這不僅不是朱熹的思想，而且說法本身也是自相矛盾、不能成立的。

朱熹寫《仁說》前後，曾作《答張敬夫問目》，說：「心體廓然，初無限量，惟其梏於形器之私，是以有所蔽而不盡，人能克己之私以窮天理，至於一旦脫然，私意剝落，則廓然之體，無復一毫之蔽，而天下之理遠近精粗，隨所擴充，無不通達。性之所以為性，天之所以為天，蓋不離此，而一以貫之，無次序之可言矣。孔子謂天下歸仁者，正此意也。」（《文集》卷三二）這與《大學・補傳》的思想是一致的，可以看作《大學・補傳》之「全體大用」的注釋；通篇無一字涉及認知、外攝，完全發揮存天理、去人欲及孟子存心養性的思想。

《大學或問》中，朱熹又說：「是以聖人施教，既以養之於小學之中，而後開之以大學之道，其必先之以格物致知之說者，所以使之即其所養之中，而因其所發以啟其明之之端也。繼之以誠意、正心、修身之目者，則又所以使之因其已明之端而反之於身，以致其明之之實也。夫既有以啟其明之之端而又有有致其明之之實，則吾所得於天而未嘗不明者，豈不超然無有氣質物欲之累而復得其本體之全哉。是則所謂明明德者，而非有所為於性分之外也。」這對《補傳》也是極好的解釋。「非有所為於性分之外也」，對格物、致知、「明明德」是向外求的說法也是明確的否定。

《文集》卷六一《答林德久》第六書說：「存心即操存求放之事，是學者初用功處；盡心則窮理之至，廓然貫通之謂。所謂知性即窮理之事也。須是窮理方能知性，性之盡則能盡其心矣。」此書寫於慶元元年（西元一一九五年），朱六十六歲，是晚年思想，亦發揮窮理即盡心之孟子式的心學思想，亦可看作《補傳》的注釋。

第三節 「格物致知」與「理一分殊」

但在「格物致知」上，朱熹和王陽明並不完全相同。王陽明屬頓悟說，強調意志的作用，即知即行，以誠意為工夫的基點；朱熹則屬漸修論，涵養與進學並重，以理智和理性的啟迪為工夫的基點。王陽明不講朱熹哲學的理氣架構，以「滿街都是聖人」為頓悟說提供人性基礎；朱熹則強調氣稟的差異，為漸修說提供人性依據。王陽明強調理一；朱熹則繼承與發揮李侗「理不患其不一，所難者分殊耳。」⑬的思想。所以分析朱熹的「格物致知」說，一方面要看到其基本思路是心學的思路；另一方面亦要看到與王陽明的重大區別。上述區別，構成朱熹「格物致知」說的特色，是不能忽略的。

朱熹說：「萬理雖只是一理，學者且要去萬理中千頭百緒都理會，四面湊合來，自見得是一理。不去理會萬理，只管去理會那一理，……只是空想像。」（《語類》卷一一七）「聖人未嘗言理

---

⑬ 朱說：「余之始學，亦務為籠統宏闊之言，好同而惡異，喜大而恥小，於延平之言，則以為何為多事若是？心疑而不服。同安官余，反復思之，始知其不我欺矣。蓋延平之言曰：『吾儒之學所以異於異端者，理一分殊也。理不患其不一，所難者分殊耳。』」（《延平問答》）

理一，多只言分殊。蓋能於分殊中事事物物，頭頭項項，理會得其當然，然後方知理本一貫。不知萬殊各有一理，而徒言理一，不知理一在何處。」（《語類》卷二七）「分殊」即義理之隨事隨時隨分而合宜者。此「合宜」，一方面是內在的，如見父知孝，見兄知悌，本體之仁，分殊而為仁義禮智等等；另一方面它與外在的物理也是有聯繫的，不知各種物理、不知有關的客觀自然之理，亦不可能使義理隨事隨分而得宜。朱熹說：「天下事，皆謂之物，而物之所在，莫不有理。且如草木禽獸，雖是至微至賤，亦皆有理。如所謂仲夏斬陽木，仲冬斬陰木，自家知道這個道理，處之而各得其當便是。且如鳥獸之情，莫不好生而惡殺，自家知得是恁地，便須見其生不忍見其死，聞其聲不忍食其肉，方是。」（《語類》卷一五）仲夏斬陽木，仲冬斬陰木，是陰陽五行思想，包括著天人感應的道理。不懂得它，仲夏斬陰木，仲冬斬陽木，即便心有好生之仁，也不可能處之而得其當，客觀上可能正好不義、不仁。所以要處置得當，必須了解「天地生物之心」在草木禽獸處的具體表現，了解理一而分殊之「分殊」。這種了解，亦是格物窮理。所以格物亦包括了解外界客觀之物理，但它是與主體的道德本體、道德實踐緊密結合的。朱熹說：

> 或謂但正心，不須致知、格物，便可以修身、齊家，卻恐不然。聖人教人窮理，只道是人在善惡中，不能分別得，故善或以為惡，惡或以為善；善可以不為不妨，惡可以為亦不妨。聖人便欲人就外面攔截得緊，見得道理分明，方可正得心，誠得意。（《語類》卷一五）

閑時窮究得道理分曉，臨事時方得其所止。若閑時不曾知得，臨事時如何了得。事親固是用孝，也須閑時理會如何為孝，見得分曉，及到事親時，方合得這道理。事君亦然，以至凡事都如此。（同上）

「格物」二字最好。物，謂事物也，須窮極事物之理到盡處，便有一個是，一個非，是底便行，非底便不行。自家身心上，皆須體驗得一個是非。（同上）

問：「格物須合內外始得？」曰：「他內外未嘗不合。自家知得物之理在此，則因其理之自然而應之，便見合內外之理。目前事事物物皆有至理，如一草一木，一禽一獸，皆有理。草木春生秋殺，好生惡死，皆是順陰陽道理。」（同上）

所以，格物窮理，理既是主體的道德本心認為合當作的道理，又是客觀事物所含具的當然之則與所以然之故。一方面孝、弟、義、利、善、惡、是、非、本心即「天理具足」，非有於性分之外；另一方面，事物的所以然之故及種種具體當然之則，人也並非生而知之，須要平時學習、讀書、研究、講求。離開本心所具天理，一味向外求理，會游騎無歸。但以為只須正心誠意，不需平時講究溫清定省之宜、事親、忠君等當然之則，也會淪為「空想像」、盲行胡為、是非顛倒、義利迷惘。總之，不懂理一，不能懂得分殊；不格物窮理、懂得分殊，也不能歸於理一。內、外、天、人緊密結合，兩者缺一不可。但內是主導，自身的明德、本心、天理是格物的歸宿與基礎。

故朱熹說：

大學之序，自格物致知以至於誠意正心，不是兩事。但其內外淺深自有次第耳。非以今日之誠意正心為是，即悔前日之格物致知為非也。（《文集》卷五六《答方賓王》第一書）

入道之行，是將自家身心入那道理中去，漸漸相親，久之與己為一。而今人道理在這裡，自家身在外面，全不曾相干涉。（《語類》卷八）

既知善端無時而不呈露於外，則當知無時不有下工夫處。遇事而知其當然，即是發現，就此推究以造其極，即是格物。（《文集》卷五六《答鄭子上》第十書）

仁義之心，人皆有之，但人有此身，便不能無物欲之蔽，故不能以自知，若能隨事講明，令其透徹，精粗巨細，無不貫通，則自然見得義理之悅心，猶芻豢之悅口。（《文集》卷六〇《答汪易直》第二書）

強調「自家身入那道理中去」、「與理為一」、「善端無時而不呈露於外」、「仁義之心，人皆有之。」其要點都是內外合一。

淳熙十二年（西元一一八五年），朱《跋鄭威愍遺事》說：「夫忠義之性，出於人心之秉彝，策名委質以事人者，其講之宜熟矣；而吾觀於前日中原之禍，士大夫出身殉國、死其官守如鄭公者何少也！豈非義利之分不素明，……一旦倉卒，則貪生畏死而惟利之從哉。」（《文集》卷八二）淳熙十三年，朱《邵武軍學丞相隴西李公祠記》說：「熹惟天下之義，莫大於君臣，其所以纏綿固結而不可解者，是皆生於人心之本然，而非有所待於外也。然而世衰俗薄，學廢不講，則雖其中心之所以固有，亦且淪胥陷溺而為全軀保妻子之計以後其君者……。」（《文集》卷七九）紹熙四年（西元一一九三年）作《鄂州州學稽古閣記》，說：「人之有是身也，則必有是心，有是心也，則必有是理，若仁義禮智之為體，惻隱、羞惡、恭敬、是非之為用，是則人皆有之而非由外鑠我也。然聖人之所以教，不使學者收視反聽、一以反求諸心為事，而必曰『興於詩，立於禮，成於樂』，又曰『博學、審問、謹思、明辨而力行之』，何哉？蓋理雖在我而或蔽乎氣稟物欲之私，則不能以自見；學雖在外，然皆所以講乎此理（指心之理、仁義等等）之實，及其浹洽貫通而自得之，則又初無內外精粗之間也。」（《文集》卷八〇）對「格物」何以是「合內外」，都是極好的闡釋。

前此，朱《答江德功》第一書（西元一一七四年）說：「格物之說，程子論之詳矣。而其所謂『格，至也。格物而至於物則物理盡者』，意句俱到，不可移易。……夫『天生烝民，有物有則。』物者形也，則者理也。……人之生也，固不能無是物矣；而不明其物之理，則無以順性命之正而處事物之當。……物理皆盡，則吾之知識廓然貫通，無有蔽礙，而意無不誠，心無不正矣。此《大學》本經之意，而程子之說然也。」（《文集》卷四四）這裡「則」、「物理」主要是指「民之秉彝」，即道德性命之理，有如《大學或問》所說：「天道流行，發育萬物。……故人物之生，必得是理，然後有以為健順仁義禮智之性，必得是氣，然後有以為魂魄五臟百骸之身。」「形」指五臟百骸；「則」指道德性命、仁義禮智。故求物之理、物之則，既指求仁義道德之理，亦指求客觀外物之理，也是合內外的意思。

王陽明思想以正心誠意為綱領，「格物」是正心誠意，「窮理」也是正心誠意。除正心誠意，再無別事。在朱熹看來，這是只要理一，不要分殊，不免是把儒學等同於「禪」了。朱熹認為，儒學雖然也講「明心見性」，但心性是含具萬理的。不講格物窮理，明得萬事、萬物、萬法之理，就不足以立天下之大本，使內外之道咸備。朱熹曾論佛教三門說：「佛家有三門：曰教，曰律，曰禪。禪家不立文字，只直接要識心見性。律本法甚嚴，毫髮有罪。如云不許飲水，才飲水便有罪過。……教自有三項：曰天台教，曰慈恩教，曰延壽教。……天台教專理會講解。慈恩教亦只是講解。吾儒若見得道理透，就自家身心上理會得本領，便自兼得禪底；講說辨討，便自兼得教底；動由規矩，便自兼得律底。事事是自家合理會。」（《語類》卷八）朱熹既講「明明德」、致良知，又講格物窮理、涵養用敬，可以說是參照佛之三門，加以吸收，以為己用的。「三門」中，格物窮理、進學，相當於佛的「教」。但明德、良知、「明心見性」，始終是格物窮理的基礎與歸宿。故朱熹論讀書明理時，總是強調：

讀書已是第二義，蓋人生道理合下完具。所以要讀書者，蓋是未曾經歷見許多。聖人是經歷見得許多，所以寫在冊子上與人看。而今讀書，只是要見得許多道理。及理會得了，又皆是自家合下元有底，不是外面旋添得來。(《語類》卷一〇)

讀書不可只專就紙上求理義，須反轉來就自家身上推究。秦漢以後無人說到此，亦只是一向去書冊上求，不就自家身上理會。自家見未到，聖人先說在那裡。自家只借他言語來就身上推究始得。(《語類》卷一一)

本心陷溺之久，義理浸灌未透，且宜讀書窮理，常不間斷，則物欲之心自不能勝，而本心之義理自安且固矣。(同上)

就是說，讀書明理只是借聖人的言語在自家身上推究。聖人所言的人生道理，本是自家原有底，不是外面旋添得來。本心陷溺之久，義理浸灌未透，性理不明，故須讀書、格物、明理，為之啟迪、振拔。一當明白了義理，此義理卻本是自家所原有的。朱熹亦有心靜理明的說法，說：「抑讀書之法，要當循序而有常，致一而不懈，從容乎句讀文義之間，而體驗於操存踐履之實，然後心靜理明，漸見意味。不然則雖廣求博取，日誦五車，亦奚益於學哉。」(《文集》卷五六《答陳師德》第一書) 此處「理明」是指書上之義理明，非指人靜則心由外所攝得之理在心中呈現也。由於朱熹強調人受氣稟的局限，唯聖人生知安行，沒有蔽偏，關於格物窮理的方法、途徑，落到實處多是強調讀書明理，所謂「夫天下之物莫不有理，而其精蘊則已具於聖人之書，故必由是以求之。」（《文集》卷五九《答曹元可》）孤立地看，常使人以為是要人向外窮理，積累知識。「窮盡物理，使吾之知識無不精切。」（同上）但實際上，朱熹是以「道理本自有」、「聖人先得我心之同然」為「讀書明理」的基礎與前提的。因此，只要全面地聯繫朱熹思想的整體，就不致把這種誤解當成朱熹的本意。

第四節　格物、致知與知識

《大學》說「致知在格物」，又說「物格而後知至」。朱熹在解釋時，出現一些「知識」的用語。如：《答黃子耕》第五書說：「格物只是就一物上窮盡一物之理，致知便只是窮得物理盡後，我之知識亦無不盡處，若推此知識而致之也。此其文義只是如此，才認得定，便請以此用功，但能格物則知自至，不是別一事也。」（《文集》卷五一）《答江德功》第一書說：「物理皆盡，則吾之知識廓然貫通，無有蔽礙，而意無不誠，心無不正矣。」（《文集》卷四四）《大學或問》說：「即夫事物之中，因其已知之理推而究之，以各到乎其極，則吾之知識亦得以周遍精切而無不盡也。」《大學章句》又說：「致，推極也。知猶識也。推及吾之知識，欲其所知，無不盡也。」這些地方，「知識」二字反復出現。馮友蘭先生等據此認為這裡的知識即今天我們所講的自然知識、社會知識。⑭因此「格物」即是窮究物理、研究物理。致知則是「作為認識過程的格物在主體知識方面產生的一個自然結果」，也即「擴展、擴充知識」。⑮

實際上，有如《莊子・天下篇》「見之以常無有，主之以太一」，「常無有」看似一個整體，實際是常、無、有或常無、常有。這裡，朱熹「知識」二字亦是如此。細考其意義，應斷開為知和識。《文集》卷三〇，朱熹《答張欽夫》第三書：「人自有生，即有知識，事物交來，應接不暇，念念遷革，以至於死。」這裡「知識」即知和識。《語類》：「今人初生，稍有知識，此心便恁地去，干名逐利，浸浸不已。」（《年譜》淳熙八年）「問：『知有未至，是氣稟物欲所累？』曰：是被這兩個阻障了，所以知識不明，見得道理不分曉。」（《語類》卷一八）「知識」亦不指認知之成果，而指知與識。知和識之意義有時大致相同，有時則有分別。知，指認知能力，指已知、指知識、亦指良知。識，亦可指認知能力（器官），如佛教所謂五根、五識。指已識，指知識，而很重要的意義則是「見識」、「識見」。作為「見識」，識與「知識」有重大區別。「知識」是主體對客體的認知成果，非經過經驗的認識過程不能有，量的標誌很顯著，如廣博、豐富等等。「見識」則與對「道理」的領會、體驗相聯繫，可以是頓悟或天生的。朱熹說：「凡人各有個『見識』，不可謂他全不知，如孩提之童，知愛其親，長知敬其兄，以至善惡是非之際亦甚分曉，但

⑭ 同❶。

⑮ 陳來《朱熹哲學研究》，第二四七頁。臺北文津出版社，一九九〇年十二月版。

不推致充廣，故其『識見』終只如此，須是因此端緒，從而窮格之。」（《語類》卷一五）這裡，孩提之童無不知愛其親，作為先驗之知是良知，作為道理被懂得就是見識或識見，不教而懂得這一道理，則是天生的「見識」。朱熹講格物窮理，目的主要是獲得這種見識，讓人懂得做人的道理，故說：

> 致知，不是知那人不知底道理，只是人面前底。且如義利兩件，昨日雖看義當為，然而卻又說未作也無害；見得利不可做，卻又說做也無害；這便是物未格，知未至。今日見得義當為，決為之；利不可做，決定是不做，心下自肯自信得及，這便是物格，便是知得至了。此等說話，為無恁地言語，冊子上寫不得。似恁地說出，卻較見分曉。（《語類》卷一五）

這裡，義利之分是一個道理，「見得義當為，決為之」，「利不可做，決定是不做」是人的「見識」。它不是窮研自然物理所得的，而只是人應自信、自肯的一個做人底道理。「此等說話為無恁地言語，冊子上寫不得」，是指出見識、識見與窮究物理所得的知識的區別。意思是說，寫在冊子上的是知識，冊子上沒有，自己對道理真有所見，才是「見識」。例如「君子喻於義，小人喻於利」，「不義而富且貴，於我浮雲」，「君子義以行之」。這些都是以前冊子上沒有的，是孔子自己的真知、真見與「見識」。這些話寫在《論語》上，後人去學，真懂了，有得於心，自信自肯得及，亦可以成為自己的「識見」。否則就只是一些關於孔子或倫理上的書本知識。格物致知所追求的，朱熹認為不是物理「知識」而是「見識」，即做人的道理，處事應物的道理。朱熹說：

格物窮理，有一物便有一理。窮得到後，遇事觸物皆撞著這個道理：事君便遇忠，事親便遇孝，居處便恭，執事便敬，與人便忠，以至參前倚衡，無往而不見這個道理。若窮不至，則所見不真，外面雖為善，而內實為惡，是兩個人做事了。……豈有學聖人之書，為市井之行，這個窮得個甚道理。（《語類》卷一五）

格物，是窮得這事當如此，那事當如彼，如為君便當止於仁，為人臣便當止於敬，又更上一著，便要窮究得為人君如何要止於仁，為人臣如何要止於敬乃是。（同上）

格物，須真見得決定是如此。為子豈不知是要孝？為臣豈不知是要忠？人皆知得是如此。然須當真見得子決定是合當孝，臣決定是合當忠，決定如此做始得。（同上）

格物二字最好。物，謂事物也。窮極事物之理到盡處，便有一個是，一個非，是底便行，非底便不行。凡自家身心上，皆須體驗得一個是非。（同上）

眼前凡所應接底都是物。事事都有個極至之理，便要知得到。若知不到，便都沒分明；若知得到，便決定恁地做，更無第二著、第三著。止緣人見道理不破，便恁地苟簡，且恁地做也得，都不做得第一義。（同上）

所以格物致知是以真懂、真知、真行種種做人的道理、道德性命的道理為內容與目標的，故格物可以提高人的道德水平，格物多了，豁然貫通，可以超凡入聖。所以朱熹說格物是夢覺關、是凡聖關。「格得來是覺，格不來是夢。」（同上）「物未格，知未至，如何殺也是凡人。須是物格、知至，方能循循不已，而入於聖賢之域，縱有敏鈍遲速之不同，頭勢也都自向那邊去了。今物未格，知未至，雖是要過那邊去，頭勢只在這邊。」（同上）自然之物理或文史知識，可以提高人的知識水平、科學水平，但不可能提高道德水平。知識多，道德壞，作惡的本領可能越大。所謂「不仁而有勇力才能，則狂而操利具也。」（《春秋繁露・必仁且智》）惟有做人的道理真知真懂、自肯自信得多了，才能超凡入聖，如孔子所謂「七十而從心所欲不逾矩」。

那麼，何以不直接說窮理而要說格物？朱熹說：「人多把這一道理做一個懸空底物。《大學》不說窮理，只說個格物，便是要人就事物上理會，如此方見得實體。」（《語類》卷一五）「蓋言理，則無可捉摸，物有時而離；言物，則理自在，自是離不得。釋氏只說見性，下稍尋得一個空洞無稽底性，亦由他說，於事上更動不得。」（同上）就是說離開人倫日用講窮理，會像佛氏那樣，窮得一個性空的道理，那就有害無益了。

所以朱熹強調格物就是至物，說：「程子『格，至也，格物而至於物，則物理盡者』，意句俱到，不可移易。」（《文集》卷四〇《答江德功》第一書）訓格物為至物，至字包含有下列重要意義：㈠切實在物上、即人倫日用、修平治齊上用功，不能離物而空談窮理、明理。㈡真知、真懂、真見道理為至，如入虎穴得虎子，如被虎咬傷而知虎。㈢知得透徹、表裡精粗、四面八方無所不到為至。㈣切實踐履，自家身到道理裡面，與理為一。訓格為至，「不可移易」，故朱熹論格物的言論，無不包含上述「至」的意義。如：

夫虎能傷人，人孰不知，然聞之有懼有不懼者，知之有真有不真者。學者之至道，必如此人之知虎，然後為至也。若曰知不善之不可為猶為之，則亦未嘗真知而已。（《大學或問》）

有知其如此，而行之又不如此者，是如何？曰：此是知之未至。（《語類》卷一五）

未至即不是真知，格物一定要真知。

格，至也。物猶事也。窮至事物之理，欲其極處無不到也。（《大學章句》）

問物格。曰：「物格是要得外面無不盡，裡面亦清澈無不盡，方是不走作。」（《語類》卷一五）

格物者，欲究極其物之理，使無不盡。（同上）

言格，是要見得理到盡處。若理有未格處，是於知之之體尚有不盡。……凡萬物萬事之理

皆要窮。但窮到底無復餘蘊，方是格物。(同上)

物有十分道理，若只見三二分，便是見不盡，須是推來推去，要見盡十分，方是格物。(同上)

格物云者，要窮到九分九厘以上，方是格。(同上)

知至，謂天下事物之理，知無不到之謂。若知一而不知二，知大而不知細，知高遠而不知幽深，皆非知之至也。要須四至八到，無所不知，乃謂至耳，因指燈曰：亦如燈燭在此，而光照一室之內，未嘗有一些不到也。(同上)

知至，謂如親其所親，長其所長，而不能推之天下，則是不能盡之於外。欲親其所親，欲長其所長，而自家裡面有所不到，則是不能盡之於內。須是其外無不周，內無不具，方是知至。(同上)

所以「知至」是格物的標準，亦是格物的目標與結果。這是訓格為至的又一重要意義。格物窮理不僅要知得透徹，而且要真能實行，親至道理處與之為一：

格謂至也，所謂實行到那地頭。如南劍人往建寧，須到那郡廳上方是至，若只到建陽境上，即不謂之至也。(同上)

> 所以要人格物主敬，便是將敬此心去體會古人道理，循而行之。(同上)
>
> 而今說格物窮理，須是見得個道理親切了，未解便能脫然去其舊習。其始且見得個道理如此，那事不是亦不敢為；其次，見得分曉，則不肯為；又其次，見得親切，則不為之，而舊習都忘之矣。(同上)

因此，只知不行，知行背離，都不是格物。

《大學》說：「古之欲明明德於天下者，先治其國。欲治其國者，先齊其家；欲齊其家者，先修其身；欲修其身者，先正其心；欲正其心者，先誠其意；欲誠其意者，先致其知。致知在格物，物格而後知至，知至而後意誠，意誠而後心正。……」「物格」之所以能夠知至、意誠、心正……就是因為格物包括上述種種含義。如果訓格為量度、研究，成了今天的物理學，那就把「為學和為道」混為一談，就真把朱熹弄成完全不通之人了。⓰

「格物」不是窮究「物理」，所以朱熹的「致知」也不是擴充客觀物理之「知識」。朱熹《大學補傳》說：「所謂致知在格物者，言欲致吾之知，在即物而窮其理也。蓋人心之靈莫不有知，而天下之物莫不有理，惟於理有未窮，故其知有不盡也。」又說：「是以大學始教，必使學者即

⓰ 馮友蘭先生說朱熹「以為學之方為達道之方，是不通之論。」實際上不是朱熹不通是馮先生等的解釋把朱熹弄成不通的。參見❶。

凡天下之物，莫不因其已知之理而益窮之，以求至乎其極。」這裡，「致知」即是「致吾之知」，即是擴充吾之知、識於事事物物，使事事物物之理皆為吾之知、識所推致。故「吾之知」與「已知之理」之「已知」，首先是指良知或生而即有的「見識」。這一點，朱熹的學生曾問過朱熹，朱熹回答得很明確：《語類》：「問：『經文格物而後知至，卻是知至在後，今云因其已知，則又在格物前』。曰：『知元自有，才要去理會，便是這些知萌露，若懵然不向著，便是知之端未曾通。』」（卷一六）「窮理者因其所已知而究其所未知，人之良知本所固有，然不能窮理以至於物格知至者，只是足於已知而於其所未知者，不能窮且盡也。故見得一截卻又不曾見得一截，此其所以於理不精。」（卷一八）故朱熹論「致知」在「格物」，常常緊緊圍繞推展吾人本有之良知與見識、以究極乎其理立論。如：

> 他所以下格字、致字者，皆是為自家元有是物，但為他物所蔽耳。而今便要從那知處推開去，是因其所已知而推之，以至於無所不知也。（《語類》卷一五）
>
> 致字有推出之意，前輩用致字多如此。人誰無知？為子知孝，為父知慈。只是知不盡，須是要知得透底。（同上）
>
> 致知工夫亦只是據所已知者，玩索推廣將去，具於心者本無不足也。（同上）
>
> 問：知如何致？物如何格？曰：孩提之童，莫不知愛其親；及其長也，莫不知敬其兄。人

皆有是知而不能極盡其知者，人欲害之也。故學者必須先克人欲以推至其知，則無不明矣。「致」字如推開去。譬如暗室中見些子明處，便尋從此明處去，忽然出到外面，見得大大明。人之致知亦如此也。（同上）

這些地方，如將知解為物理知識，說自家原有知識、人欲害了知識，要將知識推出，就都不通了。前引《答黃子耕書》、《答江德功書》、《大學或問》所說「知識」，如不解為知、識而僅僅解為自然物理「知識」，也都難講通了。不僅如此，這樣解釋的結果，從認識論講，朱熹「格物致知」說將不包括從無知到有知這一階段，從而談不上是認識論；從倫理學講，則朱熹以為學為達道之方，也是根本錯誤之論，「格物致知」說也就沒有任何價值與意義了。

朱熹是哲學家，也是大經學家、學問家。除道德修養、成德成人，他同時探討著廣泛的問題，涉及自然、社會、經史、百家，內容極其豐富、廣博；推理和邏輯思維亦極嚴密。因此，有的地方講格物窮理亦指窮究客觀事物之理，「如麻麥稻粱，甚時種，甚時收，地之肥，地之磽，厚薄不同，此宜植某物，亦皆有理。」（《語類》卷一八）這是自然科學所研究的「物理」——自然屬性與規律。亦包括發揮人的聰明才智以究明社會歷史事物之理。朱熹《福州州學經史閣記》說：「予惟古之學者無他，明德新民、求各止於至善而已。夫其所明之德、所止之善，豈有待於外求哉？識其在我、而敬以存之，其亦可矣；其所以必曰讀書云者，則以天地陰陽事物之理、修身事親齊家及國以至於平治天下之道、與凡聖賢之言行、古今之得失、禮樂之名數，下而至於食貨之源流，兵刑之法制，是亦莫非吾之度內、有不可得而精粗者；若非考諸載籍之文，沉潛參伍、以求其故，則亦無以明夫明德體用之全、而止其至善精微之極也。」（《文集》卷八〇）⓱朱熹本人一生注經研史，訓詁、考證，對物理事理的研究毫不放鬆，就是這一實踐的證明。朱熹對讀書方法、格物方法、窮理方法的許多論述，也包括著這部分內容。這裡「格物」之「格」都有窮究考索義。不過比較起來，朱熹總是把義理、道理放在第一位。朱熹說：「學者若得胸中義理明，從此去量度事物，自然泛應曲當。人若有堯舜許多聰明，自做得堯舜許多事業。若要一一理會，則事變無窮，難以逆料，隨機應變，不可預定。今世文人才士，開口便說國家利害，把筆便述時政得失，終濟得甚事！只是講明義理以淑人心，使世間識義理之人多，則何患政治之不舉也。」（《語類》卷一三）朱熹《補傳》及「格物說」之著意從去人欲、存天理，擴充心之良知立論，重要原因就在這裡。

⓱此文作於慶元元年（西元一一九五年），朱熹六十六歲，可看作朱熹晚年觀點。這裡，朱熹使用「度內」一詞，看來是想指出，天地陰陽事物之理等等，並非「明德」、「至善」為吾性分之所固有，只能外求。「明德」、「至善」則是吾人性分所固有的。但又說這些外求之理亦關乎「明德體用之全」、「至善精微之極」，這就又把內外兩種性質不同的理加以混淆了。

第五章　朱熹思想與二程

朱熹贊二程說：「二先生倡明道學於孔孟既沒、千載不傳之後，可謂盛矣。……先生之學，其大要則可知已。讀是書者，誠能主敬以立其本，窮理以進其知，使本立而知益明，知精而本益固，則日用之間，且將有以得夫先生之心，而於疑信之傳可坐判矣。」（《文集》卷七五《程氏遺書後序》）。在《黃州州學二程先生祠記》中，朱又說：「先生之學，以《大學》、《論語》、《中庸》、《孟子》為標指而達於六經，使人讀書窮理以誠其意，正其心，修其身，而自家而國以及於天下，其道坦而明，其說簡而通，其行端而實；是蓋將有以振百代之沈迷而納之聖賢之城。」（《文集》卷八〇）。朱熹自己亦以承傳與發揚二程的道統自況。但就哲學傾向考察，大程與小程有別。馮友蘭先生認為「程顥代表道學中心學的一派。程頤代表道學中理學的一派。」❶認為朱

❶《中國哲學史新編》第五冊，第五十三章《道學的奠基者——張載》，第一三五頁。臺北藍燈出版公司，一九九一年版。

熹在哲學上承繼的是程頤。本著上述各章已指出，朱熹實質上亦是心學觀點。分析朱熹哲學思想與二程的關係，更可以看清朱熹哲學思想的心學性質。

第一節　對程顥「仁」思想的詮釋

程顥說：「學者須先識仁。仁者渾然與物同體，義、禮、智、信皆仁也。識得此理，以誠敬存之而已，不須防檢，不須窮索。若心懈則有防，心苟不懈，何防之有？理有未得，故須窮索，存久自明，安待窮索？蓋良知良能，久不喪失。以昔日習心未除，卻須存習此心，久則可奪舊習。此理至約，唯患不能守。既能體之而樂，亦不患不能守也。」（《程氏遺書》卷二）又說「醫書言，手足萎痹為不仁。此言最善名狀。仁者以天地萬物為一體，莫非己也，認得為己，何所不至？若不有諸己，自不與己相干。如手足不仁，氣已不貫，皆不屬己。」（同上）程顥說「仁者渾然與物同體」，何以如此？何以能如此？後人有種種不同的理解。馮友蘭先生的理解是：「這裡程顥的意思是說，萬物本來是一個整體，它們之間有著休戚相關的內部聯繫。學道學者要首先明白這個道理。但道學並不是一種知識，所以僅只識得此理還不行，更重要的是要實在達到這種境界，要真實感覺到自己與物同體。這種境界叫作『仁』，達到這種境界的人叫作『仁人』或『仁者』。」❷

❷ 同❶，第五冊，第五十二章《道學的奠基者——二程》，第一二〇頁。

這種解釋，否認人有一道德本心，把仁只說成一種「認識」和在此「認識」基礎上的修養境界，這是不符合程顥思想之本意的。朱熹解釋說：「明道言『醫書手足不仁』，止『可以得仁』之體一段，以意推之，蓋謂仁者『天地生物之心』而人物所得以為心，則是天地人物莫不同有是心而心德未嘗不貫通也。雖其為天地、為人物各有不同，然其實則有一條脈絡相貫。故體認得此心而有以存養之，則心、理無所不到，而自然無不愛矣。才少有私欲蔽之，則便間斷，發出來愛便有不到處。……故求仁之切要，只在不失其本心而已。」（《語類》卷九五）朱熹的解釋，與程顥的思想路向完全一致，區別僅在於：程顥的說法比較圓融，主要是對仁者精神狀態或修養境界的描述，沒有指明宇宙哲理的基礎；朱熹則以自己《仁說》的思想為之提供一種宇宙論的哲理基礎，指出仁者之所以能與天地萬物血脈貫通，其原蓋在於仁者之心原於「天地生物之心」。此心作為本體，是人與天地萬物所同具的。「同具是心，心德（仁）未嘗不貫通」，故能連為一體，疼癢相關。故朱熹強調，求仁之切要只在「不失其本心」，只在於對自己本有的道德本心，內省、體認，存養、擴充，不須向外求索和認知。「體認得此心」，「體認」即內省、反求諸己之意，不是以仁為外在對象而認知之。因此，朱熹在這裡所發揮與解讀的程顥思想，與程顥原意是基本一致的。所以如此，是因為馮先生是新實在論者，不承認人有本具的道德本心，認為良知只是假設，不是呈現和實存。朱熹則恰恰是孟子思想，以道德本心為真實的實存。

程顥的另一著名著作提出：「夫天地之常，以其心普萬物而無心；聖人之常，以其情順萬物而無情。故君子之學，莫若廓然而大公，物來而順應。……人之情各有所蔽，故不能適道，大率患在自私而用智。自私則不能以有為為應迹，用智則不能以明覺為自然。……聖人之喜以物之當喜，聖人之怒以物之當怒；是聖人之喜怒，不繫於心而繫於物也。……」（《程氏文集》卷二《答橫渠先生定性書》）程顥的這段話圓渾、籠統，亦可以作各種解釋。馮友蘭先生解釋說：「天地沒有它的心，萬物之心就是它的心。聖人的精神境界是與天地同樣地『廓然大公』，所以他的好惡能順應萬物而沒有為自己的利害的好惡。莊周說：『聖人用心若鏡，不將不迎，應而不藏，故能勝物而不傷。』（《莊子．應帝王》）程顥所說的『無將迎』是從莊周來的。他們都認為，聖人的心好像是一面鏡子，能照一切東西，有什麼東西來，就現出一個什麼影子。所映之物去了，它不去送（將）它，所映之物來了，它也不去迎它。」程顥和莊周的不同，「只是兩者目的不同。莊周的目的是養生，程顥講的是定性，講的是這樣可以安定自己的性而不為外界的事物所動搖。」❸就是說，程顥和莊周的哲學思想在這裡是完全一致的。人的心，聖人的心是鏡子一樣的自然物，具有中性、無色、無所偏倚的反映功能。物來即應，物不來即不應，應了也不會把它藏起來。兩人的不同「只是目的的不同」。但由於程顥的「定性」，目的是安定自己的性，不為外界事物所動搖——引誘、牽引，歸根結底是為了勝物而不為物所勝，和莊周還是沒有區別的。所以可以說馮先生在這裡是把程顥完全道家化了。

❸同前，第一二三—一二四頁。

朱熹對程顥這一段話是另一種解釋。朱熹認為，天地是有「心」的，天地以生物為心，人則以「天地生物之心」以為心。因此，人並非是僅具認知功能的自然物，同時也是能愛人利物、推己及人、具有道德本心的仁者。此心不為私欲所蔽，就能如程顥所描述的聖人一樣：「以有為為應迹」、「以明覺為自然」。常人不能如此，只是因為為私欲所蔽。聖人之心無任何私欲，故其心如衡之平，如鑒之空，物來應順，喜物之當喜，怒物之當怒，其喜、怒、哀、樂，稱物平施，一一得其中和。故程顥的「情普萬物而無情」，形式上與道家相同，實質則是不同的。

朱熹論聖人之心說：「聖人之心未感於物，其體廣大而虛明，所謂天下之大本者也。及其感於物也，則喜怒哀樂之用，各隨所感而應之，無一不中節者，所謂天下之達道也。蓋自本體而言，如鏡之未有所照，則虛而已矣，如衡之未有所加，則平而已矣。至語其用，則以其至虛而好醜無所遁其形，以其至平而輕重不能違其則。此所以致中和而天地位、萬物育，雖以天下之大而舉不出乎吾心造化之中。」（《文集》卷六七《舜典象刑說》）又說：「釋氏雖自謂惟本一心，然實不識心體，雖云心生萬法，而實心外有法，故無以立天下之大本，而內處之道不備。若聖門所謂心，則天序、天秩、天命、天討、惻隱、羞惡、是非、辭讓，莫不皆備，而無心外之法。」（《文集》卷三〇《答張欽夫書》）所以，雖然朱熹亦用「鏡明」的比喻，但對鏡之明的本體與內涵的看法，與道家、佛教亦是完全不同的。

兩相比較，可以說，馮先生的解釋完全不符合程顥「定性」的思想。朱熹的解釋，則與程顥的思想方向是一致的。所以如此，亦是因為馮先生以「新實在論」與道家自然論的哲學觀去理解程顥，朱熹則以孟子心學的立場去理解程顥，故兩者達到的結論完全不同。

《文集》卷五一，朱《答黃子耕》第七書說：「人之心，湛然虛明，以為一身之主者，固其本體，而喜怒憂懼隨感而應者，亦其用之所不能無者也。然必知至意誠無所私繫，然後物未感，則心之寂然不動，如鑒之空，如衡之平。物之既感，則其妍媸高下，隨物以應，皆因彼之自爾，而我無所與，此心之體所以常得其正而為一身之主也。」這也是對程顥「定性」思想很好的發揮與解釋。強調人之心不是中性無色的認知系統，而是有其「本體」的。這本體之所以湛然虛明，能為一身之主，使喜怒哀樂發而無不中節，是因其湛然虛明之中含具有仁義道德之理，是一道德的良知、道德的本體。

《語類》卷五說：「以前看得心只是虛蕩蕩地，而今看得來，湛然虛明，萬理便在裡面。」又說：「蓋公猶無塵也，人猶鏡也，仁則猶鏡之光明也。鏡無纖塵則光明，人能無一毫之私欲則仁。然鏡之明非自外求也，只是鏡原來自有這光明，今不為塵所昏爾。人之仁亦非自外求得也，只是人心原來自有這仁，今不為私欲所蔽爾。故人無私欲則心之體用廣大流行而無時不仁，所以能愛能怒。」「仁是鏡之明」，這極為明確地把朱熹以心為道德本心而非僅僅自然之心、認知之心的心學特徵，突現出來。

在《大學章句》中，朱又說：「明德者，人之所得於天，而虛靈不昧，以具眾理而應萬事者也；但為氣稟所蔽，人欲所惑，則有時而昏，然其本體之明，則有未嘗息者。」《語類》卷一四說：「此明德乃人本有之物，只為氣稟物欲所蔽而昏。今學問進修，便如磨鏡相似。鏡本明，被塵垢昏之，用磨擦之功，其明始現。及其現也，乃本然之明耳。如孺子將入於井，不拘君子小人，皆有怵惕惻隱之心，有私欲便不見。」「問：不知如何是本然之權度？曰：本然之權度亦只是此心。此心湛然，萬理皆具。如齊宣王見牛而不忍之心見，此是合權度處。及至興甲兵、危士臣，構怨於諸侯，又都忍為之，便是不合權度。」（《語類》卷五一）所有這些都說明，朱熹對程顥「情普萬物而無情」、「物來而順應」之思想，是真正從心學的基點加以了解和發揮的。

王陽明以後對《定性書》也有解釋，說：「天理何以謂之中？曰：無所偏倚。無所偏倚是何等氣象？曰：如明鏡然，全體瑩徹，略無纖塵染著……。須是平日好色好利好名等項一應私心，掃除蕩滌，無復纖毫留滯，而此心全體廓然，純然天理，方可謂之喜怒哀樂未發之中，方是天下之大本。」（《傳習錄》卷一）「聖人致知之功至誠無息，其良知之體，皦如明鏡，略無纖翳。妍媸之來，隨物見形，而明鏡曾無留染，所謂情順萬物而無情也。……明鏡之應物，妍者妍，媸者媸，一照而皆真……一過而不留。」（《傳習錄》卷二《答陸元靜》）王陽明這些對程顥「定性」思想的解釋與發揮，其思路與要點，與朱熹完全一致。

第二節 天理觀與程顥

程顥說：「吾學雖有所受，天理二字卻是自家體貼出來。」（《程氏外書》卷一二）對「天理」的理解與體悟是程顥思想的另一基點。

馮友蘭先生說：「天理是道學的一個重要概念，天理的問題是道學的一個主要問題。關於這個問題的討論或辯駁，是道學的主要內容。……若專就《遺書》中標明為程顥所說者觀之，則程顥對於理之見解，與程頤不同。程顥所謂理，似指一種自然的趨勢。一物之理即一物之自然趨勢，天地萬物之理即天地萬物之自然趨勢。」❹程頤所謂理「則是事物之所以然，也是事物的準則。」程顥所討論的理「是自然和人為的關係。」❺程頤所論的理「是一般和特殊的關係。」❻馮先生的說法，確實抓住了程氏兄弟哲學思想的一大區別。

程顥論理的話，確可以作馮先生這種解釋。如「『天生蒸民，有物有則。』……萬物皆有理，順之則易，逆之則難，各循其理，何勞於己力哉。」（《遺書》卷一一）「夫天之生物也，有長有

❹同前，第一一二頁。

❺同前，第一一三頁。

❻同前，第一一〇—一一一頁。

短，有大有小。君子得其大矣，安可使小者亦大乎？天理如此，豈可逆哉？」（同上）「服牛乘馬，皆因其性而為之。胡不乘牛而服馬乎？理之所不可。」（同上）這裡，「天理」確是一種自然的趨勢。所討論的理「是自然和人為的關係。」但朱熹關於「天理」的論述，從實質內涵看，亦主要地是程顥這種說法。如：

> 花瓶便有花瓶的道理，書燈便有書燈的道理。水之潤下，火之炎上，金之從革，木之曲直，土之稼穡，一一都有性，都有理。人若用之，必順著它理始得。若把金來削作木用，把木來溶作金用，便無此理。（《語類》卷九七）
>
> 問：「物之無情者亦有理否？」曰：「固是有理。如舟只可行之於水，車只可行之於陸。」（《語類》卷四）
>
> 因行階，云：「行階便有行階之理，竹椅便有竹椅之理。」（同上）
>
> 不知枯槁瓦礫，如何有理？曰：「且如大黃附子，亦是枯槁，然大黃不可為附子，附子不可為大黃。」（同上）

這些所謂「理」，都是程顥上面所講的自然之性。人順著自然物的趨勢與本性去利用，就取得成功，否則就會失敗。

朱熹論陰陽動靜說：

動靜兩字，相為對待，乃天理之自然，非人力之所能為也。（《文集》卷四二《答胡廣仲》第二書）

一每生二，自然之理也。（《周易本義》）

一動一靜，循環無端。無靜不成動，無動不成靜。譬如鼻息，無時不噓，無時不吸。噓盡則生吸，吸盡則生噓。理自如此。（《語類》卷九四）

太極圖中……，動極生靜，不是有別一個靜來繼此動，但動極則自然靜，靜極則自然動。推而上之，沒理會處。（同上）

乾不專一則不能直遂，坤不翕聚則不能發散，……亦天理之必然也。（《文集》卷四二《答胡廣仲》第二書）

這裡講的理，亦是指物之自然趨勢與發展之自然規律。陰陽之動靜無端，皆是自然如此，非有為之者。

程門高弟謝上蔡（良佐）解釋程顥天理思想時，說：「所謂天理者，自然的道理，無毫發杜撰。今人乍見孺子將入於井，皆有怵惕惻隱之心。方乍見時，其心怵惕，即所謂天理也。要譽於鄉黨朋友，納交於孺子父母，惡其聲而然，即人欲耳。……任私用意，杜撰用事，所謂人欲肆矣……。所謂天者，理而已。學者只須明白理是自然的道理，移易不得……。」（《宋元學案・上蔡學案》）謝上蔡關於「天理」的解釋很貼切程顥對於「天理」的描述，內涵主要也指人自然本有的屬性。朱熹講道德人事之理，天理、善惡，亦是如此，如說：

> 蓋鐘鼓苑囿游觀之樂與夫好勇好貨好色之心，皆天理之所有而人情之所不能無者。然天理人欲同行異情，循理而公於天下者，聖賢之所以盡其性也，縱欲而私於一己者，眾人之所以昧其天也。（《孟子集注》）

這裡，天理也即是自然本有之意。《語類》卷九五，記朱子一則答問：「問：『言聽思慮動作皆天也，人但於中要識得真與妄耳。真妄是於那發處識別得天理、人欲之分如何？』曰：『皆天也。言視聽思慮動作皆是天理，其順發出來，無非當然之理，即所謂真；其妄者卻是反乎天理者也。雖是妄，亦無非天理，只是發得不當地頭。譬如一草木，合在山上，此是本分，今卻移在水中，其為草木固無以異，只是那地頭不是；恰如善固性也，惡亦不可不謂之性也。』」此天理的意思：㈠指自然如此，非有安排，無毫發杜撰。㈡自然天然之理，即自然本性。它自然而然地發用，即是善；違反其自然而然的發用則成為惡。朱熹講情是水之流，欲是水之波瀾，即是這意思。這樣解釋的性、「性即理」，與新實在論以理為超越的形而上之抽象，確是不同。

《語類》卷九七又記載朱熹的一則答問：「或問：『善惡皆天理也。若是過與不及，些小惡事，固可說天理，如世間大罪惡，如何亦是天理？』曰：『初來本心都自好，少間多被利害遮蔽，如殘賊之事，自反了惻隱之心，是自反其天理。』賀孫問：『既是反了天理，如何又說皆天理也，莫是殘賊底惡初從羞惡上發；陷溺貪欲底惡，初從惻隱上發；後來多過差了，原其初發，都是天理。』曰：『如此說亦好，但所謂反者，亦是四端中自有相反處，如羞惡自與惻隱相反，是非自與辭遜相反。』」這裡對「天理」的解釋，甚至可說是直接源於謝上蔡上面的論述；不同的只是謝上蔡講天理人欲，朱熹則易之以善與惡，實際意思兩者則完全一樣。

王陽明以後講「心即理」，但其解釋發揮之中，亦往往強調物之天性——自然之性即是天理，如饑食渴飲，寒而思衣，是人之自然本性，沿此自然本性所發揮的即符合天理，違反它，追求美食淫欲，則是私欲。《傳習錄上》王陽明有一段話，說：「汝心之視，發竅於目；汝心之聽，發竅於口；汝心之動，發竅於四肢；若無汝心，便無耳目口鼻。所謂汝心，亦不專是那一團血肉，如今已死的人，那一團血肉還在，如何不能視聽言動？所謂汝心，都是那能視聽言動的，這個便是性，便是天理。有這個性，才能生這個性之生理，便謂之仁。」王陽明這一說法，其直接的思想來源即是程顥、謝上蔡、朱熹面對天理、天性的論述。

因此，從朱熹的解釋看，「天理」指自然如此或自然趨勢、自然性質的情況居多，這是其「天理論」的主要內涵。所以，如果程頤與程顥在「天理」問題上確有馮友蘭先生所講的那種區別存在，那麼，朱熹的「天理觀」更是接近於程顥的。

第三節 理氣觀與程頤

程頤關於形上、形下及理氣關係的論述，確較近於討論一般與個別或共相與殊相的關係。《遺書》記二程語錄說：「百理具在，平鋪放著。幾時道堯盡君道，添得些君道多，舜盡子道，添得些子道多？元來依舊。」（《二程遺書》卷二上）「寂然不動，感而遂通者，天理具備，元無少欠。不為堯存，不為桀亡。父子君臣，常理不易，何曾動來。因不動，故言寂，然雖不動，感便通，感非自外也。」（同上）以上二先生語，沒有明確指為程頤所說。但伊川先生語則說：「寂然不動，感而遂通，此已言人分上事。若論道，則萬理皆具，更不說感與未感。」（《遺書》卷一五）「天下物皆可以理照。有物必有則，一物須有一理。」（《遺書》卷一八）「沖漠無朕，萬象森然已具，未應不是先，已應不是後。」（《遺書》卷一五）馮友蘭先生解釋說：「從哲學的觀點看，這裡所談的問題是一般和特殊的關係。一般是特殊的『標準』。『有物必有則』，『則』就是標準的意思，『則』就是理。例如幾何學所舉的方的定義，就是方之所以為方者，這就是方的理。一切方的東西，都是這個理的實例。方是一般，一切方的東西是特殊，任何方的東西只要它是方，它就必須以方為標準，這就是所謂『有物必有則』。世界上多一個方的東西，對於方並無所增，少一個方的東西，對於方也無所減。『方』就是方，向來就是那個樣子，沒有一點『少欠』。推而至於圓也是如此。這就是所謂『百理俱在，平鋪放著』。人能感覺的是特殊，是具體的東西。一般是人所不能感覺的，所以『百理俱在，平鋪放著』，『只是人看它不見』。這就是西方柏拉圖所說的，理念是可思而不可見的，具體的事物是可見而不可思的。」❼據馮先生的分析，朱熹講的理、形上、形下，就是程頤這種觀點。

朱熹說：「天地之間有理有氣。理也者，形而上之道也，生物之本也；氣也者，形而下之器也，生物之具也。是以人物之生，必稟此理，然後有性；必稟此氣，然後有形。其性其形，雖不外乎一身，然其道器之間，分際甚明，不可亂也。」（《文集》卷五八《答黃道夫》第一書）馮先生說：「朱熹這段話，不但說明了理和氣這一對範疇的分別，也說明了他是怎樣認識這個分別的。用哲學的話說，他首先對於普通的事物作邏輯的分析，從這樣的分析中得到了這樣的認識。……簡單一點說，方性是方的東西的主要性質，這就是朱熹所說的『生物之本也』。一個方的東西是一個具體存在的東西，它必定有一些什麼東西支持它的存在，作為它存在的基礎，這就是朱熹所說的『生物之具也』。任何具體存在的東西，都有形和性兩個方面，這就是朱熹所說的『其性其形，雖不外乎一身』。但從邏輯分析來看，這兩方面的分別是很顯然的，這就是朱熹所說的『然

❼ 同前，第一一〇頁。

其道氣之間分際甚明，不可亂也。』」❽根據這樣的分析，馮先生認為朱熹不僅直接繼承了程頤，而且在一般和特殊的關係上比程頤講得更清楚、更明確。

實際上，這裡的理氣關係，絕不能簡單地套為方的「標準」、「範型」與具體的方的東西之間的關係。在《大學或問》中，朱熹有一段話，說：「天道流行，發育萬物，其所以為造化者，陰陽五行而已。而所謂陰陽者，必先是有理而後是有氣。及其生物，則必得是氣之聚，而後是有形。故人物之生，必得是理，然後有以為健順仁義理智之性。必得是氣，然後有以為魂魄五臟百骸之身。」這裡如按理氣的兩分法，理的部分是道、性：仁、義、禮、智、信（五常）；氣的部分是形：眼、耳、鼻、舌、身、心等等五臟百骸之身。但此五臟百骸之身亦有其構成與作用之理。如心之靈明知覺，不僅是氣，亦有理。知覺之理與知覺之器（心）兩者結合，才能產生具體的知覺活動。這種知覺之為知覺之「理」，不僅人，動物、禽獸亦是具有的。它不是人所特有的健順五常之性之理。因此，朱熹上面講的「理」，並非知覺之所以為知覺之理，而是知覺中所先驗地具有的道德之理，也就是知覺中的良知、是非準則。這樣的「理」，來原於「天地生物之心」，或元亨利貞四德。

朱熹說：「人之謂性，只是就氣上說得，蓋謂人也有許多知覺運動，物也有許多知覺運動，人物只一般。卻不知人之所以異於物者，以其得正氣，故具得許多道理，如物則氣昏而理亦昏

❽同前，第五十四章《朱熹》，第一七三頁。

了。」（《語類》卷五九）理作為形上，本無昏明之可言。朱熹說「理昏了」，意思是說禽獸之心（知覺）沒有道德的自覺，只有一般自然的知覺（食色等等），故理（道理）是昏的。人則除了自然的中性無色的知覺、認知能力，亦有道德的良知與自覺，故而理明。這是人心與禽獸動物的根本不同。這種良知之心，就是心之本體，也就是人之為人之理。故朱熹所謂理，歸結起來，是原於天地生物之心的仁心，是很鮮明的心學思想。

程頤也有「人心私欲故危殆，道心天理固精微，滅私欲，則天理明矣。」（《遺書》卷二四）「自理言之謂天，自稟受言之謂性，自存諸人言之謂心。」（同上，卷二二上）「在天為命，在義為理，在人為性，主於身為心，其實一也。心本善，發於思慮，則有善有不善。」（同上，卷一八）等心學觀點，但這些觀點程頤都未展開和發揮，只是一個提法而已。朱熹才大加發展，成為自己哲學體系的基點。故程頤講仁時，突出的中心點是一個「理」字、「公」字，說：

> 仁之道，要之只消一公字，公只是仁之理，不可將公便喚做仁。公而以人體之，故為仁。只為公則物我兼照，故仁所以能恕，所以能愛，恕則仁之施，愛則仁之用也。（《遺書》卷一五）
>
> 又問如何是仁？曰：只是一個公字，學者問仁，則教他將公字思量。（同上，卷二二）

朱熹闡釋程頤這一思想時，則反復以「心」為本體、主體而加以發揮，說：「仁者心之德，在我本有此理，公卻是克己之極功，惟公然後能仁，所謂公而以人體之者，蓋曰克盡己私之後，就自家身上看，便見得仁也。」（《語類》卷九五）「你元自有這仁，合下便帶得來。只為不公，所以蔽塞了，不出來。若能公，仁便流行。」（同上）「蓋公猶無塵也，人猶鏡也，仁則猶鏡之光明也。鏡無纖塵則光明，人能無一毫之私欲則仁。然鏡之明非自外求也，只是鏡元來自有這光明，今不為塵所昏爾。人之仁非自外得也，只是人心元來自有這仁，今不為私欲所蔽爾；故人無私欲，則心之體用廣大流行而無時不仁，所以能愛能恕。」（《語類》卷九五）兩相比較，理本論與心本論的區別十分明顯。

朱熹論理時，與程頤還有一極大不同處。程頤提出「理一分殊」，但就事論事，沒有展開，且多就理器關係立論。朱熹則認為「理一分殊」亦是理自身具有的特性。程頤說理世界「百理俱在，平鋪放著」，故理與理之間是沒有分殊的關係的。朱熹所說的「理一分殊」，則有多方面的意義。其中包含一般與個別之關係，如說「一理之實而萬物分之以為體。」（《通書解》）這裡，「一理之實」是一般，各各不同的萬物是特殊。此一理之實，朱熹又名之曰「太極」，說：「蓋合而言之，萬物統體一太極也；分而言之，一物各具一太極也。」（同上）「本只是一太極，而萬物各有稟受，又自各全具一太極爾。」（《語類》卷九四）這些都可說包含著一般與個別的關係，是從理器關係立論的。但朱熹論仁義禮智信之關係時，以仁為全德，義禮智為分殊，此理本身的理一分殊，包含理是一「能動」的本體的意思。因為如果只是一「共相」，如方之理、圓之理，平鋪放著，是不存在分殊的可能的。人之理作為人的定義，雖包含有動物之理，但作為「共相」，人之理，動物之理，它們只是平鋪放著，各各獨立自存於所謂理世界。但朱熹論仁義禮智之關係時，卻說：

仁只是流出來底便是仁，各自成一個物事底便是義。仁只是那流行處，義是合當做處。仁只是發出來底，及至發出來有切然不可亂處，便是義。……只是一個愛流出來，而愛之中便有許多等差。（《語類》卷九八）

知得親之當愛，子之當慈，這便是仁。至於各愛其親，各慈其子，這便是義。（同上）

心是活動，必有此心乃能知辭遜，必有此心乃能知羞惡，必有此心乃能知是非，此心不生，又怎能辭遜、羞惡、是非。（《語類》卷二〇）

這種「理一分殊」是心之道德本體與其發而為用的體用關係，有如稻之性理之於稻穀穀種。所以講來講去，在朱熹那裡，仁之理實質上變成了「心」、「生意」、「元氣」等等。如：

天地之帥，則天地之心，而理在其中也。（《語類》卷六八）

仁自是個柔和底物事，譬如物之初生，自較柔和。仁與禮自是有個發行底意思，義與智自

> 是有個收斂底意思。（《語類》卷二〇）
>
> 要識仁之意思，只是一個渾然溫和之氣，其理則天地生物之心。（《語類》卷六）
>
> 心，生道也……。天地生物之心，是仁。人之稟賦接得此天地之心，方能有生，故惻隱之心在人亦為生道也。（《語類》卷九五）
>
> 窮天地，亙古今，只是一個生意，故曰仁者與物無對。（同上）
>
> 仁是個溫和柔軟的物事。老子說柔弱者生之徒，堅強者死之徒，見得自是。……藹乎若春陽之溫，汎乎若醴酒之醇，此是形容仁底意思。（《語類》卷六）

朱熹《六先生畫象贊》贊程顥說：「楊休山立，玉色金聲；元氣之會，渾然天然。瑞日祥雲，和風甘雨；龍德正中，厥施斯普。」贊程頤說：「規圓方矩，繩直準平，允矣君子，展也大成。布帛之文，菽粟之味；知德者希，孰識其貴。」（《文集》卷八五）朱熹所贊述的仁或朱熹心目中的仁，在氣象上，顯然是更接近於程顥的，因其所謂理，和程顥所講的道德本心、仁體，思路默契相通。

要之，從實質上說，新實在論所講「共相」是從對認識的研究中，從僵死靜止的類概念中抽象引申並將其本體化的結果。朱熹的「理」則與佛教思想類似，是從心性關係、種子與性理之關係❾及佛之「三身說」❿中引申得到的。「理」作為體，有因體以發用的潛能，與僵死的「準則」、

「範型」、「共相」並不相同。

朱熹常說「未有此事，先有此理」，天下未有無理之事者。如飛機製成了，必有其所以能製成之理。「理」確可以理解為「準則」、「標準」、「理型」。但這裡理之內涵，亦可指原因、條件，如佛教所謂因緣和合者。恐龍出現了，必有其出現與存在之條件、原因。此原因、條件即恐龍出現之理。突然滅絕了，也必有其突然滅絕的條件、原因。有果必有因，因即是其存在之理。陳淳《北溪字義》釋理說：「當然、所以然皆言理。當然，是就今日直看其合當如此，是理之見定形狀也。所以然，是就上面委曲看其因甚如此，是理之來歷根據也。」（《北溪先生全集．三門》卷六）「因甚如此」即原因、條件所造成之所以然也。這種所以然，不指「共相」、「標準」、「範型」。但雖然如此，「動靜必相對待而存在」，作為一個「道理」，則無形無象，不占時空，是形而上。「金不能削作木用」，「不能乘牛而服馬」，作為一個「道理」，也無形無象，不占時空，是形而上。花開花落，春去冬來，具體可見實際的花開花落、春去冬來是形而下。花開花落、春去冬來的「規律」，抽象出來作為一個「道理」，卻是形而上，不開也不落，不去也不來。因此，朱關於理氣之分，形上形下之分，在以上場合，又是普遍適用，有其普遍性的。這種理氣（器）思想，朱熹又是吸收了程頤，與程頤一致的。

---

❾ 程頤亦有仁為穀種之說，但沒有展開。朱熹則將其展開而為一哲學體系。

❿ 參閱本書第十二章《朱熹思想與佛禪》。

第六章　朱熹思想與程頤
——《周易本義》與《程易傳》

程頤畢生研究《周易》，著有《程易傳》。程頤的「理本論」哲學思想，在《程易傳》中，有鮮明、集中的表現❶。淳熙四年（西元一一七七年）朱著《周易本義》❷，十三年（西元一一八六年）成《易學啟蒙》，也承繼了程頤的理性精神和其對《周易》的某些具體解釋，但朱熹對《程易傳》批評尖銳。這種批評，可歸結為三方面：㈠方法論的；㈡哲學宇宙觀的；㈢經學、學術方面的。從中，也可窺見朱熹與程頤兩者哲學思想的區別。

❶ 參見拙文《程頤周易程氏傳思想研究》，載拙著《哲學：理性與信仰》。臺北東大圖書公司，一九九七年五月。

❷ 《周易本義》的基本思想完成於淳熙四年，但正式刊行在《易學啟蒙》以後。參見朱伯昆先生《易學哲學史》中冊，第七章第二節《朱熹的易哲學》。北京大學出版社，一九八八年版。

第一節　義理與象數

程頤注《易》的根本方法是他在《易序》中提出的「體用一原，顯微無間」。「體」和「微」指理，「用」與「顯」指表現、現象、作用、功用。程頤持理本論觀點，認為理是本體。理作為本體和其所決定的現象、作用、功用是統一的：有體必有用，用必表現其體。故透過明顯可見的現象、功效、功、作用，可以把握這些現象、功用所作為依據和根原的本體；而把握了本體，也可以無誤地掌握它必然產生的、導致的種種現象和作用。將這一方法運用到《周易》的注釋中，程頤認為，最重要的是由象以達意，「得意而忘象」，認為把握住了一卦的義理，由此義理所決定的自然、人事之吉凶、動向，也就能掌握了。所以《程易傳》的根本特點，即是對六十四卦的每一卦的基本義理進行詮釋，並由此而引伸出種種人們應如何修齊治平的教誡。程頤認為，這也是王弼和胡瑗注《易》的基本方法。所以程頤特別推崇王弼、胡瑗的易注。但王弼以道家思想注《易》，對《周易》六十四卦之義理的解釋，程頤認為許多都違反了「聖人」的本意，程頤說：「王弼注《易》，元不見道，但卻以老壯之意解說而已。」（《遺書》卷一）故程氏《易注》既繼承王弼，又隨時注意劃清和王弼道家的界線。如：

《復・彖辭》：「復其見天地之心乎！」王弼《易注》說：「復者，反本之謂也。天地以本為心者也。凡動息則靜，靜非對動者也；語息則默，默非對語者也。然則天地雖大，富有萬物，雷動風行，運化萬變，寂然至无，是其本矣。故動息地中，乃天地之心見也。若其以有為心，則異類未獲具存矣。」王弼尚无、尚靜，故以歸於无、靜為天地之心。《程易傳》糾正王弼的這種解釋，說：「一陽復於下，乃天地生物之心也。先儒皆以靜為見天地之心，蓋不知動之端乃天地之心也，非知道者孰能識之。」故整個《復》卦，王弼認為其基本義理是：「動復則靜，行復則止，事復則无事也。」《易程傳》則說：「陽消極而復反，君子之道消極而復長也，故為反善之義」，「陽剛反而順動，是以得出入无疾，朋來而无咎也。」與王弼強調靜止、清靜无為，完全相反。又如《恆・上六》：「振恆，凶。」王弼注說：「夫靜為躁君，安為動主。故安者，上之所處也；靜者，可久之道也。處卦之上，居動之極，以此為恆，无施而得也。」基本上發揮老子尚靜的思想。《程易傳》則說：「震終動極，以陰居上，非其安處。又陰柔不能堅固其守，皆不常之義也，故為振恆，以振為恆也。振者動之速也，如振衣、如振書，抖擻運動之意。在上而其動无節，以此為恆，其凶宜矣。」就是說，不是動本身必然帶來凶，靜本身必然帶來安，而是動得无節，違反規律、亂動，才有凶的結果。程頤說陰柔者不能固守其節、其位，不安於本分，才是凶。陽剛者則不在此例。所以《程易傳》是尚動的，強調動的思想，也即《易傳》與儒家一貫主張的「天行健，君子以自強不息」的思想，與老子尚靜的思想劃清了界線。

「《易》以道陰陽」。《易》的基本原理是以陰陽的消長進退說明事物的吉凶、命運。程頤以陰陽代表君子、小人與善惡、正邪，結合卦辭、爻辭、彖辭與卦位，將每卦在道德、修齊治平方面的教誡闡釋出來。故和王弼一樣，程頤所重視的是「辭」、是義理，所謂「吉凶消長之理，進退存亡之道備於辭，推辭考卦，可以知變，象與占在其中矣。」「有理而後有象，有象而後有數。《易》因象以明理，由象以知數，得其義則象數在其中矣。必欲窮象之隱微，盡數之毫忽，乃尋流逐末，術家所尚，非儒者之所務也。」（《遺書》卷二一）象與數，實際上是被完全忽略的。所以一方面《程易》承繼了王弼《易注》的理性精神，但同時也像王弼一樣，把漢易中的象數與天人合一的觀念完全摒棄，從而走向了另一種片面性，造成了對《周易》的兩種曲解：一是忽視象數的意義與《周易》的占卜；一是把《周易》每卦義理的解釋死板與固定化，從而把《周易》卦、爻辭所蘊含的普遍性與靈活性抹殺了。朱熹吸收了程頤「體用一源，顯微無間」這一方法的精神，但同時亦尖銳地抨擊程頤《易注》上述兩方面的缺失。朱熹說：

卦爻之詞，本為卜筮者斷吉凶而因以訓戒，至《彖》、《象》、《文言》之作，始因其吉凶訓戒之意而推說其義理以明之。後人但見孔子所說義理而不復推本文王周公之本意，因鄙卜筮為不足言，而其所以言《易》者，遂遠於日用之實，類皆牽合委曲、偏主一事而言，無復包含該貫、曲暢旁通之妙。（《文集》卷三三《答呂伯恭》第四十六書）

象數乃作《易》根本，卜筮乃其用處之實，而諸儒求之不得其要，以至苛細繳繞，令人厭

> 聽。(《文集》卷四五《答虞士朋》第二書)
>
> 《易》本為卜筮而作，其言皆依象數，以斷吉凶。今其法已不傳。諸儒之言象數者，例皆穿鑿；言義理者又太汗漫，故其書為難讀。此《本義》、《啟蒙》所以作也。(《文集》卷六〇《答劉君房》第二書)
>
> 先王制卜筮之法，至嚴至敬。虛其心以聽於鬼神，專一則應，疑貳則差。故禮曰「卜筮不相襲」。(《文集》卷四五《答丘子野》第一書)

因此，與程頤不同，「依象數以斷吉凶」，成為朱熹注《易》的最基本的方法。但朱熹的「象數」揚棄了漢人的「穿鑿」，吸收了王弼與程頤義理的長處，故其《周易本義》與《易啟蒙》，實際上是歷史上全部《易注》新的綜合，回到了義理的基點，而又容納了象數之學的長處。

在《周易序》中，朱說：「聖人之憂天下來世其至矣，先天下而開其物，後天下而成其務，是故極其數以定天下之象，著其象以定天下之吉凶。六十四卦，三百八十四爻，皆所以順性命之理，盡變化之道也。」就是說，在《周易》中，象與數是最基本的。性命之理，變化之道，都包含在六十四卦、三百八十四爻的象數之中。《卦辭》、《爻辭》、《彖辭》、《象辭》是由卦的象數決定的，是對卦的象數所決定的性命之理、變化之道的闡釋與提示，因而只有把握住其象數所啟示的意義，才能把握住各卦的基本精神。像程頤那樣，忽視象數，把一卦講成一種固定的義理，那是把《周易》完全講死了。朱熹說：「至哉《易》乎，其道至大而無不包，其用至神而無不存。時固未始有一，而卦未始有定象。事固未死有窮，而爻亦未始有定位。以一時而索卦，則拘於無變，非《易》也。」（《周易序》）在朱熹看來，程頤「易注」最基本的缺失就是「拘於無變」，「窒而不通」，完全失掉了《易》的由象數啟示所帶來的無窮無盡的靈活性與無所不包、無所不能的神妙功用，成了死板僵滯的三百八十四種義理羅列。朱熹說：

《易傳》（指程易）義理精，字數足，無一豪欠闕，……只是於本義不相合。《易》本是卜筮之書，卦辭、爻辭無所不包，看人如何用。程先生只說得一理。（《語類》卷六七）

伊川求之太深，嘗說三百六十四爻，不可只作三百六十四爻解，其說也好。而今似他解時，依舊只作得三百八十四般用。（《語類》卷六五）

《易傳》明白無難看，但伊川以天下許多道理散入六十四卦中，若作《易》看，即無意味。（《語類》卷六七）

睽之《程易傳》，事情確是如此。如：

《蒙·上九》：「不利為寇，利禦寇」。程頤注釋說：「九居蒙之終，是當蒙極之時，人之愚蒙既極，如苗民之率，為寇亂者，當擊伐之。然九居上，剛極而不中，故戒不利為寇。治人之蒙乃禦寇也。肆為剛暴，乃為寇也。若舜之征有苗，周公之誅三監，禦寇也。秦皇漢武，窮兵誅伐，為寇也。」把寇解釋為盜寇、暴虐，與軍事征伐相聯繫，似乎爻辭的意思僅指這一種義理。朱熹認為這是把《易》講死了，朱說：「以剛居上，治蒙過剛，故為擊蒙之象。然取必太過，攻治太深，則必反為之害。惟捍其外誘以全其真純，則雖過於嚴密，乃為得宜，故戒占者如此。凡事皆然，不止為誨人也。」（《周易本義》）又說：「此卦辭義理，事之大小都然，治身也憑地。若治人做得太甚，亦反成為寇。占得此爻，凡事不可過當。如伊川作用兵說，亦是，但只做得一事用。不如且就淺處說去，卻事事上有用，若便說深了，則一事用得，別事用不得。」（《語類》卷七〇）故《語類》卷七三，朱對「為寇、禦寇」作一完全新的解釋，說：「蓋上九以剛陽居上，擊去蒙蔽，只要恰好，不要太過。太過則於彼有傷，而我亦失其所以擊蒙之道。如人合吃十五棒，若只決他十五棒，則彼亦無辭而足以禦寇；若再加五棒，則太過而反害人矣。為寇者，為人之害也；禦寇者，止人之害也。如人有疾病，醫生用藥對病，則彼足以祛病，而我亦得為醫之道。若藥不對病，則反害他人，而我亦失為醫之道矣。所以《象》曰：『利用禦寇，上下順也。』惟如此，則上下兩順而無害也。」經過這一廣泛、一般的解釋，《蒙．上九》就完全講活了。

《乾．九三》：「君子終日乾乾，夕惕若，厲，無咎。」《程易傳》解釋說：「三雖臣位，已在下體之上，未離於下而尊顯者也。舜之玄德升聞時也。……在下之人而君德已著，天下將歸之，其危懼可知。雖言聖人，事苟不設戒，則何以為教，作《易》之義也。」《乾卦》被看成完全是「君」之卦，是對君或具君德者說的。朱熹批評說：「《易》之為書，廣大悉備，人皆可得而用，初無聖賢之別。伊川有一段云，君有君之用，臣有臣之用，說得好。及到逐卦解釋，卻又分作聖人之卦、賢人之卦，更有分作守令之卦者，古者又何嘗有此，不知是如何！以某觀之，無問聖人以至士庶，但當此時，便當恁地兢惕，卜得此爻，也當恁地兢惕。」（《語類》卷六八）改正了《易程傳》死板與僵化之弊。

《坤・六五》：「黃裳元吉」，程頤解釋說：「陰者，臣道也，婦道也。臣居尊位，羿莽是也，猶可言也。婦居尊位，女媧、武氏是也，非常之變，不可言也。故有黃裳之戒而不盡言也。」朱批評說：「今考本爻，無此象。這又是象外立教之意。……若伊川要立議論教人，可向別處說，不可硬配在《易》上說。此爻何曾有這義，都是硬入這意，所以說得絮了。」（《語類》卷六九）故《本義》於此只說：「六五以陰居尊，中順之德充諸內而見於外，故其象如此，而其占為大善之吉也。占者德必如是，則其占亦如是矣。」

其它各卦大致亦是如此。如：

《需・卦辭》：「有孚，光亨，貞吉，利涉大川。」《程易》解釋說：「以卦才言之，五居君位，如需之主，有剛健中正之德，而誠信充實於中，中實有孚也。有孚則光明而能亨通，得貞正。」

《比・九五》：「顯比，王用三驅，失前禽，邑人不誡，吉。」《程易》解釋說：「五居君位，處中得正，盡比道之善者也。人君比天下之道，當顯明其比道而已。如誠意以待物，恕己以及人，發政施仁，使天下蒙其惠澤，是人君親比天下之道也。如是，天下孰不親比於上。……」

《小畜・六四》：「有孚，血去惕出，无咎」。《程易》解釋說：「四於畜時，處近君之位，畜君者也。若內有孚誠，則五志信之，從其畜也。卦獨一陰，畜眾陽者也。諸陽之志，係於四，四苟欲以力畜之，則一柔敵眾剛，必見傷害；惟盡其孚誠以應之，則可以感之矣。故其傷害遠，見其危懼免也，如此則可以无咎，不然，則不免乎害矣。此以柔畜剛之道也。以人君之威嚴而微細之臣有能畜止其欲者，蓋有孚信以感之也。」

等等。

在所有上述例證中，程頤解《易》的基本特點是：㈠以九五為君，四為臣，以君臣關係比附兩爻的關係；㈡以君臣相處應有的義理、道理解釋爻辭的含義，不管這種解釋是多麼牽強，不符合《周易》卦、爻辭的本意；㈢雖重視卦象，但最基本的方法是著眼於義理，卦辭的象徵意義及其包含的多種可能的解釋被抹殺了。正如朱熹所批評的，一爻的義理只當得一條義理使用，三百八十四爻只當得三百八十四條義理使用。一部《周易》完全變成了死板固定的、以君臣關係為中心的政治說教。《周易》本質上又變成了新的人君南面之術。與漢人不同的，只是不講天人感應，災異遣告，而代之以道德的政治說教而已。

朱熹作《周易本義》，主旨之一是糾正程頤《易注》的這一基本缺失，恢復《周易》作為哲學——行動指南所本具的普遍性、靈活性，即《周易》內在含具的「無所不適」的神妙與活力。故對於《周易本義》，朱熹反復指出：

《易》只是說個象是如此，何嘗有實事？如《春秋》便句句是實，如言「公即位」，便真個有個公即位；如言「子弒父，臣弒君」，便真個是有此事。《易》何嘗如此？不過只是因畫以明象，因數以推數，因這象數便推個吉凶以示人而已，卻無後來許多勞攘說話。（《語類》卷六八）

《易》本因卜筮而有象，因象而有占，占辭中便有道理。如筮得乾之初九，初陽在下，未可施用，其象為「潛龍」，其占曰「勿用」。凡遇乾而得此爻者，當觀此象而玩其占，隱晦而勿用可也。它皆倣此。此《易》之本指也。（同上）

《易》多是假借虛設，故用不窮，人人皆得用也。……此所謂「理定既實，事來尚虛，存體應用，稽實待虛」。所以三百八十四爻，而天下萬事無不可該，無不周遍，此《易》之用所以不窮也。（同上）

所以《本義》在解釋各卦、爻時，朱總是強調象及其所含義理的普遍性與靈活性，如：

《乾・用九》：「見群龍無首，吉。」朱說：「蓋六陽已盛，如群龍。然龍之剛猛在首，故見其無首則吉。大意只是要剛而能柔，自人君以至士庶，皆須如此。若說為天下先（此是程頤的解釋），只是人主方用得，以下更使不得，恐不能如此。」（同上）

《需．卦辭》：「有孚，光亨，貞吉，利涉大川。」朱說：「需，待也。以乾遇坎，乾健坎險，以剛遇險，而不遽進以陷於險，待之義也。孚，信之在中者也。其卦九五以坎體中實，陽剛中正而居尊位，為有孚得正之象；坎水在前，乾健臨之，將涉水而不輕進之象，故占者為有所待；而能有信，則光亨矣。若又得正，則吉，而利涉大川。正固無所不利，而涉川尤貴於待，則不欲速而犯難也。」朱的解釋：㈠以占卦者為主體。占卦者可以是各種不同身分、境況和所求，故卦辭具普遍性與靈活性。㈡突出象在卦辭中的中心地位。如「有孚得正之象」、「將涉水而不輕進之象」。任何人、任何境況都可以從此象中獲得行動的指南和啟示，從而使《需卦》的這一「卦辭」具有了神妙的功用和活力。

又如《比．九五》：「顯比。王用三驅，失前禽，邑人不誡，吉。」朱說：「一陽居尊，剛健中正，卦之群陰皆來比已，顯其比而無私。如天子不合圍，開一面之網，來者不拒，去者不追，故為用三驅失前禽。而邑人不誡之象。蓋雖私屬，亦喻上意，不相警備，以求必得也。凡此皆吉之道。占者如是則吉也。」「王用三驅失前禽」，只是一種比喻而不是如程頤所說是人君的為君之德。整個爻辭也成為以占者為對象的教誡之辭。任何人、任何境況都可以由此而得到應當如何行動的啟示。由此，爻辭亦獲得了內在的生命與活力。

等等。

歸結起來，《程易傳》實際是借《易》以說理。從經學學術角度看，是六經注我，缺乏歷史的、學術的眼光，偏離了《易》的本義；從哲學角度看，是完全抹殺了《易》的哲學特性，把《易》變了按六十四卦而編排的義理匯編。朱熹糾正程頤這一基本失誤。其《本義》不僅力求恢復卦、爻辭的本來意義，以經解經，以《易》解《易》，對《易》有一歷史的態度與眼光；更重要的是恢復了《易》作為哲學、作為普遍的修齊治平的行動指南所內具的生命活力。兩者的這一差別，突現了朱熹作為哲學家的真正哲學氣質，顯示出比程頤對哲學之為哲學有更深的了解與體認。

第二節 理性主義與神秘思想

「《易》以道陰陽」。《易傳》認為，《易》講變化、吉凶建立在陰陽相感相勝產生變易這一根本原理之上，實際是對貫穿於自然、社會、人事、思維各領域中之辨證法的對立統一規律的把握與運用。二程對《易傳》總結的《周易》的這一規律，在《易注》中自覺加以運用，以之為吉凶禍福的基礎。《二程遺書》反復指出：

天地陰陽之變，便如二扇磨，升降、盈虧、剛柔，初未嘗停息。陽常盛，陰常虧，故便不

齊。譬如磨，既行齒都不齊，便生出萬變，故物之不齊，物之情也。（《遺書》卷二上，明道語）

道無無對，有陰則有陽，有善則有惡，有是則有非，無一亦無三。（《遺書》卷一五，伊川語）

「一陰一陽之謂道」，此理固深，說則無可說，所以陰陽者道。（同上）

朱熹完全繼承了程頤的這一觀點。在《本義》和《語類》中，朱反復說：

易者，陰陽錯綜、交換代易之謂。

易者變化錯綜，如陰陽、晝夜、雷風、水火、反復流轉、縱橫經緯而不已也。（《語類》卷九五）

易是變易。陰陽無一日不變，無一時不變。莊子分明說「易以道陰陽」。要看易，須當恁地看。事物都是那陰陽做出來。（《語類》卷七四）

天地間一陰一陽，如環無端，便是相勝底道理。《陰符經》說「天地之道浸，故陰陽勝」。浸字下得妙。（《語類》卷七六）

貞，常也，陰陽只是常相勝。如子以前便是夜勝晝，子以後便是晝勝夜。（同上）

天地間，無兩立之理。非陰勝陽，即陽勝陰。無物不然，無時不然。（同上）

在陰陽的對立統一中，朱強調「相勝」是其基本的關係。陰在自然中代表黑暗、陰冷、消退、收斂、凝聚、靜止；陽代表光明、陽剛、剛健、發散、運動、上升等等。社會人事上，陰代表女性、小人、下位、邪惡、陰謀；陽代表男性、正大、上位、進取、善良等等。這是兩種對立的成份與力量。事物的吉凶，在朱熹看來，就是這兩種對立力量在種種不同的具體情況（時、位、德性）下屈伸消長的規律與發展趨勢所造成的。掌握了這種規律，就能避凶趨吉，逢凶化吉，爭取到好的結果。因此朱熹強調《易》作為占卜之書，並不是要人們在吉凶面前坐以待斃，守株待兔；相反，應充分發揮主觀能動性，探索研究，掌握陰陽的消長進退，以防患於未然，爭取最好的結局。也就是說，形式上《易》是卜筮占算、求神問卦、神秘精神，實質則是人自己爭取掌握自己的前途，決定自己的命運，因而是極其清醒冷靜的理性主義。這種理性主義，朱熹和程頤是完全一致的。但朱和程頤不同的是：㈠在《本義》中，朱熹吸收周敦頤的《太極圖說》、邵雍的數學與漢人的陰陽易學，發揮出一套先天八卦與後天八卦的宇宙圖式學說，在哲學宇宙觀上，透露極濃厚的神秘主義成份。程頤則沒有這種宇宙圖式與宇宙觀；㈡強調在天地陰陽動靜的純自然系統中，有主宰、目的存在，有「生物之心」的價值系統支配陰陽自然之運行趨向，從而從程頤式的理性態度走向了理性與信仰相結合的神秘態度。在《周易序》中，朱說：

> 至哉易乎！其道至大而無不包，其用至神而無不存。……得之於精神之運，心術之動。與天地合其德，與日月合其明，與四時合其序，與鬼神合其吉凶，然後可以謂之知易也。

「與天地合其德，……鬼神合其吉凶」云云，是《易傳》的神秘主義思想。對此，程頤完全不加理會。程頤之《易注》乾脆截掉《易傳》，只注經文，與程頤這一徹底堅持理性而反對任何神秘主義與迷信的精神也許是分不開的。但朱熹卻恰恰喜好這點。這固然是其忠於《易》之本義使然，但更重要的則是朱的思想氣質確與程頤不同，帶有極深的神秘主義背景，故強調「精神之運，心術之動」可以與「天地合德」、「四時合序」、「鬼神合其吉凶」。

《本義》中朱置《河圖》、《洛書》於部首。《易傳・繫辭》說：「河出圖，洛出書，聖人則之。」又說：「天一、地二、天三、地四、天五、地六、天七、地八、天九、地十。天數五，地數五，五位相得而各有合。天數二十有五，地數三十。凡天地之數五十有五，此所以成變化而行鬼神也。」《河圖》、《洛書》，其數圖及其包含的意義，歷史上有各種解說，但它的來源，《繫辭》作者很明確地歸之為天人感應的神秘主義。朱熹無保留地接受這一神秘主義思想，說：

> 《河圖》、《洛書》之事，《論語》自有此說，而歐公不信祥瑞，並不信此，而云《繫辭》

亦不足信。且如今世間，有石頭上出日月者，人取以為石屏；又有一等石上分明有如枯樹者，亦不足怪也。《河圖》、《洛書》亦何足怪。（《語類》卷六七）

夫以《河圖》、《洛書》為不足信，自歐陽公以來已有此說，然終無奈《顧命》、《繫辭》、《論語》皆有是言。而諸儒所傳二圖之數雖有交互而無乖戾，順數逆推、縱橫曲直皆有明法，不可得而破除也。至如《河圖》與《易》之天一至地十者合而載天地五十有五之數，則固《易》之所自出也。《洛書》與《洪範》之初一至初九者合而具九疇之數，則固《洪範》之所自出也。《繫辭》雖不言伏羲受《河圖》以作《易》，然所謂仰觀俯察，近取遠取，安知《河圖》非其中之一耶?!（《文集》卷三八《答袁機仲》第一書）

《論語》：「鳳鳥不至，河不出圖，吾已矣乎。」（《子罕》）《尚書・顧命》：「大玉、夷玉，天球、河圖，在東序。」《論語》的說法是祥瑞的神秘思想。朱堅信《河圖》、《洛書》的神秘性，並說：「鴻荒之世，天地之間，陰陽之氣，雖各有象，然初未嘗有數也。至於《河圖》之出，然後五十有五之數，奇偶生成，粲然可見。此其所以深發聖人之獨智，又非汎然氣象之所可得而擬也。」（同上）對《河圖》、《洛書》的神奇、神秘性，確是心有所鍾的。

在卦序的排列上，《程易》完全接受《易傳・序卦》的說法。《序卦》對卦序的排列是基於一合乎「理」的邏輯推論。但《序卦》對卦序排列的這種解釋，顯然是人為的解釋。與程頤不同，在《周易本義》中，朱完全摒棄了《序卦》的說法。朱熹認為卦的排列，不是人為的，是《易》本來如此，聖人畫卦之前已是如此。伏羲、文王對六十四卦的排列，不過是根據自然之易加以「表現」而已。

在卦名、卦義的解釋上，朱熹以陰陽為基礎，採卦體、卦變、卦德之說而廣泛吸收孟喜、京房的卦氣、變卦思想，如說《臨》：「臨，進而凌逼於物也。二陽浸長，以逼於陰，故為臨，十二月之卦也。」《泰》：「天地交而二氣通，故為泰，正月之卦也。」《觀》：「此卦四陰長而二陽消，正如八月之卦。」《剝》：「五陰在下而方生，一陽在上而將盡，陰盛長而陽消落，九月之卦也。」《賁》：「賁，飾也。卦自《損》來者，柔自三來而文二，剛自二上而文三。自《既濟》而來者，柔自上來而文五，剛自五上而文上。又內離而外艮，有文明而各得其分之象，故為賁」。先秦，《易・繫辭》已以陰陽思想釋《易》，但尚未與五行結合，亦未有陰陽五行天人一體有機的宇宙天人圖式，這樣的宇宙圖式是董仲舒完成的，孟喜、京房等再把它推廣運用於《易》，以後虞翻、荀爽、鄭玄等又從中發展出種種不同的說法。朱熹解釋卦義時，實際上都有選擇地加以吸收了。

易緯《乾鑿度》說：「八卦之序成立，則五氣變形，故人生而應八卦之體，得五氣以為常，仁義禮智信是也。夫萬物始出於震，震東方之卦也。陽氣始生，受形之道也，故東方為仁。成於離，離南方之卦也。陽得正於上，陰得正於下，尊卑之象定，禮之序，故南方為禮。入於兌，兌西方之卦也。陰用事，而萬物得其宜，義之理也，故西方為義。漸於坎，坎，北方之卦也。陰氣形盛，陰陽氣含閉，信之類也，故北方為信。夫四方之義皆統於中央。故乾坤艮巽位在四維，中央所以繩四方行也，智之決也，故中央為智。……五者道德之分，天人之際也。聖人所以通天意、理人倫，而明至道也。」這種神秘主義的象數思想，程頤是堅決摒棄的，朱熹卻表現出極大的興趣。當與袁機仲論辨時，朱反復指出：「又讀來書，以為不可以仁義禮智分四時，此亦似太草草矣。夫五行五常五方四時之相配，其為理甚明而為說甚久，非熹獨於今日創為此論也。」（同上，第四書）「此是先儒舊說，未可輕詆。……蓋天地之間，一氣而已，分陰分陽，便是兩物，故陽為仁而陰為義；然陰陽又各分而為二。故陽之初為木、為春、為仁。陽之盛為火、為夏、為禮。陰之初為金、為秋、為義。陰之極為水、為冬、為智。蓋仁之惻隱方自中出，而禮之恭敬則已盡發於外；義之羞惡方自外入，而智之是非則已全伏於中，故其象類如此。……五行之中四者既各有所屬，而土居中宮，為四行之地，四時之主，在人則為信，為真實之義而為四德之地，眾善之主也（五聲、五色、五臭、五味、五臟、五蟲，其分放此）。蓋天人一物，內外一理，流通貫徹，初無間隔，若不見得，則雖生於天地間而不知所以為天地之理，雖有人之形貌而亦不知所以為人之理矣。」（同上，《答袁仲機別紙》第五書）

在《周易序》中，朱熹說：「太極者，道也。兩儀者，陰陽也。陰陽一道也，太極無極也。」認為太極「無形而有理」。這裡，理實際上有兩種含義：一指陰陽進退消長，一動一靜的自然之理，亦即運動規律。作為自然規律，它是中性、無色、沒有道德屬性與價值含義的。但同時，理亦指元亨利貞的四德系統❸。這系統的根源、主宰，就是天地生物之心。因其如此，朱在《本義》中，一方面說：「陰陽消息，天運然也。」（《復・彖辭》）一方面又說：「積陰之下，一陽復生，天地生物之心幾於滅息，而至此，乃復可見。在人則為靜極而動，惡極而善，本心幾息而復見之端也。」（同上）以本心對應生物之心，以善惡消長對應陰陽消息。顯然，「天地生物之心」在這裡既非一空的名詞，又非「規律」或屬性的別稱，而是實有指謂的。其指謂即：目的論所稱謂的宇宙自身所本具的「目的」。故《語類》一方面說：「乾坤只是理。理本無心，自人而理，猶必待乾之成象而後坤能效法。然理自如此，本無相待。且如四時只是自然迭運，春夏生物初不道要秋冬成之，秋冬成物又不道成就春夏之所生，皆是理之所必然者耳。」（卷七四）肯定春夏生物皆是自然迭運，理之所以必然，另一方面又說：「天地之心不可道是不靈，但不如人恁地思慮。」「道夫言，『向者先生教思量天地有心無心。近思之，竊謂天地無心，仁便是天地之心，若使其有心必有思慮，有營為。天地曷嘗有思慮來？然其所以四時行、百物生者，蓋以合如此便如此，不待思維此所以為天地之道。』曰：『如此則《易》所謂復其見天地之心，正大而天地之情可見又如何？如公所說，只說得它無心處爾。若果無心，則須牛生出馬，桃樹上結李花，它卻又自定。……心便是他個主宰處。』」「今須要知得他有心處，又要見得他無心處，只恁定說不得。」（《語類》

❸ 參見本書第三章《「太極」思想》注❽。

卷一）所以，朱熹明確肯定，生物之有秩序，既是理數之必然，同時也有目的以使之然，不過它不是上帝有情意的「作為」而已。

朱熹又說：「太極中全是具一個善，若三百八十四爻中有善有惡，皆陰陽變化以後方有。」《語類》卷七五）這裡，太極的全善既指不落善惡，從形而上言；亦指因其以生物為心，如人之有仁心，有愛人利物之心，故是至善，就太極的內涵而言；這就不是程頤式的理本論，而是目的論的心本論了。《遺書》載程頤語錄說：

正叔言，某家治喪，不用浮圖，在洛亦有一二人家化之。《遺書》卷一〇）世間術數多，惟地理之書最無義理。祖父喪時亦用地理人，尊長皆信，惟先兄與某不然，後來只用昭穆法。或問憑何文字擇地？曰只昭穆便是書也，但風順地厚處足矣。某用昭穆法葬一穴，既而尊長招地理人到葬處，曰此是商音絕處，何故如此下穴？！某應之曰：固知是絕處，且試看如何？某家至今人已數倍之矣。《遺書》卷二二上）

由此一端，可窺見程頤一切惟理是從，絕不迷信、信邪的理性精神。其理性精神，在該時代確是十分卓絕的。但朱熹卻不是如此。《文集．朱府君遷墓記》說：「初，府君將沒，欲葬崇安之五夫，卒之明年，遂窆其里靈梵院側。時熹幼未更事，卜地不詳。既懼體魄之不獲其安，乃以乾道六年七月五日，遷於里之白水鵝子峰下。」（卷九四）與程頤之絕不迷信風水，恰成對照。所以在鬼神事上，程頤真正堅持無神論的觀點，朱熹雖也認為「鬼神者二氣之良能」，但卻相信感應、感召之說，實際上持泛神論或泛心論的觀點。如說：

吉事有祥兆，惟其理如此，故於變化之為，則象之而知已有之器；於吉事有祥，則占之而知未然之事也。（《語類》卷七六）

吉事有祥，凶事亦有。如《中庸》言，「必有禎祥，見乎蓍龜之類。」（同上）

天地、山川、祖先，皆不可以形求，卻是以此誠意求之，其氣便聚。祖先已死，其氣亦自在，只是以我之氣承接其氣，才致精神以求之，便是格，便有來底道理。古人於祭祀處極重，直是要求得之。（卷六八）

橫渠言，「至之謂神，反之謂鬼。」固是。然雷風山澤亦有神，今之廟貌亦謂之神，亦以方伸之氣為言爾。……伸中有屈，屈中有伸。伸中有屈，如人有魂魄是也。屈中有伸，如鬼而有靈是也。（卷九八）

人心才動，必達於氣，便與這屈伸往來者相感通。如卜筮之類，皆是心自有此物，只說你心上事，才動必應也。問：「鬼神便只是此氣否？」曰：「又是這氣裡面神靈相似」（卷三、三五）

這無異走向了氣之有神論與泛神論、泛心論。不是將鬼神消解為氣，而是將氣靈化為鬼神。故《文集》中朱熹作有不少《祈雨疏》、《臥龍潭送水文》、《請雨謁北山神文》、《春祈謁廟文》、《秋賽謁廟文》等祭拜神靈，祈求福佑之文。慶元黨禁時亦占卦求問。❹程頤卻持徹底的無神論觀點，曾說：

> 今日雜信鬼怪異說者，只是不先燭理，若於事上一一理會，則有甚盡期，須只於學上理會。（《遺書》卷二下）
>
> 嘗問好談鬼神者，皆所未曾聞見，皆是見說燭理不明，便傳以為信也。假使實所聞見，亦未足信：或是心痛，或是目病。如孔子言：「人之所信者目，目亦有不足信者耶！」此言極善。（同上）
>
> 師巫在此，降言在彼，只是抛得遠，決無此理。又言留下藥，尤知其不然。生氣盡則死，死則謂之鬼也，但不知世俗所謂鬼神何也。聰明如邵堯夫，猶不免致疑在此。嘗言有人家，

---

❹ 慶元元年，韓侂胄徙丞相趙汝愚永州，呂祖儉以論救貶韶州，朱熹以義不容默，乃草封事數萬言，極陳奸邪蔽主之禍。子弟諸生更進迭諫，以為必且買禍。朱熹不聽，蔡元定入諫，請以蓍決之，遇之家人。朱熹默然退，取稿焚之。

若虛空中間人馬之聲。某謂既是人馬，須有鞍韉之類皆全。這個是何處得來?!堯夫言天地之間亦有一般不有無底物。某謂如此說，則須有不無不有底人馬。凡百皆爾，深不然也。

（同上）

程頤、朱熹都講理、講理之自然，但在程頤，神靈、上帝、種種迷信情事及心靈感應，都是理之所無，理性是檢驗一切的標準，不合乎理性的東西，既便親見親聞，也是虛幻不實的。在朱熹，《語類》中雖也有程頤此種言論，但神靈、上帝、《河圖》、《洛書》、天心、天地生物之心及卜筮感應等等，卻又說成是理之自然。有此事必有此理。就是說，凡是存在的、現實的就是有理的。故對於《周易》，程頤走向了徹底的理性主義，象數占卜等等被完全掃除。朱熹則理性與神秘並存，象數與占卜被理性化而成為理性化的神秘主義，反映出兩者哲學氣質上的巨大差異。

第三節　訓詁

朱熹是大哲學家、史學家、經學家，學問淵博，史識卓異，治學嚴謹，長於概念之精密分疏，故《周易本義》無論在訓詁、考訂、義理闡釋與哲理發微上，都較《程易》更勝一籌，達到了前所沒有達到的水準。

程頤《易注》突現的是政治的立場、政治的說教及為王者師的心態，沒有擺脫漢人以《易》為「君人南面之術」的傳統，其思想中完全沒有《易》之本義的問題。朱的《本義》則突顯學術的立場、學術氣質與平民的風格。由《漢易》、《王易》、《程易》到朱的《本義》，這是易學史的一種重大轉變。故比之《程易》，《本義》更加注意文字訓詁。

在《中庸集解序》中，朱熹曾指出：「竊嘗謂秦漢以來聖學不傳，儒者唯知章句訓詁之為事，而不知復求聖人之意，以明夫道德性命之歸；至於近世，先知先覺之士始發明之，則學者既有以知夫前日之為陋矣；然或乃徒誦其言以為高，而又初不知深求其意；甚者遂至於脫略章句，陵籍訓詁，坐談空妙，輾轉相迷，而其為患，反有甚於前日之為陋者。」故在文字訓詁上，《本義》的態度是相當嚴謹的。

在訓詁上，朱熹最突出的貢獻是提出《易》之「本義」的問題。這問題實際也是對《易》之為書的「訓詁」。如同字有本義、有引申發展義一樣，朱認為《易》亦有本義、有引申發展義。《易》本為卜筮之書，最早只有伏羲的圖畫八卦，然後有文王的重卦與卦辭，而後有周公的爻辭，最後才有孔子的《象》、《象》、《文言》、《繫辭》。故讀《易》，求其義理，應區分《易》的本義與後來的引申、發展；否則，就會混淆不清，捕風捉影，散漫亂說。故朱反復指出：

今不曉得聖人作《易》之本意，便先要說道理，縱饒說得好，只是與《易》元不相干。

（《語類》卷六五）

今人讀《易》當分為三等。伏羲自是伏羲之《易》，文王自是文王之《易》，孔子自是孔子之《易》。讀伏羲之《易》，未有許多《彖》、《象》、《文言》說話，方見得《易》之本義，只是要作卜筮用。如伏羲畫八卦，那裡有許多文字語言，只是說箇有某象，乾有乾之象而已。……今人未曾明得乾坤之象，便先說乾坤之理，所以說得都無情理。及文王周公分為六十四卦，添入「乾：元亨利貞，坤：元亨利牝馬之貞」，早不是伏羲之意，已是文王周公自說他一般道理了。然猶是就人占處說，如卜得乾卦，則大亨而利於正耳。及孔子繫《易》，作《彖》、《象》、《文言》，則以元亨利貞為乾之四德，又非文王之意矣。（同上）

這種對《周易》發展的歷史觀點，在今天已是學術的常識，但在朱熹的時代，卻是時代性的創舉。❺

用這樣歷史發展的眼光與追求本義的方法，朱對於《易》的訓詁解釋，就有新的思路，給人以啟發。這一方法的基本精神是兩點：㈠強調《易》的占卜與最早的卦象是解釋文句字義的基礎與出發點，釋義不應脫離這一基礎。㈡把握卦爻辭的原始本義與其普遍的適用性。如《乾．卦辭》

❺ 朱熹曾一再指出：「今學者諱言《易》本為占筮作。」（《語類》卷六六）「如《易》，某便說道聖人只是為卜筮而作。……此說難向人道，人不肯信。向來諸公力來與某辨。」（同上）

「元亨利貞」，從來都以文言四德加以解釋。朱則解此為「大亨而利於正」之象，是占辭。以之為四德，非辭之本意，是孔子的意思。指出：「古有亨字，用亨，亨烹字通用，如公用亨於天子，分明是享字，《易》中解作亨字便不是。」如《无妄．卦辭》：「元亨利貞，其匪正有眚，不利有攸往。」程頤脫離卦辭作為占卜之本義，作一般道德訓誡的解釋，說：「无妄，言至誠也。至誠者天之道也。……人能合无妄之道，則所謂與天地合其德也。无妄有大亨之理，君子行无妄之道，則可以至大亨矣。」朱熹則緊扣卦辭作為占辭的意義，說：「无妄，實理自然之謂。《史記》作无望，謂无所期望而有得焉者，其義亦通。故其占大亨而利於正。若其不正則有眚，而不利有所往也。」《語類》說：「无望是個不指望偶然底卦，忽然而有福，忽然而有禍。如人方病，忽然勿藥而愈，是所謂『无妄』也。據諸爻，名義合作『无望』。……如程子之說，說得道理儘好，儘開闊，只是不如此，未有許多道理在。」（卷七一）「看來无妄合是『无望』之義，不知孔子何故使此『妄』字，如『无妄之災』，『无妄之疾』，都是沒巴鼻怎地。」（同上）《賁．九五》：「賁於丘園，束帛戔戔，吝，終吉。」舊說多解為以束帛求在外之賢。《程易》說：「戔戔，剪裁紛裂之狀，帛未用則束之，故謂之束帛，及其製為衣服，必裁剪分裂，戔戔然。束帛喻六五，本質戔戔，謂受人裁制而成用也。」朱指出程的訓釋是錯誤的。朱說：「戔自是淺小之意，如從水則為淺，從人則為俴，從貝則為賤，皆淺小意。《程傳》作剪裁，已是迂回，又說丘園，更覺牽強。」（《語類》卷七一）故《本義》解為吝嗇，說：「六五柔中，為賁之主，敦本尚實，得賁之道，故有丘園之象。然陰性吝嗇，故有束帛戔戔之象。束帛薄物，戔戔，淺小之意，人而如此，雖可羞吝，然禮奢寧儉，故得終吉。」

《文集》卷六〇《答潘子善》，潘提出：「聖人以見天下之頤。《本義》云『頤雜亂也』，訓詁皆云『深也』，未知如何？」朱熹回答說：「先儒有此訓，今忘記，檢不得，字書無頤字，只作嘖，云『大呼也。』《左傳》曰『嘖有煩言』，非謂深也。若是深義，即與穩、深、遠三字一義矣，又何以云不可惡乎？」朱對於字義的訓詁，不僅據字書古訓，亦聯繫整個文句及其上下文所言而確定其含義，故能「發人之所不能發」。這亦是其可稱道之處。如《師・六三》：「師或輿尸，凶。」程頤訓輿尸為眾主，說：「輿尸，眾主也，蓋指三也。以三居下之上，故發此義。軍旅之事，任不專一，覆敗必矣。」朱熹指出這種解釋是無根據的錯解。《語類》卷六九說：「從來有輿尸血刃之說，何必又牽引別說。某自小時未曾識訓詁，只讀白本時便疑如此說。後來鄉先生學皆作眾主說，甚不以為然。今看來只是兵敗輿尸而歸之義。」

其它如：《觀・卦辭》：「盥而不薦」。《程易》以盥為灌，說：「盥謂祭祀之始，盥手酌鬱鬯於地，求神之時也。……」朱熹指出這亦是錯解：「盥只是浣手，不是灌鬯。伊川承先儒（指胡益之先生）之誤。」（同上，卷七〇）故《本義》說：「盥，將祭而潔手也。」

《蒙・六三》：「象曰：勿用取女，行不順也。」《程易》訓解說：「女之如此，其行邪僻不順，不可取也。」以順為順從義。朱《本義》糾正說：「順，當作慎，蓋順慎，古字通用。荀子『順墨作慎墨』。且行不慎，於經意尤親切。今當從之。」

《蒙・象辭》：「蒙，山下有險。險而止，蒙。」《程易》訓為：「山下有險。內險不可處，外止莫能進，未知所為，故為昏蒙之義。」義理雖然不錯，但含糊籠統。《本義》分疏說：「山下有險是卦象，險而止是卦德。蒙有二義。險而止，險在內，止在外。自家這裡先自不安穩了，外面更去不得，便是蒙昧之象；若見險而止，則為蹇，都是險在外。自家這裡見得去不得，所以不去，故曰知矣哉。」（《語類》卷七〇）朱的解釋突出了人的主觀能動性和辯證的智慧，對「險而止」的訓釋也更為全面、準確。

《乾・文言》：「貞者事之干也，貞固足以干事。」程頤以貞為正，突出貞之為正的意義，說：「貞者干事之用也。貞（一作正）固所以能干事也。」朱熹認為這只講出了貞字的一種含義。《語類》說：「貞固足以干事，貞，正也，知其正之所在，固守而不去，故足以為事之干。干事，言事之所依以立。蓋正而能固，萬事依此而立。在人則是智，至靈至明，是是非非，確然不可移易，不可欺瞞，所以能立事也。幹如板築之有楨幹。今人築牆，必立一木於土中為骨，俗謂之『夜叉木』，無此則不可築。橫曰楨，直曰幹。無是非之心非知也。知得是是非非之正，緊固確守，不可移易，故曰知，周子謂之正也。」（卷六八）故《本義》說：「貞固者，知正之所在而固守之；知謂知而弗去是也，故足以為事之干。」比程易更為全面、貼切。朱曾講過自己的一段體會，說：「某尋常解經，只要依訓詁說字，如貞字作正而固，仔細玩索，自有滋味。」《語類》卷七二）事情確是如此。《語類》記載，朱曾向學生說：

> 少年更讀《左傳》「形民之力而無醉飽之心」，意欲解釋形字是割剝之意，醉飽是厭足之意，蓋以為割剝民力而無厭足之心。後來見注解皆以「形」字訓「象」字意，云象民之力而無已甚，某甚覺不然；但被形字無理會，不敢改他底。近看《貞觀政要》有引用處，皆作「刑民」，又看《家語》，亦作「刑民」字，方知舊來看得是。此是祭公箴穆公之語，須如某說，其語方切。（卷七〇）

這種注重訓詁，認真而嚴謹的治學態度，是和朱熹慣於理性思考、絕不盲從的精神分不開的。

《易》本為卜筮之書，其如何成書，直到現在仍是一個謎。卦辭最為古老、原始，許多已不可了解。但後儒拘於「聖人所作」，強不知以為知，弄得十分牽強，朱熹則敢於實事求是，明白指出許多卦辭不可解，如：

> 「鶴鳴子和」亦不可曉，「好爵爾靡」，亦不知是說甚底。《繫辭》中又說從別處去。（《語類》卷七三）

> 《困卦》難理會，不可曉，易中有數卦如此。《繫辭》云：「卦有大小，辭有險易，辭也

> 者，各指其所之。」《困》是個極不好的底卦，所以卦辭也作得如此難曉。……（同上）
>
> 《中孚》、《小過》兩卦，鶻突不可曉，《小過》猶甚。如云「弗過防之」，則是不能過防之也，四字只是一句。至「弗過、遇之」，與「弗遇、過之」，皆是兩字為絕句，意義更不可曉。（同上）
>
> 《頤》六四一爻理會不得，雖是恁地他解，畢竟曉不得如何是施於下，又如何是虎？（《語類》卷七一）
>
> 《既濟》、《未濟》所謂濡尾濡首，分明是說野狐過水。今孔子解云「飲酒濡首」，亦不知是如何？只是孔子說，人便不敢議。他人便恁地不得。「只是而今也著與孔子分疏」。（《語類》卷七三）

這些自白，也體現了朱熹思想解放、輕鬆自如，以平常心看待《易》的精神風貌。比之於當時一些學者一提「聖人」就誠惶誠恐、絕不敢道半個不字的精神狀態，大有不同。這是朱熹的自信處，也是朱熹的高明處。

當然，朱熹所謂「本義」，也並非原始《易》的本義。他主觀上希望不要以《彖》、《象》、《文言》、《繫辭》解《易》，但「一陰一陽之謂道」是《繫辭》提出的。朱以之為基礎，解所謂伏羲、文王之《易》，就仍然是以《繫辭》解《易》；至其大量引用象數、卦氣、卦變以解《易》，就更遠離《周易》之原始本義了。但雖然如此，他提出的解《易》必須注意區分《易》變化發展的不同情況與階段，這一歷史的、學術的眼光與方法，及注意字義訓詁的治學態度仍然是很有價值的。

第七章 《四書集注》中的心性思想

朱熹以畢生精力對《四書》進行注釋。孝宗興隆元年（西元一一六三）成《論語集義》、《論語訓蒙口義》。乾道八年（西元一一七二）成《論孟集義》。淳熙四年（西元一一七七）成《論孟集注》、《或問》。乾道三年（西元一一六七），修改《大學章句》，淳熙元年（西元一一七四）成《中庸章句》，十六年（西元一一八九）寫《大學章句序》、《中庸章句序》，並繼續修改兩書不輟。光宗紹熙三年（西元一一九二）成《孟子要略》。《四書集注》確貫注著朱熹畢生的心血。

第一節 《論語集注》

朱熹自己論《論孟集注》說：「某《孟語集注》，添一字不得，減一字不得。」（《語類》卷一九）「《論語集注》如秤上稱來無異，不高些，不低些。」（同上）「某於《論孟》四十餘年理會，中間逐字稱等，不教偏些子。」（同上）可見其對工作的精思慎審，字斟句酌。了解朱熹思想的實質與特徵，《論孟集注》幾乎可以作為定論，較之《語類》更有價值。

《論語集注》在義理解釋上主要是吸收、繼承二程的思想。朱熹在《論語要義序》中說：「河南二程先生，獨得孟子以來不傳之學於遺經。熹年十三四歲時，受其說於先君，未通大義而先君棄諸孤。中間歷訪師友，以為未足，於是偏求古今諸儒之說，合而編之。誦習既久，益以迷眩。晚親有道，竊有所聞，然後知其穿鑿支離者，故無足取；至於其餘，或引據精密，或解析通明，非無一辭一句之可觀，顧其於聖人之微意，則非程氏之儔矣。」（《文集》卷七五）《論孟集義序》又說：「論孟之書，學者所以求道之至要。古今為之說者，蓋已百有餘家。……然自秦漢以來，儒者類皆不足以與聞斯道之傳。宋興百年，……有二程先生者出，然後斯道之傳有繼，其於孔氏孟氏之心，蓋異世而同符也。故其所以發明二書之說，言雖近而索之無窮，指雖遠而操之有要，所以興起斯文，開悟後學者，可謂至矣。」（《文集》卷七五）但實際上，朱與程頤兩人的哲學傾向是很有區別的。這種區別，在《集注》中有鮮明的表現。

其為人也孝弟。

孝弟為仁之本。（《論語・學而》）

《集注》說：「本，猶根也。仁者愛之理，心之德也。」朱熹《記謝上蔡論語疑義》曾說：「蓋性之所有而根於心者，莫非真實，不但孝弟為不偽也。但孝弟乃人心之不可已者，所發最親切，所繫最重大，故行仁之道，必自此始，非謂充擴孝弟可以求仁也。」（《文集》卷七〇）這裡，「性之所有」指仁、義、禮、智等等，「根於心」，根指根源、本根，如樹之根。仁義禮智是性，但根於心，發於心。此性在心，未發時，無形無象，只是理，已發時則為情，而兩者之統一的載體、主體、統體則是心。故《語類》卷二〇論「孝弟為仁之本」時，朱指出：「譬之一粒穀，春則發生，夏則成苗，秋則結實，冬則收藏，生意依舊包在裡面。每個穀子裡有一個生意藏在裡面，種而後生也。」以生意喻仁，喻性，以發生、成苗、結實等活動喻情，穀喻心。性如穀種之為某穀種（為粟、為禾等）之理，作為性理，它是能脫離一個個的穀粒而存生的，好像先天地存在於一形而上的理世界之中，具體實存的穀粒作為形而下，是搭載「理」、使理有著落的實體。但實際上，某穀種之理是依於某穀種而存在的，它即是某穀種之本性、德性，是穀種所本具、內具，或「先驗地」內具的。因此歸根究底，性是心之性理，此性以心為根。穀種的比喻源於程頤，但程頤對心與性的關係講得不明確。在朱熹的比喻中，心在心性情三者的關係中，地位與作用很明確。

程頤解此章說：「孝弟，順德也。……孝弟行於家，而後仁愛及於物，所謂親親而仁民也。故為仁以孝弟為本，論性則以仁為孝弟之本。」（伊川先生《經說·論語說》）程頤的注，集中於闡釋孝弟與仁兩者之間的關係，不涉及仁、性與心的關係。嚴格地說，程頤主要是以理釋仁，不講仁是心之德，仁是人心。

七十而從心所欲不逾矩。《為政》

程頤注解說：「孔子生而知之也，言亦由學而至，所以勉進後人也。立，能自立於斯道也。不惑則無所疑矣。知天命，窮理盡性也。耳順，所聞者通也，從心所欲不逾矩，則不勉而中矣。」胡寅說：「聖人之教亦多術，然其要使人不失其本心而已。欲得此心者，惟志乎聖人所示之學，循其序而進焉。至於一疵不存，萬理明盡之後，則其日用之間，本心瑩然，隨所意欲，莫非至理。蓋心即體、欲即用，體即道、用即義，聲為律而身為度矣。」（《集注》）朱熹於胡氏注大加稱讚、發揮，說：「胡氏不失其本心一段極好，盡用仔細玩味。聖人千言萬語，許多說話，只是要人收拾得個本心，不要失了，日用間著力摒去去私欲，扶持此心出來。理是此心之所當知，事是此心之所當為，不要埋沒了他可惜。只如修身齊家治國平天下，至大至小，皆要此心為之。人心自有許多道理，不待逐旋安排入來。聖人立許多節目，只要人剔刮將自家心裡許多道理出來而已。」（《語類》卷二三）胡氏所講「本心」，主要是指道德良知之心，天理瑩然之心。朱熹完全同意胡氏的觀點，故說「聖人千言萬語，許多說話，只是要人收拾得個本心，不要失了。」這也就是孟子講的，「學問之道無他，求其放心而已。」孟子的「求其放心」，主要是指不失其仁義之良心，也包括專心致志，專注精神，不要一心以為有鴻鵠將至。朱熹亦是如此，故說「理是此心之所當知，事是此心之所當為。」「所當知、所當為」，一是說應當發揮心當知當為的功用、作用；一是說理即是心之所當然知道的道理，事是心所當然認為應做的事業。故接著說：「人心自有許多道理，不是外面安排逐旋入來的。」學習聖人的教導，不過是用它來啟發自己心中已具的道理而已。這是鮮明的心學思想。程頤對《論語》的解說，總是從道理上說，從字義上說，從「理」字上說；不講心，沒有心的地位與作用。朱熹雖認為程頤的解釋合乎正道，不是曲解，沒有流為異端之弊，但其真正從心裡感奮讚賞，引起共鳴發揮的，是胡寅這種心本論的思想。

察其所安。《為政》

此條程頤無說。《集注》作一般字義的解釋，但《語類》卷二四有如下一段話：

問：「察其所安云，今人亦有做得不是底事，心卻不安又是如何？」曰：「此是良心終是微，私欲終是盛，微底須被他盛底勝將去。微底但有端倪，無力爭得出，正如孟子說『非無萌孽之生』一段意。當良心與私欲交戰時，須是在我大段著力與他戰，不可輸與他。只是殺賊一般。一次殺不退，只管殺，數次時，須被殺退了。私欲一次勝他不得，但教其真個知道他不好了，立定脚跟，只管硬地自行從好路去，待得熟時，私欲自住不得。」

這裡講良心，引孟子，完全是心學的說法。以後王陽明發揮說：「汝若於貨色名利等心，一切皆如不做盜賊之心，一般都消滅了，光光只是一個心之本體，看有甚閑思慮。此便是寂然不動，便是未發之中，便是廓然大公，自然感而遂通，自然發而中節，自然發而物事順應。」（《傳習錄上》）「須教他省察克治，省察克治之功則無時而可間，如去盜賊，須有個掃除廓清之意。無事時將好色好貨好名等私逐一追究，搜尋出來，定要拔出病根，永不復起，方始為快。」（同上）就是說，「存天理，滅私欲」就是良心與私欲的搏鬥。天理即是良心，良心即是天理。王陽明如此，朱熹亦是如此。

人而不仁如禮何，人而不仁如樂何。（《八佾》）

程頤解釋說：「仁者天下之正理，失正理則無序而不和。」（伊川先生《經說・論語說》）朱熹評論說：「程子說固好，但少疏，不見得仁。仁者本心之全德。人若本然天理之良心存而不失，則所作為自有序而和。若此心一放，只是人欲私心做得出來，安得有序，安得有和。」（《語類》

卷二五》直指程頤「不見得仁」，因為程頤不講仁是「心之德」，是人之本然天理之良心。朱熹則強調仁是天然本有之良心，人之良心不存，則作為失序、不和，當然就談不上禮樂了。程頤強調的是理，朱熹強調的是心、本心、良心。

朱熹說本於游氏（游酢）：「人而不仁，則人心亡矣，其如禮樂何哉；言雖欲用之，而禮樂不為之用也。」（《集注》）此章朱注以游氏置程頤之前，說明朱熹對程頤的批評是深思熟慮的。《語類》卷二五載：「道夫問：『《集注》舉三說，若游氏則言心，程氏主理，李氏謂待人而後行。』曰：『所疑者何？』曰：『今觀前二說與後說不相似。』曰：『仲思以為如何？』曰：『此正苟非其人，道不虛行之意。蓋心具是理，而所以存是心者則在乎人也。』曰：『恁地看，則得之。』」道夫突出游氏、程氏的區別是心與理的區別，這是很準確的。朱熹對道夫的回答則充分予以肯定。

> 吾道一以貫之。
>
> 夫子之道忠恕而已矣。（《里仁》）

程頤說：「惟天之命，於穆不已，忠也。乾道變化，各正性命，恕也。」（《程氏外書．胡氏本拾遺．伊川語》）未明確講心；《集注》則突出聖人之心、天地之心，說：「聖人之心，渾然一理，而泛應曲當，用各不同。曾子於其用處，蓋已隨事精察而力行之，但未知其體之一爾。」就是說，聖人之能大德敦化，小德川流，渾然天理，泛應曲當，是因為心體瑩然，無私欲障蔽。《語類》卷二七釋此章時，又反復說：

只是從這心上流出，只此一心之理盡貫眾理。

聖人之心，渾然一理，他心理盡包這萬理。

此一源之水，人只是一個心。如事父孝也是這一心，事君忠、事長弟也是這一心，老者安、少者懷、朋友信皆是此一心。精粗本末，以一貫之，更無餘法。但聖人則皆自然流行出來，學者則須是施諸己而不願，而後勿施於人，便用推將去。

直卿問：「程子言如心為恕，如心之意如何？」曰：「萬物之心，便如天地之心，天地之心便如萬物之心。天地之生萬物，一個物裡面便有一個天地之心；聖人於天下，一個人裡面便有一聖人之心。聖人之心自然無所不到，此便是乾道變化，各正性命，聖人之忠恕也。」（道夫）

這些，很明確地都是從心學立論。

> 我不欲人之加諸我，我亦無加諸人。《公冶長》

程頤對此章的解釋共四見，如《經說・論語說》、《外書・胡氏拾遺》、《遺書・唐棣錄伊川語錄》、《遺書・劉元承手編伊川先生語》，但內容大同小異，基本上是說：「我不欲人之加諸我也……是恕，未至於仁。」未涉及本體、心、不忍人之心等。《集注》說：「子貢言，我所不欲人加於我之事，我亦不欲以此加之於人。此仁者之事，不待勉強，故夫子以為非子貢所及。」《語類》解釋說：「子貢謂此等不善底事，我亦無以加於人，此意可謂廣大，然夫子謂非爾所及，蓋是子貢功夫未到此田地。學者只有個恕字，要擴充此心，漸漸勉力做向前去。如今便說『無欲加諸人』，無者自而然。此等地位，是本體明淨，發處盡是不忍之心，不待勉強，乃仁者之事。」（卷二八）這裡，「本體」指道德本心、不忍人之心、仁心，它是人人生而具有的，但唯聖人「本體明淨」，流行發用，自然而然，泛應曲當，無不合於天理。一般人則為私欲所蔽，須待修養、勉強，才能如此。亦完全從心學立論。

> 回也其心三月不違仁，其餘日月至焉而已矣。《雍也》

程頤說：「三月天道小變之節，言其久也。過此則聖人矣。不違仁，只是無纖毫私欲。少有私欲，便是不仁。」沒有正面提出仁與心的關係。《集注》則說：「仁者心之德，心不違仁者，無私欲而有其德也。」「或問：『仁，人心也，則心與仁宜一矣，而又曰心不違仁，則心之與仁又若二物。』曰：『孟子之言非以仁訓心也，蓋以仁為心之德也。人有是心則有是德矣。然私欲亂之，則有是心而不能有是德，此眾人之心每至於違仁也。克己復禮，私欲不萌，則即是心而是德存焉，此顏子之心所以不違於仁也。故所謂違仁者，非有兩物而相去；所謂不違仁，非有兩物而相依也。深體而默識於言意之表，則庶乎其得之矣。』」（《或問》）《語類》說：「仁與心本是一物，被私欲一隔，便違去，卻成為兩物；若私欲既無，則心與仁便不相違，合成一物。心猶鏡，仁猶鏡之明。鏡本來明，被塵垢一蔽，遂不明。若塵垢一去，則鏡明矣。」（卷三一）「耳無有不聰，目無有不明，心無有不仁。然耳有時不聰，目有時不明，心有時不仁。問莫是心與理合而為一。曰：不是合，心自然是仁，然私欲一動便不仁了。所以『仁，人心也』。」（同上）「仁即是心，心如鏡相似，仁便是個鏡之明，只為有少間隔，便不明。顏子之心已純明了。」（同上）這裡，朱熹把仁與心的關係講得十分清楚。從概念上分疏，仁不是心，正如理不是心，心亦不是理一樣，混淆了，以兩者為一，取消了其各自的內涵與外延，無法說明問題。但兩者又並非無內在關係的兩物。心如鏡，仁猶鏡之明。就是說，仁是心本質內在的德性、屬性，離心無仁，但心仍是心。心被私欲隔蔽時，仁違去了，但不是說仁之本體——心不存在了。它仍然存在著，仁亦存在著，只是不能表現，不能發用出來而已。只要克去私欲，本體之仁就自己表現出來，好像從外回來了一樣。但實際上它不是從外回來，是本來就在這裡，只是得以復現而已。這種心與仁與理的關係，在陸象山、王陽明那裡，本質上亦是如此的。

> 仁遠乎哉，我欲仁，斯仁至矣。《述而》

程頤注此條說：「為仁由己，欲之則至，何遠之有。」基本上是文字字義解釋，可以理解為只要立志、努力、願意，都可以做到仁。《集注》則說：「仁者心之德，非在外也。放而不求，故有以為遠者；反而求之，則即此而在矣，夫豈遠哉！」亦完全是心學的法。

> 志於道，據於德，依於仁。《述而》

此條程頤無說。《集注》則說：「依者不違之謂。仁則私欲盡去而心德之全也。功夫至此而無終食之違，則存養之熟，無適而非天理之流行矣。」《語類》說：「事父母則為孝德，事兄長則為悌德。德是有得於心，是未事親從兄時已渾然全是孝悌之心，此之謂德。」（《語類》卷三四）朱熹常講「理得於天而具於心也。」「理具於心」即是心之德，故理絕不在心外，絕不是透過認識而得以為心之德的。《語類》又說：「德是道之實，仁是德之心。」（同上）「仁者人之本心也。」

依如依乎《中庸》之依，相依而不舍之意，既有所據守，又當依於仁而不違。」（同上）「依於仁，仁是個主，即心也。依於仁，則不失其本心。」（同上）「人之心本仁，才傷著本心，則便不仁矣，」（同上）仁即本心，心之本體，此本心、心之本體即是性，或人的本然之性，從性說它是理，從實體說，即是心。

為仁由己，而由人乎哉。（《顏淵》）

程頤說：「非禮處便是私意，既是私意，如何得仁。須是克盡己私，皆歸於禮方是仁。」雖然講克去私欲才能為仁，但始終不講仁是心之德，是本心。朱熹則必講明這點。故《集注》說：「仁者本心之全德。克，勝也；己，謂身之私欲也。……為仁者所以全其心之德也。蓋心之全德莫非天理，而亦不能不壞於人欲。故為仁者必有以勝私欲而復於體，則事皆天理而本心之德復全於我矣。」

性與天道。（《公冶長》）

此條程頤僅說：「此子貢聞夫子之至論，而嘆美之言也。」（《經說論語》）完全不涉及心之本體——性，這一本質。《語類》則說：「性者人所受於天，有許多道理，為心之體者也。天道者謂自然之本體所以流行而付與萬物、人物得以為性者也。」（卷二八）說性是心之本體，或心之本體是性，實質上是說心所認為應當做（如愛人利物）的道理是性，用現代的話來說，性即心所先驗地（自然、非上帝所授，非後天經驗所得）具有的道德法則。因其為心具有，能發為情，而使處事應物皆符合於天理——道德準則，故此性可稱為道德理性。用朱熹的話說是「受於天有許多道理為心之體者也。」此道德理性即人之所以為人者，也即人的性或人的本質。

從以上條文，可以清楚地看到，朱與程頤兩人之哲學傾向，確是有理學與心學的重大區別的。

第二節 《孟子集注》

程頤論孟子說：「孟子有功於聖門，不可勝言。仲尼只說一個仁字，孟子開口便說仁義。仲尼只說一個志字，孟子便說許多養氣出來。只此二字，其功甚多。」（《四書纂疏》引）「孟子有大功於世，以其言性善也。」（同上）「孟子性善養氣之論，皆前聖所未發。」（同上）說來說去，在程頤心目中，孟子和孔子的不同，其特點和貢獻是在於仁義並提，講性善，講養氣。朱熹則突出孟子的心學特徵，說：

孟子謂仁義禮智根於心，只根字甚有意，如此用心，義理自出。（《語類》卷五三）

《論語》之書，無非操行、涵養之要。七篇之書，莫非體驗、擴充之端。……孟子言性善、存心、養性，孺子入井之心，四端之發，若火始燃、泉始達之類，皆是要體認得這心性下落，擴而充之。（卷一九）

《論語》不說心，只說實事，孟子說心。（同上）

這種不同，亦見於《孟子集注》之中諸多具體條文，如：

何必曰利，亦有仁義而已矣。（《梁惠王章句上》）

程頤注此條，說：「君子未嘗不欲利，但專以利為心則有害。惟仁義則不求利而未嘗不利也。當是（孟子）之時，天下之人唯利是求，而不復知有仁義，故孟子言仁義，而不言利。所以拔本塞源而救其蔽，此聖賢之心也。」《集注》則說：「仁者心之德，愛之理；義者心之制，事之宜也。」「仁義根於人心之固有，天理之公也。利心生於物我之相形，人欲之私也。」《語類》說：「仁義禮智根於心，便見得四端著在心上，相離不得，才有些私意，便鏟斷了那根，便無生意。」（卷六）「義是那良知良能底發端處，雖小兒子莫不愛父母，到長大方理會到從兄，所謂及其長也，無不知敬其兄，此義發端處。」（卷五六）因此，不是有個仁義的準則、天理在心外，通過心之認知而為仁、為義。相反，仁義就是良知、良能之發端處。這是鮮明的心學思想。程頤則不僅未從仁義根於心上論仁義，甚至以仁義為利。

> 有牽牛而過堂下者，……吾不忍其觳觫。（《梁惠王章句上》）

此條程頤無說。《集注》說：「王見牛觳觫而不忍殺，即所謂惻隱之心，仁之端也；擴而充之，則可以保四海矣。」「或問：『齊王不忍一牛之死，其事微矣，而孟子遂以是心為足以王者，何也？』曰：『不忍者心之發，而仁者天地生物之心而人之所以為心者也。是心之存，則其於親也，必知所以親之；於民也，必知所以仁之；於物也，必知所以愛之矣。然人或蔽於物欲之私而失其本心之正，故其所發有不然者；然其根於天地之性者則終不可得而亡也。故間而值其不蔽之時，則必隨事而發現焉……。古之聖王所以博施濟眾而仁復天下，亦即是心以推之而已，豈自外至哉。』」（《四書纂疏》引）王陽明說，有孝親之心，始有孝親之理；有仁民愛物之心，始有仁民愛物之理。朱熹上面的說法，正是如此。王陽明不講仁心之天理根源，朱熹則指出它源於「天地生物之心」。此「生物之心」是「天地之性」，賦於人，即是人的「天地之性」，也即人的仁心。

人皆有不忍人之心。（《公孫丑章句上》）

程顥注此條，說「滿腔子惻隱之心。」《集注》則說：「天地以生物為心，而所生之物，因各得夫天地生物之心為心，所以人皆有不忍人之心也。」《語類》說：「人皆有不忍人之心者，是得天地生物之心為心也。蓋無天地生物之心，則沒這身。才有這血氣之身，便具天地生物之心矣。」（卷五三）朱熹的「天地生物之心」，是說天地以生物為目的，故此心人得之即為仁義之心。

王丈說，孟子惻隱之心一段，論心不論性。曰：「心性只是一個物事，離不得。」孟子說四端處最好看，惻隱是情，惻隱之心是心，仁是性，三者相因。橫渠云：「心統性情」，此說極好。（同上）

愛親敬兄，皆是此心本然，初無可見，及其發而接物，有所感動，此心惻然，所以可見。（同上）

孟子之仁義禮智根於心，心統性情，故說心亦得。（同上）

人之所以為人者，以其有此而已。一心之間，渾然天理，雖曰二物，其實一理，蓋仁即心也，不是心外別有仁也。（卷六一）

這些論述，把朱熹「心因性而發」、「根於心」的心學特徵，突顯得十分清楚。謝上蔡說：「人須識其真心。方乍見孺子入井之時，其心怵惕，乃真心也；非思而得，非勉而中，天理之自然也。內交要譽，惡其心而然，即人欲之私矣。」上蔡這裡的心學思想，十分鮮明，故朱熹在《集注》中特加引用。

兩相比較，可以看出，程頤實際上是理本論的思想。朱熹、謝上蔡則雖講天理自然，實際卻是心本論的說法。

> 大人者，不失其赤子之心者也。（《離婁章句下》）

此條程頤無說。《集注》則說：「大人之心，通達萬變；赤子之心，則純一無偽而已。然大人之所以為大人，正以其不為物誘而有以全其純一無偽之本然，是以擴而充之，則無所不知，無所不能，而極其大也。」「無所不知，無所不能」，即朱熹在《大學章句》中所講「豁然貫通」、「吾心之全體大用無不明」、「眾物之表裡精粗無不到」之意。人只要擴充人之生而既具的純一無偽之心，也即道德本心，即可達此境界，不須外求。這也是鮮明的心學思想。

> 雖存乎人者，豈無仁義之心哉。（《告子章句上》）

程頤注此條，只講「操守之道，敬以直內」，完全不提「仁義之良心」、「本心」。《集注》則說：「良心者，本然之善心，即所謂仁義之心也。」「聞之師曰：『人，理義之心未嘗無，唯持守之即在爾。若於旦晝之間，不至梏亡，則夜氣愈清。夜氣清，則平旦未與物接之時，湛然虛明，氣象自可見矣。』」師，指李桐。李侗的思想是心學思想。朱熹上面講的「良心」、「善心」、「仁義之心」即發揮李侗思想。

堯舜之道，孝弟而已矣。（《告子章句下》）

此條程頤無說。《集注》引陳氏曰：「孝弟者，人之良知良能，自然之性也。堯舜人倫之至，亦率是性而已，豈能加豪末於是哉。」良知良能即自然之性，自然之性即是良知良能。故性即良知，理即良知。

盡其心，知其性；知其性則知天矣。（《盡心章句上》）

《集注》說：「心者人之神明，所以具眾理而應萬事者也。性則心之所具之理，而天又理之所從出者。」就是說，仁義內具於心，就是人之善性。因其自然如此，故說「天又理之所從出者」。「天」也即自然本有之意。

程頤注此條說：「心也，性也，天也，一理也。自理而言謂之天，自稟受而言謂之性，自存諸人而言謂之心。」（《四書纂疏》引）按程頤這裡的意思，性是人與物都具有的，故說「自稟受言謂之性」。但「心」是人獨具的，人稟受之性，即存之於心，故說「自存諸人而言謂之心」。顯然，這裡存是「內存」，不是後天通過認識而得的「積存」。用康德哲學的名詞說，是先驗地具有。這是程頤以心論性的最明確的說法。以後王陽明講「心即理」，也有類似的說法。但程頤未加發揮，其思想的基點仍然是理本論。朱熹則以之為自己思想的基點，在《孟子集注》中大加發揮，成為《孟子集注》基本指導思想。故程頤仍是理本論，朱熹則轉入了心本論。

朱熹對《論語》和《孟子》有統一的了解，即兩者都是對人之仁義本心的闡發。《語類》卷一九說：「問：『《論語》書未嘗說一心字，至孟子只管拈人心字說來說去，曰推是心，曰求放心，曰盡心，曰赤子之心，曰存心，莫是孔門學者自知理會個心，故不須聖人苦口，到孟子時，世變既遠，人才漸漸不如古，故孟子極力與言，要他從個本原處理會否？』曰：『孔門雖不曾說心，然答弟子問仁處，非理會心而何？仁即心也，但當時不說個心字耳，此處當自思之。』」朱熹有此根本見解與體認，故其《論孟集注》對仁的解釋，對性、天道、忠、恕等等的解釋，無不以心為基礎，以心為本原。程頤則不僅於《論語》未體認到心，於《孟子》亦只看到性，而未注意及「心」。

釋氏強調「識心見性」。對佛禪的心性說，程顥是明確肯定與吸收以為己用的，曾說：「孟子曰：『盡其心者，知其性也』，彼所謂『識心見性』是也。」（《遺書》卷一三）「彼」指佛教，「識心見性」即佛教所講的「明心見性」。「識心見性」，可以說是程顥心性思想的基本點。朱熹亦是如此。❶程頤對此則警惕性甚高，故絕不講「性因心而發」，性「根於心」這一點，而強調「書言天序、天秩、天有是理，聖人循而行之，所謂道也。聖人本天，釋氏本心。」（同上）由此可見，在《論孟集注》中，朱熹的哲學思想實質是心學思想，是與程顥一致而與程頤有別的。

第三節　《中庸章句》

程頤說：「孔子沒，傳孔子之道者，曾子而已。曾子傳之子思，子思傳之孟子，孟子死，不得其傳。至孟子而聖人之道益增。」（《二程遺書》伊川語）朱熹作《中庸章句》，完全繼承程頤對《中庸》的上述見解；但朱熹與程頤在《中庸》注中發揮的哲學思想，區別卻十分明顯。

程頤解《中庸》篇名說：「中者只是不偏，偏則不是中；庸只是常，猶言中者是大中也，庸者是定理也。定理者，天下不易之理也，是經也。」（《二程遺書》卷一五）強調的是理、定理，

❶ 參見本書第十二章《朱熹思想與佛禪》。

朱熹《中庸或問》則引進心之未發、已發以解釋《中庸》，說：「不偏不倚者，程子所謂在中之義，未發之前，無所偏倚之名也。不偏不倚，猶立而不近四旁，心之體、地之中也；無過不及，猶行而不先不後，理之當、事之中也。故於未發之大本，則取不偏不倚之名；於已發而時中，則取無過不及之義，語固各有當也。然方其未發，雖未有無過不及之可名，而所以為無過不及之本體實在於是；及其發而得中也，雖其所主不能不偏溢於一事，然其所以無過不及者，是乃無偏倚者之所為，而於一事之中，亦未嘗有所偏倚也。」「未發之大本」是體，「無過不及」是用，「不偏不倚」則是狀未發之「中」這一「大本」。這大本，是性、是理，但它就是心之道德本體。這是朱熹與程頤在《中庸》注釋中顯現的哲學思想的巨大差異。這種差異貫穿於《中庸章句》全書之注釋中，如：

> 天命之謂性，率性之謂道，修道之謂教。

朱熹認為這是《中庸》全書綱領，對之作有長篇大論的發揮。其基本觀點是：

> 蓋所謂道者，率性而已。性無不有，故道無不在。大而父子、君臣，小而動靜、食息，不假人力之為，而莫不各有當然不易之理，所謂道也；是乃天下人物所共由，充塞天地，貫

徹古今；而取諸至近，則常不外乎吾之一心。

蓋天命之性純然至善，而具於人心者，其體用之全本皆如此，不以聖愚而有加損也。然靜而不知所以存之，則天理昧而大本有所不立矣；動而不知所以節之，則人欲肆而達道有所不行矣。

蓋天地萬物本吾一體，吾之心正則天地之心亦正矣，吾之氣順則天地之氣亦順矣，故其效驗至於如此（指致中和而天地位、育萬物）。此學問之極功，聖人之能事，初非待於外，而修道之教亦在其中矣。（以上皆引自《中庸章句》）

這些論述，基本點都是心之本體即性這一心學思想，而它在程頤思想中是難於找到的。

君子之道費而隱。……詩之鳶飛戾天，魚躍於淵，言其上下察也。

此條程頤無解釋。《遺書》謝良佐記程顥說：「此一節子思吃緊為人處，與必有事焉而勿正心之意，同活潑潑地。會得時，活潑潑地，不會得時，只是弄精神。」朱熹發揮說：「程子所謂有事焉而勿正心之意同活潑潑地，則又以明道之體用、流行發現，充塞天地，亙古亙今，雖未嘗有一毫之空闕，一息之間斷，然其在人而見諸日用之間者，則初不外乎此心。故必此心之存而後有以自覺也。……亦曰此心之存而全體呈露、妙用顯行，無所滯礙云爾。」這裡，「活潑潑地」一方面指道體發用流行，充塞天地，無一息之間斷，是活潑潑地。一方面是說此心之存而全體呈露，妙用顯行，無所滯礙，是活潑潑地。兩者可謂「理一分殊」。也就是說，就天地化育言，是道體流行；就人倫日用言，則是心體呈露。「全體呈露」，即良心之本體呈露發現也。《語類》說：「必有事焉，只消此一句這事都了，下面是勿正、心勿忘、勿助長，恰似剩語，卻被這三句而生。只是才喚醒，這物事便在這裡，點著便動；只此便是天命流行處，便是天命之謂性，率性之謂道，便是仁義之心，便是『唯皇上帝，降衷於下民。』謝氏所謂活潑潑地，只是這些子，更不待想像、尋求。」（卷五三）「喚醒這物事」，「這物事」指性、指天命，落實處則指心。離開心講「性即理」，「道理」就不是活潑潑地而是死物了，故說「天命之謂性，率性之謂道，便是仁義之心，便是『惟皇上帝，降衷於下民』」。

君子之道四，丘未能一焉。

此條程頤無說。朱熹解釋說：「蓋所謂道者，當然之理而已，根於人心，而見諸行事，不待勉而能也。」（《中庸或問》）這裡，根於人心，指以人心為根。就是說，所謂理不是別的，即是心（道德本心或道德意志）所認為合當做的道理（事父孝，事君忠，事朋友信等等）。這些當然之理，總而稱之，即是道。

盡人之性則能盡物之性，能盡物之性則可以贊天地之化育。

朱熹解釋說：「天下之理未嘗不一，而語其分則未嘗不殊，此自然之勢也。蓋人生天地之間，稟天地之氣，其體即天地之體，其心即天地之心，以理而言，是豈有二物哉。故凡天下之事，雖若人之所為，而其所以為之者，莫非天地之所為也，又況聖人純於義理而無人欲之私，則其所以代天而理物者，乃天地之心而贊天地之化育，猶不見其有彼此之間也；若以其分言之，則人之所為，又有天地之所不及者，其事固不同也。」（《中庸或問》）按朱熹的意思，「天地以生物為心」，人則以「愛人利物為心」，兩者形式不同，而其為理則一。前者是天之仁心、仁德，後者則是人之仁心、仁德。此仁心、仁德雖是人人都具有的，但聖人無私欲之蔽，能使仁心全體自然發露流行而贊天地之化育。因此，聖人之心即天地之心，天地之心即聖人之心。兩者表現有別，實質則是一而不二的。

由上可見，朱熹雖自稱是繼承、發揮程頤思想，但兩者的哲學思想則是有著巨大差異的。

第四節　《大學章句》

《大學》原為《禮記》中的一篇，由二程開始，受到特別重視。二程說：「《大學》，孔氏之遺書，而初入德之門也。……於今可見古人為學次第者，獨賴此篇之存，而論孟次之。學者必由是而學焉，則庶乎其不差矣。」（朱熹《大學章句》引）朱熹承繼二程這種觀點，說：「《大學》皆孔子窮理正心修己治人之道，……孔子之門，惟曾子獨得其宗。及孟子沒而其傳泯焉。……河南程氏二夫子出，而有以接乎孔孟之傳，實始尊信此篇而表章之；既又為之次其簡編，發其歸趣，然後古者大學教人之法，聖賢經傳之指，燦然復明於世。雖以熹之不敏，亦幸私淑而與有聞焉。顧其為書，猶頗放失，是以忘其固陋，采而輯之；間亦竊附己意，補其闕略，以俟後之君子。」（《大學章句序》）對於二程可謂備極尊崇，並以私淑二程自許。但從哲學思想看，朱熹與程頤之《大學》觀點，在哲學傾向上亦有巨大差異。

程頤關於《大學》格物、窮理、致知的解說，反復申說的是：

> 致知在格物。致，盡也；格，至也。凡有一物，必有一理，窮而至之，所謂格物者也。然而格物亦非一端，如或讀書講明道義，或論古今人物而別其是非，或應接事物而處其當否，

皆窮理也。(《大學或問》引)

凡一物必有一理,窮而至之,所謂格物者也。(同上)

一物格而萬理皆通,雖顏子亦未至此,唯今日而格一物焉,明日又格一物焉,積習既多,然後脫然有貫通處耳。(同上)

如欲為孝,則當知所以為孝之道,如何而為奉養之宜,如何而為溫凊之節,莫不窮究,然後能之,非獨守夫孝之一字,而可得也。(同上)

格物非欲窮盡天下之物,但於一事上窮盡,其它可以類推。至於言孝,則當求其所以為孝者如何。若一事上窮不得,且別窮一事,……蓋萬物各具一理,而萬理同出一源,此所以可推而無不通也。(同上)

物必有理,皆所當窮。若天之所以高深,鬼神之所以幽顯是也。(同上)

人要明理,若只一物上明之,亦未濟事,須是集眾理,然後脫然自有悟處。(《遺書》卷一七)

所強調的,確可理解為:以心之靈明、認知,去窮研萬物、萬事之理。故程頤解「止於至善」,只說「以其理之精微,有不可得而名者,以至善名之。」完全不提「出於性分之不容己。」解「克明俊德」,只說:「克明俊德,此只是說能克明俊德之人。」(《遺書》卷一九)完全是文字上的解說，不及實質。解學與覺則說：「學莫先於致知，能致其知則思日益明，至於久而後有覺爾。書所謂『思曰睿，睿作聖』，董子所謂『勉強學問，則聞見博而知益明』，正謂此也。學而無覺，則亦何以學為也哉？」（《大學或問》）所謂「覺」，是由學而導致的一種境界，完全以聞見、勉強學問、善於運思為前提與基礎，與朱熹一再突出的心學思想迴然有別。

朱熹作《大學．格物補傳》說：

> 右傳之五章，蓋釋格物致知之義，而今亡矣。間嘗竊取程子之意以補之曰：所謂致知在格物者，言欲致吾之知，在即物而窮理也。蓋人心之靈，莫不有知。而天下之物，莫不有理。惟於理有未窮，故其知有不盡也。是以大學始教，必使學者即凡天下之物，莫不因其已知之理而益窮之，以求至乎其極；至於用力之久，而一旦豁然貫通焉，則眾物之表裡精粗不至，而吾心之全體大用，無不明矣。此謂格物，此謂知之至也。

這裡朱熹所謂的「心」一指認知、知覺；一指道德本心、良知。理一指客觀事物之理，在心外；一指仁義道德之理，「得於天而具於心」，為心所先驗地具有。《語類》說：「凡人各有個見識，不可謂他全不知。如孩提之童知愛其親，長知敬其兄，以至是非善惡之際，亦甚分曉。但不推至充擴，故其見識終只如此。須是因此端緒從而窮格之。」（卷一五）「而今便要從那知處推將去，是因其已知而推之，以至於無所不知也。」（同上）「人心之靈莫不有知」，知的重要含義即指這種良知。「莫不因其已知之理而益窮之」，「已知之理」首先也指這種良知之理，或由小學階段涵養踐履所明白的道理。如果「知」只指認知能力、知覺靈明，那麼，「已知之理」就成為無源之水，無本之木了。它從何而來？須從窮理而來。但窮理是「因其已知之理而益窮之」，不是從未知到知。所以如果以向外求索物理、擴充知識解釋《補傳》，《補傳》就成為不通之論，成了對朱熹的極大誤解了。因其講的是擴充「良知」，故所謂「豁然貫通」、「全體大用」云云，實質就是講「存心、養性」、「存天理、滅私欲」，使心之本體全德，能燦然復明。而這也就是「明明德」。所以朱熹一再說：

為學只在「明明德」一句，君子存之，存此而已。小人去之，去此而已。（《語類》卷一四）

格物、致知、誠意、正心、修身，五者皆明明德事。（同上）

明德者人之所得乎天，而虛靈不昧，以具眾理而應萬事者也。但氣稟所拘，人欲所蔽，則有時而昏；然其本體之明，則有未嘗息者。故學者當因其所發而遂明之，以復其初也。（同上）

因其如此，故朱釋「止於至善」，說：「為人君則其所當止者在於仁，為人臣則其所當止者在於敬，為人子則其所當止者在於孝，為人父則其所當止者在於慈，與國人交則其所當止者在於信，是皆天理人倫之極致，發於人心之不容已者。」（《大學章句》）

釋聖人之「盛德」則說：「盛德之善，民不能忘，蓋人心之所同然。聖人既先得之而其充盛宣著又如此，是以皆仰之而不能忘也。」（同上）

釋「克明其德」則說：「此言文王能明其德也。蓋人莫不知德之當明而欲明之，然氣稟拘之於前，物欲蔽之於後，是以雖欲明之而有不克也。文王之心，渾然天理，亦無待於克之而自明矣；然猶云爾者，亦見其獨能明之而他人不能，又以見夫未能明者之不可不致其克之之功。」（同上）

釋心理關係則說：「心之為物，實主於身，其體則有仁義禮智之性，其用則有惻隱、羞惡、恭敬、是非之情，渾然在中，隨感而應，各有攸主而不能亂也。……（發而表現為）當然之則，而自不容已，所謂理也。」「人之一心，湛然虛明，如鑒之空，如衡之平，以為一身之主者，固其真體之本然。……其未感之時，至虛至靜，所謂鑒空、平衡之體，雖鬼神有不得窺其際者，固無得失之可議。及其感物之際，而所應者又皆中節，則其鑒空、平衡之用，流行不滯，正大光明，是乃所以為天下之達道，亦何不得其正之有哉。」（《大學或問》）

論「覺」時則強調對自己良知的體認、體悟，說：「本明之體得之於天，終有不可得而昧者，是以雖其昏蔽之極，而介然之頃，一有覺焉，則即此空隙之中，而其本體已洞然矣。」（《大學或問》）

由於朱熹講的心與理有兩種意義，又以程頤學統私淑自許，對程頤的格物說兼收並蓄，故其心學思路變得含糊、混亂。但儘管如此，朱熹《大學章句》中顯示的心學哲學傾向，還是十分明顯的。

朱熹畢生對《大學》注釋、修改不輟。《年譜》載，慶元六年庚申，七十一歲，三月甲酉，改《大學》之《誠意》章，甲子卒。對於《大學章句》可謂反復修酌，精益求精，直至死而後已。因為一方面力求不離開《大學》的本意，一方面又要發揮他自己的一套哲學見解，所以很費心思。《語類》說：「《中庸解》每番看過，不甚有疑，《大學》則一面看，一面疑，未甚愜意，所以改削不已。」（王昌錄甲寅朱子年六十五以後所聞）所以比較起來，《大學章句》恰恰不是朱熹思想的晚年定論，而只能作為研究朱熹思想的參考。

第八章　朱熹思想與陸象山(一)

陸象山（西元一一三九－一一九二年）是與朱熹同時期南宋重要哲學家，以「心即理」為哲學的中心與綱領，是公認的心學哲學家。淳熙二年（西元一一七五年），朱熹與呂伯恭、陸子壽、陸象山等會於江西鵝湖寺，討論心性之學與為學方法。淳熙八年（西元一一八一年），陸象山訪朱熹於南康，朱邀其至白鹿洞書院講學。陸以義利為題，引起熱烈回響。淳熙十四年（西元一一八七年）至十六年（西元一一八九年），兩人又書信還往，辯論無極、太極問題。這些討論、論辯，突顯了朱陸哲學思想之分歧，學術界一般將其概括為理學與心學的對立。實際上，朱熹的基本觀點亦是心學，不過心學的具體結構與形態與陸有所不同而已。朱陸異同，不是理學與心學的不同，而是心學基礎上兩種具體哲學形態之不同。猶如禪宗中慧能與神秀，雖有頓悟與漸修之分，其為「明心見性」之禪宗，卻是一致的。

第一節 「心本體」與「本心」

陸講「心即理」，說：「人皆有是心，心皆具眾理，心即理也。」（《象山先生全集》卷一一《書・與李宰》）「萬物森然於方寸之間，滿心而發，充塞宇宙，無非此理。」（《全集》卷三四《語錄》）這裡，理即道德之理，心則是道德本心，而非各人所具實然的心氣之心。各人所具實然的心氣之心，帶著各人作為個體、作為現實在時空中具體生活的人所具有的血氣心知的特點，是人人各殊而不可能「萬世一揆」、不容有二的。但陸講的心卻是萬世一揆，絕對同一的。「蓋心一心也，理一理也，至當歸一，精義無二。此心此理，實不容有二。」（《全集》卷一《書・與曾宅之》）「此心此理，萬世一揆也。」（《全集》卷三四《語錄》）「心只是一個心，某之心，吾友之心，上而千百載聖賢之心，下而千百載復有一聖賢，其心亦只如此。」（《全集》卷三五《語錄》）這種「不容有二」、「至當歸一」的心，實際是一超時空的超越的絕對。但此超時空的超越的絕對，即在人之現實的實然之心中，與之不即不離，而不是在人心之外。因為如果不是如此，它就或者不可能存在並發生現實的作用；或者就只能是「天心」、宇宙之心、聖靈之心了。陸象山所講的不是天心、宇宙之心、聖靈之心，它也就只能是一存在於人心之中的道德本心了。此道德本心，當未發時，不過是心所認為應該如此作的種種當然之則而已，故簡言之，也即是「性」，即是理。

所以當陸象山說「此心此理實不容有二」時，它實質上和朱熹所說「心之體，性也」、「性即理也」，是殊途同歸的。

這種道德之心，朱熹稱為心之本體。陸象山不用本體一詞，而稱為「本心」。陸說：

> 道塞宇宙，非有所隱遁。在天曰陰陽，在地曰剛柔，在人曰仁義。故仁義者，人之本心也。……愚不肖者不及焉，則蔽於物欲而失其本心；賢者智者過之，則蔽於意見，而失其本心。（《全集》卷一《書・與趙監》）
>
> 人受天地之中以生，其本心無有不善，吾未嘗不以其本心望之，乃孟子人皆可以為堯舜，齊王可以保民之義。（《全集》卷一一《書・與王順伯》）
>
> 人之所以異於禽獸者幾希，庶民去之，君子存之。去之者，去此心也，此之謂失其本心。（同上，《書・與李宰》）
>
> 萬物皆備於我矣，反身而誠，樂莫大焉，此吾之本心也。（《全集》卷一二《書・與陳正己》）

朱熹雖常說本體，但也用本心一詞，以說明人之道德之理的本根、本體。如說：

> 聖賢千言萬語，只要人不失其本心。（《語類》卷一二）

胡氏不失其本心一段極好。……聖人千言萬語許多說話，只是要人收拾得本心，不要失了，日用間著力摒去私欲，扶持此心出來。(《語類》卷二〇)

仁者，人之本心也。(《語類》卷三四)

「依於仁」，則不失其本心；既不失其本心，則德亦自然有所據。(同上)

良心者，本然之善心，即所謂仁義之心也。(《孟子集注・告子章句上》)

兄弟之親，天理人倫，蓋有本能之愛矣；雖有不令之人，傲狠鬩閱於其間，而親愛之本心則有不可得而磨滅者。(《文集》卷四〇《答何叔京》第七書》)

人之心本仁，才傷著本心，則便不仁矣。(同上)

求仁之切要，只在不失其本心而已。(《語類》卷九五)

人之本心無有不仁，但既汩於物欲而失之，便須用功親切，方可得其本心之仁。(《文集》卷四〇《答何叔京》第三十書)

初來本心都自好，少間多被利害遮蔽，如殘賊之事，自反了惻隱之心，是自反其天理。(《語類》卷九七)

本心陷溺之久，義理浸灌未透，且宜讀書窮理，常不間斷，則物欲之心自不能勝，而本心之義理自安且固矣。(《語類》卷一一)

仁義禮智豈不是天理，君臣父子夫婦兄弟朋友豈不是天理。若使釋氏果見天理，則亦何必

如此悖亂殄滅一切，昏迷其本心而不自知耶！（《文集》卷五九《答吳斗南》第二書）

設使人無本秉彝之良心，而但有利害之私情，則凡可以偷生免死者，皆將不顧禮義而為之矣。（《孟子集注・告子章句上》）

積明之下，一陽復生，天地生物之心幾於滅息，而至此乃復見耳。在人則為靜極而動，惡極而善，本心幾息而復見之端也。（《周易本義・復卦彖傳注》）

朱熹提出本心、仁義之本心或本體之心，與陸象山一樣，亦是為了區別於思慮營為之心或私欲、意見之心、習俗之心的。此種心或本心、本體，在朱熹體系中，亦是人人所同具，萬世一揆，是形而上的超時空的絕對，和陸象山所講一樣。❶

❶ 有的學者說：「在朱熹哲學中，心只是一個現實的經驗意識的概念，只是一個知覺之心。」「朱熹所說的心體與心之本體實際上是作為靜的意識狀態來理解的。」「性是一個標誌意識系統本質的範疇。」（陳來《國際朱子學會議論文集・論朱熹淳熙初年的心說之辯》，臺北中央研究院中國文史哲研究所籌備處，一九九三年五月）這是套用西方哲學或現代哲學本質與現象一詞之意義而對朱熹哲學所發生的誤解。「意識系統的本質」，這是一完全不清楚、不確定的概念。通常說意識與意識系統，是泛指一般的意識系統，不具道德內容，更不具特定的道德內容。這樣的「性」，在朱熹體系中，它如何能是理？是形而上？更如何能是性理？是仁義道德之本根？說朱熹講的心之本體實際上是指「靜的意識狀態」，這更

實然的心，有聰明睿智，其作用為思慮、思想，其結構是氣之精爽。陸象山不像朱熹這樣明確地從心的種種不同角度予心以不同的定義和描述，但亦是不能避免心的這些不同的定義與描述的，故陸亦說：

> 人之精爽，負於血氣，其發露於五官者，安得皆正。（《全集》卷三五《語錄》）
>
> 人生天地之間，氣有清濁，心有智愚，行有賢不肖，必以二途總之，則宜賢者心必智，氣

不能令人理解。意識狀態，不管如何是靜的，都是意識，是心之已發，它如何能是心之未感未發時之寂然不動之本體？又如何能「偏照萬物」、「與鏡相似」？（《語類》卷三〇）又如何能說「其體廣大而虛明，絕無毫發偏倚，所謂天下之大本者也。」（《文集》卷六七《舜典象刑說》）說「本心」一詞在朱熹體系中毫無意義，則朱熹上述一系列關於「本心」的論述，又如何解釋?!朱熹說，太極即在陰陽之中而又在陰陽之外，套到「本心」（性）與心的關係上，即是：「本心」（性）既在心之中（現實的人之心）、而又在心之外。因其是先驗的，「得於天」而為心所具，故在心之外；因其即是心之本體，故又在心之中。死板地、機械地以之為有二個心，固然是錯誤的；由此以之為根本沒有「本心」，心只是意識與意識活動，就更是對朱熹的誤解。將「本心」理解為「意識的本來狀態、本來面貌、本來特質」，則不僅朱熹的「本心」概念無可理解，即陸象山的「本心」概念，亦無可理解。這是現代人以現代之心理學觀念、哲學觀念去硬套朱陸哲學的結果，其南轅北轍，可以說是必然的。

必清；不肖者，心必愚，氣必濁，乃有大不然者。《全集》卷六《書·與包詳道》

心於五官最尊大。《洪範》曰：「思曰睿，睿作聖」。孟子曰：「心之官則思，思則得之，不思則不得也。」《全集》卷一一《書·與李宰》

心官不可曠職。《全集》卷三五《語錄》

安詳沈靜，心神自應日靈。……心靈則事事有長進。《全集》卷一四《書·與蔡公辯》

這裡，「氣之精爽」、「心靈」、「心官」、「心神」、「智愚」、「氣之清濁」等等，和朱熹的說法是一致的，所指即思慮營為、知覺靈明之心。因其為氣之精爽，為心官、心神，故亦是形而下。

若明知向來聞見之陋，從頭據實理會，則古人之訓，吾心之靈，當會通處多矣。《全集》卷六《書·與傅聖謨》

此心之靈，此理之明，豈外鑠哉！明其本末，知所先後，雖由於學；及其明也，乃理之固有，何加損於其間哉。《全集》卷七《書·與詹子南》

「此心之靈」，即朱熹所謂知覺靈明。朱熹常講「人心之靈，莫不有知」，「天下之物，莫不有理」。陸的提法，和朱如出一轍。

「理」在朱熹體系中，被界定為形而上，與形而下的氣相對。陸沒有這些定義，但從陸象山對「理」的實際使用來看，他的理的內涵與所指，與朱熹亦是一樣的。故陸亦十分強調理的絕對性與永恒性，強調理的主導的決定的作用。如說：

此理在宇宙，未嘗有所隱循，天地之所以為天地者，順此理而無私焉耳。人與天地並立而為三極，安得自私而不順此理哉。（《全集》卷一〇《書・與朱濟道》）

天下有不易之理，是理有不窮之變，誠得其理，則變之不窮者，皆理之不易者也。（卷三二《拾遺・學古入官議事以制政乃不違》）

此理塞宇宙，誰能違之？順之則吉，違之則凶；其蒙蔽則為昏愚，通徹則為明知。昏愚者不見是理，故多逆以至凶。明知者，見是理，故能順以致吉。（《全集》卷三四《語錄》）

這裡講的即是理的超時空之絕對性與永恒性，或理的獨立自在與客觀實在性。明智者見理、依理而行則吉，愚昧者則相反而凶。「見」與「不見」既有顯現、發用流行的意義，又有認知或「見理明」的意義。理的內容，既指道德之理，也包括物理、事理。

觀宇宙一理耳，學者之所以學，欲明此理耳。此理之大，豈有限量？程明道所謂「有憾於

天地，則大於天地者」，謂此理也。三極皆同此理，而天為尊，故曰「惟天為大，惟堯則之。」（《全集》卷一二《書・趙泳道》）

「惟天為大，惟堯則之」，可有兩種解釋：㈠堯是天理的體現。如朱熹所謂聖人之心，純是天理。㈡堯之一言一行都以天理為準。從前一意義講，心與理的關係是心之所發即是理，也即「心即理」。從後一意義講，則心與理是心知與心知對象的關係。故陸和朱熹一樣，強調明理、窮理。明理、窮理，亦有兩種含義：㈠推廣、擴充本心生而即具之理；㈡窮究事理、物理及種種待人接物之理。

佰敏云：如何樣格物？先生云：研究物理。佰敏云：天下萬物，不勝其繁，如何盡研究得？先生云：萬物皆備於我，只要明理，然理不解自明。（《全集》卷三五《語錄》）

此理在宇宙間，何嘗有所礙，是你自沈埋，自蒙蔽，陰陰地在個陷阱中，更不知所謂高遠底。要決裂，破陷阱，窺測破個羅網。（同上）

「自蒙蔽」、「自沈埋」，指蒙蔽、沉埋一己之良心良知。良心良知被蒙蔽、沈埋，仁義道德之理或惻隱辭遜之理，也就不能彰顯了。「苟此心之存，則此理自明，當惻隱處則惻隱，當羞惡、當辭遜，是非在前，自能辨之。」（同上）這裡理即是道德之理。「明」指本心的發用流行。另一種意義是窮究事理、物理，所謂：

格、至也，與窮字究字同義，皆研磨考索，以求其至耳。學者孰不曰我將求至理，顧未知其所知果至與否耳，所當辨所當察者此也。（《全集》卷二〇《序贈・格矯齋說》）

須事事物物不放過，磨考其理。且天下事事物物，只有一理，無有二理，須要到其至一處。（《全集》卷三五《語錄》）

前言往行，所當博識；古今興亡、治亂、是非、得失，亦所當廣覽而詳究之。（《全集》卷一二《書・與陳正己》）

學者須是明理，須是知學，然後說得懲窒。知學後懲窒，與常人懲窒不同。常人懲窒只是就事就末。（《全集》卷三五《語錄》）

不是見理明，信得及，便安不得。（同上）

這些說法，顯然和朱熹格物之說的一種含義是致的。❷由於強調窮理，故在知行問題上，陸亦強

❷ 朱熹「格致」之說的另一種含義是「存天理，滅人欲」，於修齊治平等倫常實踐中，推致擴充吾心本有

謂先知後行，說：

> 欲修其身者，先正其心；欲正其心者，先誠其意；欲誠其意者，先致其知；致知在格物。自《大學》言之，固先乎講明矣。自《中庸》言之，學之弗能，問之弗知，思之弗得，辨之弗明，則亦何所行哉。未嘗學問思辯而曰吾唯篤行之而已，是冥行者也。（《全集》卷一二《書・與趙泳道》）
>
> 宇宙間自有實理，所貴乎學者，為能明此理耳。此理苟明，則自有實行、有實事。（《全集》卷一四《書・與包詳道》）
>
> 智聖雖無優劣，卻有先後。畢竟致知在先，力行在後。（《全集》卷三四《語錄》）
>
> 博學、審問、謹思、明辨、篤行。博學在先，力行在後。吾友學未博，焉知所行者，是當為，是不當為。（《全集》卷三五《語錄》）

因其強調理，故和朱熹類似，陸亦認為「欲明明德於天下，是入大學標的，格物致知則是下手處。」（《全集》卷三四《語錄》）因其強調理，故和朱熹一樣，陸亦有「理處於心」之說：「竊謂理勢二字，當辯賓主。天下何嘗無勢？勢出於理，則理為之主，勢為之賓；天下如此，則為有

之天理。參見本書第四章《「格物致知」說》。

道之世。……今門下誠肯相與扶持此理，洗濯流俗之習，以理處心，以理論事，何幸如之。」(《全集》卷一三《書·與劉伯協》)因強調窮理，陸亦有虛心、平心以求理明之說，謂：「與人商論，固不貴苟從；然亦須先虛心，乃至聽其言。若其所言，與吾有未安處，亦須平心思之，思之而未安，又須平心定氣，與之辯論。……」(《全集》卷四《書·與彭世昌》)這些說法，都是朱熹《文集》、《語錄》中習見的。

事實上，陸本人十分重視讀書，陸論讀書說：

束手不觀，游談無根。(《全集》卷三四《語錄》)

後生看經書，須著看注疏及先儒解釋，不然，執己見議論，恐入自是之域，便輕視古人。(《全集》卷三五《語錄》)

讀書固不可不曉文義，然只以曉文義為是，只是兒童之學，須看旨意所在。(同上)

讀書之法，須是平平淡淡去看，仔細玩味，不可草草，所謂優而柔之，厭而飫之，自然有渙然冰釋、怡然理順底道理。(同上)

所謂讀書，須當明物理，揣事情，論事勢。且如讀史，須看他所以成、所以敗、所以是、所以非處。優游涵泳，久自得力。(同上)

某從來勤理會，長兄每四更一點起時，只見某在看書或檢書，或默坐。常說與子侄，以為

勤他人莫及，今人卻言某懶，不曾去理會。好笑。（同上）

要而言之，在心學基本觀點或仁義道德、天理良心的基本觀點上，在格物、窮理的基本觀點上，陸和朱兩人是基本一致的。許多提法雖然不同，但不並存在理學與心學兩大對立之派別。

第二節　支離與近禪

但朱陸之間互相有激烈的批評，兩者亦確有學術形態和學風的對立。陸對朱最基本的批評是支離、模擬……。朱對陸最基本的批評是近禪。

淳熙二年朱陸鵝湖之會時，陸象山兄弟作詩，突顯了兩者為學的區別。陸梭山的詩說：「提孩知愛長知欽，古聖相傳只此心。大抵有基方築室，未聞無址忽成岑。留情傳注翻蓁塞，著意精微轉陸沈。珍重友朋相切磋，須知至樂在於今。」陸象山的詩說：「墟墓興哀宗廟欽，斯人千古不磨心。涓流滴到滄溟水，拳石崇成泰華岑。易簡工夫終久大，支離事業竟浮沈。欲知自下升高處，真偽先須辨只今。」這是說朱熹為學的支離。故《象山年譜》載：「鵝湖之會，論及教人。元晦之意，欲令人泛觀博覽而後歸之約。二陸之意，欲先發明人之本心，而後使之博覽。朱以陸之教人為太簡，陸以朱之教人為支離。」

陸又說：「君子之道，夫婦之愚、不肖，可以與知能行。……今謂之學問思辨，而於此不能深切著明，依㤜空言，傅著意見，增疣益贅，助勝崇私，重其狷忿，長其負恃，蒙蔽至理，扞格至言，自以為沒世不復，此其為罪，浮於自暴自棄之人矣。」（《全集》卷一《書·與邵叔誼》）「吾嘗與晦翁書云：揣量模寫之工，依放假借之似，其條晝足以自信，其習熟足以自安，此言切中晦翁之膏肓。」（《全集》卷三四《語錄》）這是批評朱的為學之模擬。支離、模擬，有指哲學本體而言，有指為學工夫而言。

朱批評陸象山說：「陸子靜之賢，聞之蓋久；然似聞有脫落文字、直趨本根之意，不知其與《中庸》學問思辨、然後篤行之旨，又如何耳。」（《文集》卷四七《答呂子約》第十五書）「近聞陸子靜言論風旨之一二，全是禪學，但變其名號耳。」（《文集》卷四七《答呂子約》第十七書）朱熹斥陸象山為太簡、近禪，亦同樣就哲學本體和為學工夫兩方面而言。

從陸的心學觀點說，人之道德本心之存在與呈現，實質是人的自信、信仰的問題；它即便可以指點、啟示、引喻、開發、誘導，但本質上是不可能以言說、推理為之論證和系統證明的。故陸象山常常只走便捷簡易之路，以斷言形式、直陳人皆有此心，心皆具此理，此理是天之所賦予、人之所同受者。至於何以謂之天，天怎樣賦予人以「此心」？此心與知覺靈明之心，清濁賢愚之心，是何關係？此心既然是「萬世一揆」，是永恒超越的絕對，何以又在人之現實的知覺靈明之心中等等，這些，陸認為都是不能提出，更不能加以論述、論證的。事實上，也確是如此。這些問題是理智不能論辨、證明的，正如上帝是人的理性、理智所不能論證、證明的一樣。此心作為人的一種信仰與肯認，誠則靈，誠則有，誠則呈現、發用、流行；不誠則無、則亡、則為放侈邪僻；但朱卻竭力要為此道德本心之存在尋求論證，並為此而構造出龐大周密、天人合一的哲學體系，反復論述說：天之為天乃具元亨利貞四德而表現為春夏秋冬者，是至善。其至善乃是「天地生物之心」。人之所以有仁心、愛人利物之心，亦是由於人得「天地生物之心」以為心。人與禽獸之別，在於人之氣稟之清明，能使此天地生物之仁心發用顯露，而禽獸則蔽塞而不通，等等。這些論證，在陸看來，實亦不能論證什麼，確是不勝其支離的。

以後，朱作《玉山講義》，論仁義禮智說：「一心之中，仁義禮智各有界限，而其性情體用又自各有分別，須是見得分明，然後就此四者之中，又自見得仁義兩字是個大界限。……若論體用亦有兩說，蓋以仁存於心而義形於外言之，則曰『仁，人心也，義，人路也。』而以仁義相為體用。若以仁對惻隱，義對羞惡而言，就其一理之中，又以未發、已發相為體用。」（《文集》卷七四）這些說法，事實上也確是十分支離的。

淳熙十五年，朱陸有關於無體太極的討論，朱熹致陸象山書，反復申論說：

不言無極，則太極同於一物，不足為萬化根本；不言太極，則無極淪於空寂而不能萬化根本。

語道體之至極則謂之太極，語太極之流行則謂之道，雖有二名，初無兩體。周子所以謂之無極，正以其無方所、無形狀；以為在無物之前、而未嘗不立於有物之後；以為在陰陽之外、而未嘗不行乎陰陽之中；以為通貫全體，無乎不在，則又初無聲臭影響之可言也。（《文集》卷三六《答陸子靜》第五書）

朱熹的本意，在於闡釋理事關係、理氣關係，但這裡對「無極而太極」的辯護，確亦有支離之嫌。所謂「雖有二名，初無兩體」。「語道體之至極，謂之太極；語太極之流行則謂之道。」所謂「在陰陽之外而未嘗不行乎陰陽之中」等等，語義本身就不十分清楚。故陸象山亦指其支離，說：「若實見太極，上面不必更加無極字，下面更必不著真體字。上面加無極字，正是疊床上之床。下面著真體字，正是架屋下之屋。」（《全集》卷二《書・與朱元晦》）陸並不否認易之「太極」是指謂「理」，「此理乃宇宙之所固有，豈可言無。……極亦此理也，中亦此理也。……充塞宇宙，無非此理，豈可以字義執之乎！」（同上），但陸認為像朱熹那樣，在「太極」前面加「無極」，「太極」後加真體，就是多餘和累贅了。

所以朱陸兩人在哲學本體之建構上，確是有支離與簡易的不同。但雖然如此，其原並非基於一者是心學，一者是理學；一者以心為本原，一者以理為本原；而是學風與學術具體形態的不同。故朱雖然支離、繁瑣、重概念準確與思想命題的精確分疏，但其分疏、繁瑣的本意即在於對心本體與理本體（宇宙論的）作精確解說與闡釋。陸象山則不論講本心，講「太極」（理），都採簡易之路，完全不重概念的分疏。

以「心即理而言」，朱熹認為，這命題如不能以概念的分疏為基礎，予以精細闡釋，它是不可能令人掌握其意義的。事實上，「心即理」可以有兩種含義，一是：心就是理，理就是心，兩者異名而同謂，猶如說張三是李四，李四是張三；太陽是日頭，月亮是太陰等等。但這不能說明任何問題，也顯然不是陸這一命題的意思。另一種含義是：「心之所發即是理」，如發在事親即為孝等等。但這裡的「心」就只能限定是道德之心。如果是好色之心、好食之心、貪圖安逸享受之心，則其所發也就不可能是理，而只能是欲了。因此對「心即理」的闡釋與理解，必須以對心之為心、理之為理進行嚴格的界定為基礎。朱熹一生所執著、為之鞠躬盡瘁的就是這種精細的定義與闡釋。因此，關於心、性、情、知覺與理等等之關係，朱熹都有詳細的說明與界定，如：

> 人之一身，知覺運用，莫非心之所為，則心者固所以主於身而無動靜語默之間者也。然方其靜也，事物未至，思慮未萌，而一性渾然，道義全具，其所謂中，是乃心之所以為體而寂然不動者也；及其動也，事物交至，思慮萌焉，則七情迭用，各有攸主，其所謂和，是乃心之所以為用，感而遂通者也。然性之靜也，而不能不動；情之動也，而必有節焉，是則心之所以寂然感通、周流貫徹而體用未始相離者也。《文集》卷三二《答張敬夫》第十

一書)

心之全體，湛然虛明，萬理具足，無一毫私欲之間，其流行該徧，貫乎動靜，而妙用又無不在焉。以其未發而全體者言之，則性也；以其已發而妙用者言之，則情也。然心統性情，只就渾淪一物（心）之中，指其已發未發而言爾；非是性是一個地頭，情又是一個地頭，如此懸隔也。《語錄》卷五）

等等。這些論說、界定，在朱熹看來，是把心、性、情的關係講清楚了，但在陸象山看來，卻不僅是支離，亦是「揣量模寫之工，依放假借之似，其條畫足以自信，其習熟足以自安」。

朱熹的論說涉及的是心與理（道德）或道德的起源與本質這一哲學與人學的根本問題。這問題是如此複雜，即便今天，哲學家對之亦是難於提出令人清楚、令人信服的解答的。因為「心」既然是知覺、靈明，是認知工具或如康德所謂認知理性，何以可能同時是道德的主體?是善的意志或實踐理性?!這樣的兩種心，作為知覺認知功能的生理、血氣之心與作為道德根源的本體之心，兩者如何能現實地統一與發見、發用?!朱熹說「萬理皆具於心」，「具」如果是存的意思，那麼，理從何來?又如何能先驗地具之於血氣心知之心?如果是根於心的意義，猶如樹之發芽、生長、開花、結果皆原於樹之根一樣，那麼，人的實然之心又如何能有此妙用?!從朱熹所謂「仁義禮智根於心」，「性因心而發」來看，「具」顯然指的是王陽明所謂「心即理」：「遇父便謂之孝，遇兄則謂之弟」之意。但這就回到陸象山「心即理」的老問題：此心，不是實然的血氣心知、知覺靈明之心，而是道德本心，它與血氣認知之心的關係就仍然存在，仍然令人不能了解。所以朱熹雖然指陳、界說了很多，但問題卻是依然如故。

故關於心、性、理、情之關係，陸採簡易的辨法，完全不加分別：「佰敏云：『如何是盡心？性、才、心、情如何分別？』先生云：『如吾友此言，又是枝葉；雖然，此非吾友之過，蓋舉世之弊。今之學者讀書只是解字，更不求血脉。且如人性、心、才，都只是一般事物，言偶不同耳。』佰敏云：『莫是同出而異名否？』先生曰：『不須說得，說著便不是，將來只是騰口說，為人不為己。若理會得自家實處，他日自明。若必欲說時，則在天者為性，在人者為心，此蓋隨吾友而言，其實不須如此，只是要盡去為心之累者。』」(《全集》卷三五《語錄》) 陸這裡有其哲學領悟之高明處，有如老子所謂「道隱於榮華」，「碎言破道」，「道不可言，言而非也。」道是不可能以言語剖析的，因此，陸教學生時只是常說：

> 女耳自聰，目自明，事父自能孝，事兄自能弟，本無欠闕，不必他求，在自立而已。(《全集》卷三四《語錄》)

> 請尊兄即今自立，正坐拱手，收拾精神，自作立宰。萬物皆備於我，有何欠闕！當惻隱時自然惻隱，當羞惡時自然羞惡，當寬裕溫柔時，自然寬裕溫柔，當發強剛毅時，自然發強

剛毅。《全集》卷三五《語錄》

心不可汩沒一事，只自立心。人心本來無事，胡亂被事物牽去。若是有精神，即時便出便好，若一向去，便壞了。(同上)

今既於本上有所知，可略略地順風吹火，隨時建立，但莫去起爐作竈。(同上)

人心有病，須是剝落，剝落得一番，即一番理明，後隨起來，又剝落又清明，須是剝落得淨盡方是。(同上)

風恬浪靜中，滋味自然深長。(同上)

彘鷄終日縈縈，無超然之意，須是一刀兩斷！何故縈縈如此，縈縈底討個什麼？(同上)

仰首望南斗，翻身倚北辰，舉頭望窗外，無我這般人。(同上)

凡事莫如此滯滯泥泥。某平生於此有長，卻不去著他事，凡事累自家一毫不得。(同上)

內無所累，外無所累，自然自在，才有一此子意，便沈重了，徹骨徹髓，見得超然，於一身自然輕清，自然靈。

這些都確乎是「近禪」或禪味。所謂「近禪」或禪味指：㈠陸這些說法，是「不立文字，直趨本根」，和禪宗一樣。所謂「正坐拱手，收拾精神，自作主宰。」「只是自立」等等，在朱熹看來都與此類似。㈡陸講「不著一些子意」，「內外無所累」、「超然」、「自在」，和禪宗「無所住而生其心」一樣，是以清靜無累為宗。㈢陸講「汝耳自聰，目自明……」是以自然之性為性，和佛禪一樣。故朱熹反復批評陸象山說：

> 大抵其學於心地工夫，不為無所見；但便欲恃此陵跨古今，更不下窮理細密工夫，卒並與其所得而失之。人欲橫流，不自知覺，而高談大論，以為天理盡在是也，則其所謂心地工夫者，又安在哉？（《文集》卷五六《答趙子欽》第四書）
>
> 子靜寄得對語來，語意圓轉渾浩無礙處，亦是渠所得效驗；但不免此禪底意思。昨答書戲之云，「這些子恐怕是蔥嶺帶來」。（《文集》卷三五《答劉子澄》第十二書）
>
> 看他意思只是禪。誌公云：「不起纖毫修學心，無相光中常自在」。他只是要如此。（《語錄》卷一〇四）
>
> 今人因孟子之言，卻有見得此意而識義之在內者；然又不知心之慊與不慊，亦必有待講學省察，而後能察其精微者。故於學聚問辨之所得，皆指為外，而以為非義之所在，遂一切棄置而不為，此與告子之言雖若小異，然其實則百步五十步之間耳。（《文集》卷五四《答項平父》第六書）

所以朱陸確有兩種學風的不同。這種不同，其根源在於：朱認為人之心是含道德本心與氣稟之心（人心）而為一的，人有氣稟之異，故「心」並不全然是道德本心、天理良心，亦有隨氣稟而來的物欲之心。所謂「不知初自受得這氣稟不好，今才任意發出，許多不好底，也都作好商量了。只道這是胸中流出自然天理，不知氣有不好底夾雜在裡，一齊滾將去，道害事不害事。」（《語類》卷一二四）「陸子靜之學，看他千般萬般病，只在不知有氣稟之雜，把許多粗惡底氣都把做心之妙理合當恁地，自然做將去。」（同上）在朱熹看來，當陸說「萬物皆備於我，有何欠闕，當惻隱時自然惻隱，當羞惡時自然羞惡……」時，這只有聖人才能如此，凡人則不可能自然如此，當惻隱時可能自然惻隱，當羞惡時可能自然羞惡，但當好色時也會自然好色，好逸時自然好逸，貪生時自然貪生。……故一味強調自然，萬物皆備於我，是會有極大危險的。

和王陽明一樣，陸也認為「滿街都是聖人」。「人皆可以為堯舜，此性此道，與堯舜無以異。」（《全集》卷三五《語錄》）就是說人人之心都是純然天理。朱熹則認為滿街都是凡人、俗人。雖然天賦人以天理良心，但如珠寶掉落在污泥濁水裡，要其不經磨煉而自然發光是不可能的。

陸不講氣稟，故也不重視涵養持敬、進學致知的為學工夫。認為人只要能「立志」、「立乎其大者」，決心去除私心私欲即可。所謂「學苟知本，六經皆我注腳。」（《文集》卷三四《語錄》）朱認為義理不經學習，不由聖賢教導之啟示，人是不可能自然去其心之蒙蔽而復心之本然的。故朱強調學者要以曾顏為榜樣，切實踐履，下學上達，不能越等躐高。朱說：「如人心知此義理，行之得宜，固自內發。人性質有不同，或有魯鈍，一時見未得到，別人說出來，反之於心，見得為是而行之，是亦內也。人心所見不同，聖人方見得盡。今陸氏只要自渠心裡見得底，方謂之內，若別人說底一句也不是，才自別人說出，便指為義外，如此乃是告子之說。……只是專主生知安行，而學知以下一切皆廢。」(《語類》卷一二四)

但這些都不構成理學、心學的區別，而只是兩種心學的區別。猶如禪宗內部之神秀與慧能一樣，雖有漸修與頓悟的不同，但都是以「明心見性」為宗。所以朱熹雖然批評陸近禪，但對其強調「本心」、「心地功夫」、「仁義內在」卻是完全肯定而沒有異議的。故《語類》說：「陸子靜說良知良能四端等處，且成片舉似經語，不可謂不是。」(卷一二〇)「陸子靜之學只管說一個心本來是好底物事，上面著不得一個字，只是人被私欲遮了。若識得一個心了，萬法流出，更都無許多事。他卻是實見得個道理恁地。」(同上，卷一二四)「江南未有人如他八字著腳」(同上)。

第三節 幾個觀念的爭論

陸在一些基本問題，如天理人欲、形上形下問題上，和朱觀點亦有不同，兩人進行過許多辯論；但兩者的區別仍然是概念分疏與具體學術形態之不同所造成。

一、關於天理人欲

陸說：

天理人欲之言，亦自不是至論，若天是理，人是欲，則是天人不同矣。此其原蓋出於老氏。《全集》卷三四《語錄》

書云：「人心惟危，道心惟微。」解者多指人心為人欲，道心為天理，此說非是。心一也，人安有二心。自人而言，則曰惟危，自道而言，則曰惟微。罔念作狂，克念作聖，非危乎？無聲無臭，無形無體，非微乎？（同上）

夫大中之道，固人君之所當執也；然人心之危，罔念克念，為狂作聖，由是而分。道心之微，無聲無臭，其得其失，莫不自我，曰危曰微，此亦難乎。其能執厥中矣，是所謂可畏者也。《全集》卷三二《拾遺》

表面看，這是批評朱熹的，但實際上，這裡關於人心道心的說法，正是朱熹「心一也，人心道心以正不正而異其名」的觀點。「罔念作狂，克念作聖」，正是朱熹講的正與不正。陸不用天理之奧的詞句，但無聲無臭，無形無體，正是其詩書所謂「上天之載」，也就是朱所謂「天理之奧」。

故朱說：「陸子靜說，只是一心，一邊屬人心，一邊屬道心，那時尚說得好在。」（《語類》卷一二四）

朱熹講過天是理，人是欲，但朱熹堅持講天人合一，人得天地生物之心以為心，故完全不是老莊天人兩分的說法。人欲源於何處？不源於天理，而源於氣稟。天無所謂欲。陸雖然不講人欲的氣稟根源，但陸亦十分強調存天理、滅人欲，常說：「人無不知愛親敬兄，及為利欲所昏，便不然；欲發明其事，止就彼利欲昏處指出，便愛敬自在。」（《全集》卷三五《語錄》）「常俗汨沒於貧富貴賤、利害得喪、聲色嗜欲之間，喪失其良心，不顧義理，極為可哀。今學者，但能專意一志於道理，事事要都睹是，不肯徇情縱欲，識見雖未通明，行事雖未中節，亦不失為善人正士之徒。」（《全集》卷四《書・與符復仲》）「人與天地並立而為三極，安得自私而不順此理哉！……人惟不立乎大者，故為小者所奪，以叛乎此理而與天地不相似。」（《全集》卷一一《書・與朱濟道》）「義理未嘗不廣大，能惟義理之歸，則尚何窠穴之私哉！心苟不蔽於物欲，則義理其固有也。」（《全集》卷一四《書・與傅齊賢》）這些，實質上都是「存天理，滅人欲」的觀點。

二、關於形上形下

朱熹有清晰的形上、形下與理、氣二分的觀念，陸象山沒有這種清晰的觀念，但這不妨礙也不否定兩者在人皆有良心、本心、愛人利物之心這一基本點上的一致。形上、形下的明確區分，不過是使朱能更加清晰、細緻、全面和完善地建構其心學或心本體的哲學體系而已。

對形上、形下及道與器、理與氣的關係，朱熹的一個「標準」說法是：本體不離乎陰陽（器、氣）、不離乎陰陽；在陰陽之外而未嘗不行乎陰陽之中；在無物之前而未嘗不立於有物之後。以新實在論的觀點解讀，這裡本體常被說成共相、範型。如朋友之所以然之理，即朋友之為朋友的共相；視之所以然之理，即視之為視的共相；心之所以然之理，即實然之心的共相，如此等等。因此，陰陽之所以然的理，就是陰陽之為陰陽的共相。但實際上朱熹這裡的「本體」，主要是從價值系統的含義上使用的。故其在陰陽之外而又行乎陰陽之中、與陰陽不即不離的「本體」，具體而言，即「元亨利貞」四德，即「天地生物之心」。就人而言，視覺、聽覺與心之所以然之本體，即是它所遵循的道德性命之理，也即視、聽與心所體現、所遵循的當然之理。這實際也是心學的觀點。

陸象山也有理氣二分、道器兩分、形上形下兩分的說法。如《語錄》說：

> 自形而上者言之，謂之道。自形而下者言之，謂之器。天地亦是器，其生覆形載必有理。
> 《全集》卷三五《語錄》

> 或謂先生之學，是道德性命，形而上者；晦翁之學，是名物度數，形而下者。學者當兼兩先生之學。《全集》卷三四《語錄》

後一條雖是當時陸之門人對形上形下的區分與定義，但它亦必是陸所講的觀點。這裡道器、理氣的區分、形上、形下的區分，和朱熹觀點是一致的。

三、關於「一陰一陽之謂道」

《易傳》說：「一陰一陽之謂道。」這裡，道並不指陰陽之所以然，而是指一陰一陽的活動、流行。意思是說，道無處不在，陰陽的對立統一無處不在。也就是說，無處不是陰陽，無處不是陰陽之對立矛盾所形成的運動變化，這就是道。所以道是「過程」。朱熹說：「立天之道曰陰與陽，是以氣言。」（《語類》卷七七）正是指道的這一意義。

《易傳》又說：「形而上者謂之道，形而下者謂之器。」這裡器指形器，即具體的、有形的器物。道指理，指陰陽之所以然；但亦可指構成形器的實體（元素），如陰陽。用現代話說就是物質。形器是形而下，構成所有形器的「物質」，抽象而不可見，是形而上。因此，當淳熙十五年陸與朱辯論「無極、太極」時，關於道與陰陽，由於兩人的理解不同，就形成了意見的尖銳對立。朱反復申說：至於《大傳》「一陰一陽之謂道」，「豈真以陰陽為形而上者哉！正以見一陰一陽，雖屬形器，然其所以一陰而一陽者，此乃道體之所為也。故語道體之極至則謂之太極，語太極之流行，則謂之道。雖有二名，初無兩體。」（《文集》卷三六《答陸子靜》第五書）「若以陰陽為形而上者，則形而下者更是何物？熹則曰：凡有形有象者皆器也，其所以為是器之理者則道也。如是則來書所謂始終、晦明、奇偶之屬，皆陰陽所為之器。獨其所以為是器之理，如目之明，耳之聰，父之慈，子之孝，乃道耳。」（《文集》卷三六《答陸子靜》第六書）朱堅持在「理」這一意義上使用「道」。陸則說：「《大傳》曰「形而上者謂之道」，又曰「一陰一陽之謂道」，一陰一陽已是形而上者，況太極乎。」（《全集》卷二《書・與朱元晦》）「至如直以陰陽為形器而不得為道，此尤不敢聞命。易之為道，一陰一陽而已。先後始終，動靜晦明，上下進退，往來闔辟，盈虛消長，尊卑貴賤，表裡隱顯，向背順逆，存亡得喪，出入行藏，何適而非一陰一陽哉?!」（同上，第二書）這裡，陸象山顯然是在近似於「物質本體」這一意義上使用「道」這一名詞的，故與朱之理解不同。但朱的思想與用辭亦不是十分清楚。如說「語太極之流行則謂之道」。這裡，道即是從陰陽的流行過程而言的。理無形無象，不會經營造作，無所謂「流行」。「天地生物之心」，「人之愛人利物之心」，有發用流行。但這就不是新實在論意義上的「理」，而是價值之源，道德之理，即父之慈，子之孝了。這樣的理，作為形上，陸象山不僅不反對；相反，正是其「心即理也」的思想所固有的。陸說尊卑是道，貴賤是道，上下是道，始終是道。這裏尊卑、貴賤也就是朱熹講的父慈子孝。故關於無極太極的辯論，兩人所爭，實質上也很難說是理學與心學的分歧。

周敦頤「無極而太極」這句話，本來可以有不同的理解。朱釋為「無形而有理」，無極是界說理的無形。陸亦肯定太極是理，但認為加「無極」於太極之上，是床上疊床，指出：「夫太極者，實有理，聖人從而發明之耳。……其為萬化根本，固自素定。」「作《大傳》時，不言無極，太極何嘗同於一物，而不足為萬化根本?!」(《全集》卷二《書・與朱元晦》)《宋史・周敦頤傳》這句話的措辭是「自無極而為太極」，確實可能更好地反映了周的本意。故陸氏兄弟對周《太極圖說》的批評，反復指斥其「無極二字出於老子『知其雄章』，吾聖人之書，所無有也。老子首章，言『無名、天地之始，有名、萬物之母』，而卒同之，此老氏宗旨也。『無極而太極』，即是此旨。」(同上) 朱訓無極為無形，實際上並沒有訓詁的根據。陸指出這點也是對的。雖然陸訓極為中，有如朱所指出是不對的，但朱的說法也都不能說明何以非於太極前加「無極」兩字不可。

要而言之，兩人在形上、形下及道器、無極、太極問題上的異同、爭議，亦很難說表現了心學與理學的分歧。

第九章　朱熹思想與陸象山(二)

朱熹思想實質上是心學觀點，與陸沒有本質區別，這在朱與何叔京、呂子約、項平父等人的通信及「廷對」中，亦有極清楚的表現。

第一節　與何叔京書信中的心學思想

自隆興二年（西元一一六三年）至淳熙二年（西元一一七五年）鵝湖之會，朱熹思想經歷了「中和舊說」、「中和新說」及《仁說》、《觀心說》各有代表性的階段或時期。朱與何叔京通信的十二年，包括了上述的各個階段。

「中和舊說」時期，朱與何叔京之通信，見於《文集》卷四〇《答何叔京》第一、二、三、四、五、六、七、八、九、十、十一書。[1]

其第六書（乾道三年）論躁妄之病說：「……所以有此病者，殆居敬之功有所未至，故心不能宰物，氣有以動志而致然耳；若使主一不二，臨事接物之際，真心現前，卓然而不可亂，則又安有此患哉！」同年，第七書說：「愚聞之師曰：兄弟之親，天理之倫，蓋有本然之愛矣。雖有不令之人，傲狠鬪鬩於其間，而親愛之本心，則有不可得而磨滅者。惟聖人盡性，故能全體此理，雖遭橫逆之變，幾殺其身，而此心湛然，不少動搖。」陸象山鵝湖之會詩云：「斯人千古不磨心。」此「不磨心」，即朱這裡所謂「親愛之本心，則有不可得而磨滅者。」它與人欲、利欲、私欲之心相對，實即人之道德本心。此道德本心，朱又稱之為真心。此真心、道德本心，是天理人倫之根本，見兄而知敬，見弟而知悌，見父而知孝，故凡人倫孝弟之天理，皆由此本心而發。這也即陸象山、王陽明所謂「心即理也」。朱熹和陸、王的不同，在於：朱認為，人有氣稟之偏，私欲之蔽，不可能凡心之所發即皆是天理，唯有聖人生而無氣稟之偏，私欲之蔽，本體湛然，全體此理，才能心之所發即是理，常人則不能如此。常人需加修養的功夫。修養的功夫是居敬。居敬則「心能宰物」，這裡「宰物」不僅指心對物的知覺、認知；更主要的意義是主宰、主導，也即不為物欲所支配，而能以道德本心主導自己的言行，而能行其所當行。故人一旦居敬而能使真心顯現，則心不為物宰，志不為氣動，臨事皆能卓然而不可亂，躁妄之病也就不可能出現了。這是純

❶ 參見錢穆《朱子新學案》第三冊，《朱子象山學術異同》；陳來《朱子書信編年考證》，上海人民出版社，一九八九年版。

正的心學思想，與陸象山是一致的。所不同的是：朱特別強調居敬的修養功夫，而陸則強調「自然而然」即能不失本心。

同年，第八書說：「老兄云，人皆有是善根，故好是懿德。欽夫說見別紙。熹則竊以為老兄此言未失，但不知好者為可欲而以懿德為可欲，此為失耳。蓋好者善根之發也，懿德者眾善之名也。善根，無對之善也；眾善者，有對之善也。無對者以心言，有對者以事言。夫可欲之善乃善之端，而以事言之，其失遠矣。」這裡，朱熹善於概念的細緻的分疏，故對「好」、「懿德」、「可欲」等每一名詞的意義及相互關係，邏輯上都有清楚合理的論說。何叔京則欠缺這一功夫，因而思路不清。朱指出「懿德，眾善之名也」，不是好與可欲本身，而是好與可欲的對象。何叔京則恰恰把它弄混淆了。朱指出，雖然如此，但何指出人皆有「善根」這一基本見解，卻是完全對的。朱說，人之所以對懿德能「好」，此好即是「善根之發」，亦即善根之發用流行。猶如孟子所說，理義之悅我心，悅是心之所發一樣。如果不存在「善根」——道德本心，則對懿德之好、理義之悅，也就不可能了。從有對、無對的分別來觀察，朱說「善根者無對之善也」，「無對者以心言」，也就是說，心即善根。這善根是善的本身，是至善；眾善則是有對之善，也即具體的有名之善。這種善是依存於事的，如對父為孝，對兄為敬等等。而善之為善，則是無對的。此至善之善、善根，只是對心而言，就是說，只是依存於心的。這也是心學的說法。

第十一書中，朱又說：「有對無對之說誠未盡善，然當時正緣『好是懿德』而立文耳。如《易》

所謂『元者善之長也』，元豈與善而二哉。但此善根之發，迥然無對，既發之後，方有若其情、不若其情而善惡遂分。則此善也不得不以惡為對矣，其本則實無二也。」何叔京不明白這些，所以思想顯得混亂。朱熹不僅指出何的混亂之所在，且在邏輯概念上對心與理、心與善等等之複雜關係，進行了清晰的分疏與界說。這是朱熹思想的長處。這些分疏，往往招人誤解，陸更指斥其為支離、模擬、假借；但不管怎樣，朱在這裡顯現的心學見解，是十分清楚的。「善根」這一心學的基本觀念是十分牢固的。

這一時期，當己丑新悟之前，朱熹與湖湘學者游，深受胡五峰及張南軒思想的影響，故在修養方法上持「先察識、後涵養」之說。第十一書（乾道三年）說：「向來妄論持敬之說，亦不自記其云何，但因其良心發現之微，猛省提撕，使心不昧，則是作功夫底本領。本領既立，自然下學而上達矣。若不察於良心發現處，即渺渺茫茫，恐無下手處也。」「先察識、後涵養」，是朱熹這一時期，也即中和舊說時期為學方法之要點。但「中和新說」以後，朱就放棄而加以批評了。故答何叔京第三十一書（乾道五年）說：「示喻必先盡心知性，識其本根，然後致持養之功，此意甚善；然此心此性，人皆有之，所以不識者，物欲昏之耳。欲識此本根，亦須合下且識得個持養功夫次第而加功焉，方始見得。見得之後，又不舍其持養之功，方始守得。蓋初不從外來，只持養得便自著見，但要窮理功夫互相發耳。來喻必先識本根，而不言所以識之之道，則亦未免成兩截也。」這裡，朱雖然批評「先識本根」這一為學方法，但「中和舊說」時的本心、真心、良心之說，仍是一貫堅持的。故在書中，一再肯定「此心此性人皆有之，所以不識者，物欲昏之耳。」

以後，朱熹指出，道心、人心以正不正而異其名，非以人為一心，道為一心也。天理即道心，道心即天理。而道心實際也即所謂本心、真心、仁義之良心，和陸所謂「本心」、「千古不磨之心」實質是一致的。故第二十九書（乾道八年）說：「仁是用功親切之効，心是本來完全之物。人雖本有是心，而功夫不到，則無以見其本體之妙。」第三十書又說：「人之本心無有不仁，但既汩於物欲而失之，便須用功親切，方可得其本心之仁。」「心是通貫始終之物，仁是心體本來之妙，汩於物欲，則雖有是心而失其本然之妙，惟用功親切者，為能復之，如此則庶幾近之矣。」「人未嘗無是心，而或至於不仁，只是失其本心之妙而然耳。然則仁字心字亦須略有分別始得。記得李先生說：『孟子言「仁、人心也」，不是將心訓仁字。』此說最有味，試思之。」朱熹不滿意「心即理」之說，堅持兩者須略有分別。因為仁是心之所發、心之特性，離心雖無仁可言，但不能說心即仁，仁即心。仁是「心體本來之妙」、「心體通貫始終」，也即通貫已發、未發，通貫通動、靜、寂、感，所謂「操則存，舍則亡」，「寂然不動、感而遂通」；但不論何種情況，心體總是貫通始終的；是自滿自足、自本自根的；非操而有，亦非舍而亡。汩於物欲之私時，心體的本然之妙失去了，但心體卻仍然存在著。失去的只是其仁之妙用耳。故朱總結說：「心妙性情之德，妙字是主宰運用之意。」故亦如情是心之所發、是心之本有之用一樣，性亦是心之本有之德。情在發出時，是由心主宰運用的。性作為心之本有之物，亦是由心來體存和存有底。認知是認知心的功能、作用，義理仁義道德等則是道德本心的呈露與妙用。故不論「中和舊說」與「新說」時，朱的心學思想在這些信中的表現是很清楚的。

錢穆先生《朱子新學案・朱子象山學術異同》（巴蜀書社，一九八六年出版）說：「《文集》卷四〇有答叔京書共三十二通，最先當在孝宗隆興二年甲申，朱子年三十五，正值李延平卒後。其與叔京交，先後歷十二年。此十二年間，朱子先獲交於張南軒，次同游於呂東萊，正為朱子一生學問思想創端開基最主要之階段。今即專一細讀其所與叔京諸書，亦可約略窺見朱子當時學問思想之大概。而鵝湖初會時，朱子之思想體系與其學術規模已大體確立矣。……凡象山之所持，朱子在鵝湖相會以前，多已先言之，則雙方之異同，宜別有在，亦可知矣。」這是極有見地的。

第二節　《心說》討論中的心學觀點

淳熙元年，即鵝湖會議前一年，朱又和何叔京等集中討論呂子約提出的《心說》問題。在這些討論中，朱熹的心學觀點亦十分鮮明。

討論《心說》的信見於《答何叔京》第二十五書，其中說：「伏蒙示及《心說》❷甚善，然恐或有所未盡。蓋入而存者即是真心，出而亡者亦此真心為物誘而然耳。今以存亡出入皆為物誘

❷《心說》為呂子約所作，今已不存。

所致，則是所存之外別有真心，而於孔子之言乃不及之何邪？子重所論，病亦如此。而子約又欲並其出而亡者不分真妄，皆為神明不測之妙，二者蓋胥失之。熹向答二公有所未盡，後來答游誠之一段，方稍穩當。今謹錄呈，幸為指誨。然心之體用、始終雖有真妄邪正之分，其實莫非神明不測之妙；雖皆神明不測之妙，而其真妄邪正又不可不分耳。」（《文集》卷四〇）這裡集中討論的是心的出入存亡，也即操存捨亡與心體、真心的關係問題。在《觀心說》中，朱對此已有概括的闡述。這裡實際亦是發揮《觀心說》的觀點。其中特別提出「真心」，目的是要分別道德本體之心與思慮營為之心及物欲私欲之心。朱熹認為人皆有真心，道德本心以為道德之本，百善之源。此真心是不可磨滅、不可能根本喪失的。但它有出入存亡的問題。存和入，指真心不失，能發用流行，宰物而不役於物，使人成為一道德主體；但人心感物而動，真心亦可以為物欲私欲所誘而呈現一出而亡的狀態，此時真心不能宰物，而人之言行即偏離正道，淪為放侈邪僻。所以出和亡，亦指真心的出而亡，即真心不能顯現、發用、流行；但此時真心仍然是存在的。有如浮雲蔽日，雖蔽日，日之作用不能顯現，但日之本體仍然存在一樣。去除浮雲，日之光明本體即復而明。真心之出亡亦是如此。這裡朱對真心與操存捨亡關係的論述，把心學的觀點講得十分清楚，這是書信討論的一個重點問題。

另一個問題是心之神明不測與真心的關係問題。神明不測是心的特點，此特點是與心之認知功能、主宰功能密切相關的。朱熹認為，真心之操則存，捨則亡，都表現出心之神明不測的特點。

因為操而存，而人不知其操而存；捨而亡，人亦無可追蹤其捨而亡。如果心不是神明不測，就不可能如此。但神明不測只是心的認知、知覺作用的特點，它本身是中性、無色的。出而亡，表現心的這一特點，存而入亦表現心的這一特點。朱熹肯定心具有神明不測這一特點，故說心之體用始終不論真妄邪正，莫非神明不測之妙。但兩者雖為神明不測之妙，卻亦不能不有真妄邪正之分。這實際是道德本心與心之認知功能之特點的關係問題，或道德本心與知覺認知之心的關係問題。

對於這一問題，邏輯上有三種可能的解答：一種是：否認人有道德本心、真心，認為人只有認知、知覺靈明之心。道德是知覺靈明、也即理性的產物。一種是認為，人只是一道德本心、良知之心。認知、知覺或工具理性是「良知自我坎陷」、自我異化或自我轉化自己為一認知功能的結果。這是牟宗三先生的說法。第三種是類似康德的說法：人有純粹理性、認知理性，亦有實踐理性。道德、良知及認知理性兩者都在人之心中有其本體的根據。朱熹、王陽明、陸象山對此問題的解答，實際都與康德這一解答的思路類似。因此問題就顯得十分複雜。神明不測是中性的、無色的、工具性的心之認知的特點，因而它不是道德本心的功能、特性。但道德本心、真心之宰（物）與不宰，存與不存，都需通過心之神明不測之功能而起作用。因此，否認人有真心，自然無所謂存心；但人若無神明不測之知覺靈明，亦無以實現其真心之存及發用流行之用。人之不善乃真心為物誘而然，但「誘」亦需通過心之神明不測之作用。所謂「流於不善者，固不可謂心體之本然，亦不可不謂之心也。」（《文集》卷四五《答游誠之》第三書）故道德的與反道德的東西都通過中性的、無色的、工具性的東西而起作用。但何以能如此?卻是無法清楚地解答的。所以討論這一問題時，呂子約、何叔京、石子重、游誠之等等，表現出了極多的歧異、混亂、疑惑，朱熹實際上亦是不能予以清楚解答的。石子重說：「操而存者初非本體。」這實際是第一種觀點，否認了人有天賦的道德本心、真心、本體之心。認為道德之心是通過長久的操存踐履而來的，與荀子的「化性起偽」之說相類。朱熹批評說：「若所操而存者初非本體，則不知所存者果為何物?!而又何必以其存為哉!」(《文集》卷四二《答石子重》第三書)這裡，朱熹批評石所堅持的立場，無疑是一心學的立場。故同書中，朱熹又說：「此心瑩然，全無私意，是則寂然不動之本體，其順理而起，順理而滅，乃其所以感而遂通天下之故者。」

故朱《答呂子約》第十三書亦說：「蓋操之而存，則只此便是本體，不待別求；惟其操之久而且熟，自然安於義理，而不妄動，則所謂寂然者，當不待察識而自呈露矣。」(《文集》卷四七)自呈露即指本體呈露，真心顯前，也是鮮明的心學說法。

應該指出的是，朱熹雖然講有兩種心，但朱熹的意思並非是說，在神明不測的心以後或以外，另有一道德的本心或本體之心，與之相對而為二，而是說兩者即是一心；但雖是一心，從邏輯上加以分析，則不能不析而為二。其道德理性為仁義道德之本根者，為本體之心；其知覺靈明、喜怒哀樂者為神明不測之心。但兩者雖可析而為二，然即是一心耳。故朱有時亦明確指出：人心道心以心之正與不正而異其名，人心正(操而存)則道心；道心失(亡而捨)，則人心。非以道為一心，人又為一心，而真有二心也。

這些書信皆成於鵝湖之會以前。故鵝湖之會以前，朱熹之心學觀點即是很鮮明的。但雖然如此，其心學的具體結構、形態及其為學方法，則與陸不同，故鵝湖之會，朱陸亦不能不產生尖銳的對立與分歧。

第三節　陸南康講學對朱為學方法的影響

鵝湖會後，淳熙八年，陸子靜訪朱熹於南康，朱請陸至白鹿洞書院，升講席。陸以君子小人喻於義利章發論。講畢，朱熹深為感動，說：「熹當與諸生共守，以無忘陸先生之訓。」又再三表示，「熹在此不曾說到這裡，負愧何言?!」（《全集》卷三六《象山先生年譜》）朱熹請象山書其講詞為《白鹿洞書院講義》，刻於石。朱《跋金谿陸主簿白鹿洞書堂講義後》云：

淳熙辛丑春二月，陸兄子靜來自金陵。……十日丁亥，熹率寮友諸生與俱至白鹿書堂，請得一言以警學者。子靜既不鄙而惠許之，至其所以發明敷暢，則又懇到明白，而皆有以切中學者隱微深錮之病。蓋聽者莫不竦然動心焉。熹猶懼其久而或忘之也，復請子靜筆之於簡而受藏之。凡我同志，於此反身而深察之，則庶幾乎其可以不迷於入德之方矣。（《文集》

卷八一）

直至晚年，朱對學生講課論述義利，亦幾乎完全發揮陸的觀點，如說：「今人只一言一動、一步一趨便有個為義為利在裡。從這邊便是為義，從那邊是為利。向裡便是入聖賢之域，向外便是趨愚不肖之途。這裡只在人箚定腳跟做將去，無可商量。」「這是子靜來南康熹請說書，卻說得這義利分明，是說得好。如『今人只讀書，便是利。如取解後，又要得官；取官後，又要改官。自少至老，自頂至踵，無非為利。』說得來痛快，至有流涕者。」（《語類》卷一一九）象山講演，對朱熹確實發生了極其深刻的影響，因而自此以後，在為學方法上比從前更加自覺地強調「先立乎其大者」、「涵養本原」，而對向日支離之病多所反省和針砭；同時對陳同甫與浙學的批判，也緊緊扣住義利兩字，幾似陸之廬山講辭的擴展與延伸。這一變化，更加突顯了朱熹思想的心學特徵，而其見於書信者，以與項平父、呂子約、劉子澄、林擇之等各札為最顯著、鮮明。

如《答項平父》第一書（淳熙九年）說：「示喻此心元是聖賢，只要於未發時常常識得，已發時常常記得，此固持守之要。但聖人指示為學之方，周遍詳密，不靠一邊，故曰『敬義立而德不孤』。若如今說，則只恃一個敬字，更不作集義工夫，其德亦孤立而益窮矣。須是精粗本末，隨處照管，不令工夫少有空闕不到之處，乃為善學也。此心固是聖賢本領，然學未講，理未明，亦有錯認人欲作天理處，不可不察。識得記得，不知所識所記指何物而言。若指此心，則識者記者復是何物?心有二主，自相攫拿，聖賢之教，恐無此法也。持守之要，大抵只是要得此心常自整頓，惺惺了了，即未發時不昏昧，已發時不放縱耳。愚意如此，不知子靜相報如何，因風錄示，或警所不逮也。」(《文集》卷五四)此書朱與項平父集中討論為學方法或修養方法問題，完全以道德本心之自有、自明為基礎；認為不論是持守、涵養或窮理、進學，都必須如此。離卻道德本心，一切就無從談起了。故反復說：「此心固是聖賢本領。」「持守之要，大抵只是要得此心常自整頓，惺惺了了，即未發時不昏昧，已發時不放縱耳。」「惺惺了了」，也即謝上蔡所說常惺惺法。《朱子語類》解釋說：「惺惺乃心不昏昧之謂，只此便是敬。」「敬只是自家心常惺惺底不昧。」因此如果認為心只是認知心，則所謂「自家心常惺惺底不昧」，「此心常自整頓」，「此心元是聖賢」，就都是不通之論了。

項平父接受陸象山心學思想，十分景仰於象山之學。他給朱熹信所提及的「此心元是聖賢」，即來自於陸象山。而朱對此亦是堅信不疑的。

同年，《答劉子澄》第七書說：「日前為學，緩於反己，追思凡百，多可悔者。所論著文字，亦坐此病，多無著實處。回首茫然，計非歲月工夫所能救治，以此愈不自快。」(《文集》卷三五)

淳熙十年，《答項平父》第二書說：「大抵子思以來，教人之法，惟以『尊德性、道問學』兩事為用力之要。今子靜所說，專是尊德性事，而熹平日所論，卻是道問學上多了，所以為彼學者，多持守可觀，而看得義理全不仔細，又說別一種杜撰道理遮蓋，不肯放下；而熹自覺雖於義理上不敢亂說，卻於緊要為己為人上，多不得力。今當反身用力，去短集長，庶幾不墮一邊耳。」（《文集》卷五四）同年，第五書說：「至論為學次第，則更僅有商量。大抵人之一心，萬理具備，若能存得便是聖賢，更有何事?!然聖賢教人，所以有許多門路節次，而未嘗教人只守此心者，蓋為此心此理雖本完具，但為氣質之稟不能無偏，若不講明體察極精極密，往往隨其所偏，墮於物欲之私而不自知。是以聖賢教人，雖以恭敬持守為先，而於其中又必使之即事即物、考古驗今、體會推尋、內外參合，蓋必如此，然後見得此心之真，此理之正，而於世間萬事，一切言語，無不洞然了其白黑。《大學》所謂知至意誠，孟子所謂知言、養氣，正謂此也。」（同上）這裡「人之一心，萬理具備」、「此心此理，雖本完具」，顯然和陸象山所謂「此心此理」、「心即理」的說法是一致的。但朱強調不能只守此心，而要有「許多門路、節次」，即道問學與進學致知的工夫，才能使心之所發盡合於天理。因為人有氣稟之偏，隨氣稟之偏，心之所發亦可能有不合理處，故必須進學、致知。陸不講這點，而只是強調尊德性。因為陸實際上認為「人皆堯舜」，不承認氣稟之偏的作用，故兩人不同。但雖然如此，兩者在肯定人之「此心此理，本來完具」這一點上，卻是一致而沒有分別的。

淳熙十一年，《答呂子約》第二十二書說：「所論江西之弊，切中其病；然前書奉告者，非論其人也，乃論吾學自有未至，要在取彼之善以自益耳。謂彼全無本原根柢，則未知吾之所恃以為本原根柢者，果何在邪！幸更思之。」（《文集》卷四七）在「本原根柢」上，朱亦認為自己與陸是完全一致的。

同年，《答呂子約》第二十四書說：「大抵此學以尊德性、求放心為本，而講於聖賢親切之訓以開明之，此為切要之務；若通古今，考世變，則亦隨力所至，推廣增益以為助耳。」（《年譜》記於此年，《文集》卷四七）所謂「講於聖賢親切之訓以開明之」，「之」指道德本心。此道德本心乃德性之所在，德性之本根。尊德性即尊此道德本心。「求放心」，亦是使本心失而復明。讀聖賢書以開明此心，亦是使本心受到聖賢之教導而有以自明，絕非從外灌輸，通過認知、橫攝而為己之德性。至於「通古今，考世變」等等屬於「道問學」中之方面者，則是「推廣增益以為補助」。顯然這是以心學為基礎，而又避免陸學只講「求放心，尊德性」之偏的。

淳熙十二年，《答周叔謹》第一書說：「熹近日亦覺向來說話有太支離處，反身以求，正坐自己用功亦未切耳。因此，減去文字功夫，覺得閑中氣象甚適，每勸學者亦且看孟子『道性善』、『求放心』兩章，著實體察收拾為要，其餘文字且大概諷誦涵養，未須大段著力考索也。」（《文集》卷五四）同年，《答路德章》第二書說：「所諭水到渠成之說，意思畢竟在渠上未放水東流時，已先作屈曲準備了矣。毫釐之差，千里之繆。孟子、程子所以為有功於天理，有力於聖門，有德於後學者，正在此處。不知何故，前日直如此看倒了。今日雖欲回頭，而尚為舊習所牽，不得自由也。」（《文集》卷五四）同年，《答呂子約》第二十七書又說：「日用工夫比復何如？文字工夫雖不可廢，然涵養本源而察於天理人欲之判，此是日用動靜之間不可傾刻間斷底事。若於此處見得分明，自然不到得流入世俗功利權謀裡去矣。熹亦近日方實見得向日支離之病，雖與彼中（指陳同甫）證候不同，然其忘己逐物，貪外虛內之失，則一而已。」

淳熙十三年，《答潘恭叔》第五書說：「學問根本在日用間持敬集義工夫，直是要得念念省察，讀書求義乃其間之一事耳。舊來雖知此意，然於緩急先後之間，終是不覺有倒置處，誤人不少，今方自悔耳。」（《文集》卷五〇）同年，《答呂子約》第三十一書說：「日用功夫不敢以老病而自懈，覺得此心操存舍亡，只在反掌之間。向來誠是太涉支離，蓋無本以自立，則事事皆病耳。」（《文集》卷四八）同年，第三十二書又說：「年來覺得日前為學，不得要領，自做身主不起，反為文字奪卻精神，不是小病，每一念之，惕然自懼，且為朋友憂之。」同年，《與劉子澄》第十四書亦說：「近覺向來為學，實有向外浮泛之蔽，不惟自誤，而誤人亦不少；方別尋得一頭緒，似差簡約端的，始知文字言語之外，真別有用心處，恨未得面論也。」（《文集》卷三五）對向來支離浮泛之病，有真切的反省與體認。

淳熙十四年，《答潘恭叔》第八書說：「敬之一字，萬善根本。涵養省察，格物致知，種種功夫，皆從此出，方有據依。平時講學非不知此，今乃覺得愈見親切端的耳。」（《文集》卷五〇）對向來支離之病，反省的真切之情，躍然紙上。

淳熙十五年，《與劉子澄》第十六書說：「日用功夫，只在當人著實向前自家了取，本不應與人商量，亦非他人言語所能干預，縱欲警覺同志，只合舉起話頭，令其思省；其聞之者，亦只合猛省提掇，向自己分上著力，不當更著言語論量應對。」（《文集》卷三五）同年，第十五書又說：「不審比來日用事復如何？且省雜看，向裡做些功夫為善。熹病雖日衰，然此意思卻似看得轉見分明親切。歲前看《通書》，極力說個幾字，僅有警發人處。」（同上）

慶元元年，朱六十六歲，《答林德久》第六書說：「近覺向來所論，本原上甚欠功夫。間為福州學官作一記（指慶元元年所作《福州州學經史閣記》❸）發此意。」（《文集》卷六一）這種反省與體認，朱陸鵝湖之會後，朱給吳茂實、林擇之等人的書信中，已有類似文字❹，但比較集中、深刻地論述，還是陸南康講演以後。顯然，這不是偶然的，而是朱之為學確有轉變的表現。

這並非說在南康以後，朱對陸停止了批評，相反，在《曹立之墓表》引起兩家學者之間相互攻擊以後，朱並不能完全置身事外。「太極、無極」之辨，兩人在學術上的分歧亦很突出。但不

---

❸ 見《文集》卷八〇，文中指出：「予惟古之學者無它，明德新民，求各止於至善而已！夫其所明之德，所止之善，豈有待於外求哉？識其在我而敬以存之，其亦可矣！」「知夫為學之本，有無待於外求者，而因以致其操存持守之力，使吾方寸之間清明純一，真有以為讀書之地，而後宏其規，密其度，循其先後本末之序……則夫天下之理其必有以盡其纖悉而一以貫之，異時措諸事業者，亦將有本而無窮矣。」

❹ 如《答林擇之》第二十六書說：「陸子壽兄弟……其門人有相訪者，氣象皆好，但其間亦有舊病。此間學者卻是與渠相反。初謂只如此講學漸涵，自能入德，不謂末流之弊，只成說話，至於人倫日用最切近處，亦都不得毫毛氣力，此不可不深懲而痛警也。」（《文集》卷四三）

論怎樣，朱對陸之教人先立乎其大、注重本原、根柢這一點，是衷心表示讚賞、肯定的。

淳熙十年，朱熹給陸書說：「歸來臂疼，病中絕學損書，卻覺身心收管，似有少進處，向來汎濫，真是不濟事。恨未得款曲承教，盡布此懷也。」淳熙十三年，朱與陸書又說：「熹衰病日侵，所幸邇來日用功夫，頗覺省力，無復向來支離之病，甚恨未得從容面論，未知異時，尚復有異同否耳。」（《全集》卷三六《年譜》）這些書信，皆寫於陸南康講辭以後，顯示朱對陸之長處的肯定，是極其衷心的。

《象山年譜》載：包顯道侍晦庵，有學者因無極之辨，貽書詆先生者，晦庵復其書：「南渡以來，八字著腳，理會著實功夫者，唯某與陸子靜二人而已。某實敬其為人，老兄未可以輕議之也。」（淳熙十六年，乙酉）

其他南康陸講學以後之書信，朱亦反復申述這一思想。如淳熙十一年，《答陳膚仲》第一書說：「陸學固有似禪處，然鄙意近覺婺州朋友專事聞見、而於自己身心全無功夫，所以每勸學者兼取其善，要得身心稍稍端靜，方於義理多所決擇，非欲其兀然無作，以冀於一旦豁然大悟也。」（《文集》卷四九）兼取陸學之善，也是對陸學之心學本原的肯定，反對的只是「兀然無作，以求一旦豁然大悟。」同年《答滕德章》第三書亦說：「陸丈教人，於收拾學者散亂身心甚有功，然講學趣向亦不可緩，要當兩進乃佳耳。」（同上）淳熙十四年，《答王子合》第七書說：「前書所論實地工夫者甚善，但常存此意，時復提撕，勿令墜墮乃佳。今時學者未論外誘，多只是因循怠墮，自放倒耳，真不可以不戒。」（《文集》卷四九）也是陸學的精神。

第四節　義利之辨

關於義利之辨，朱熹本來早就是象山一類的心學觀點。《宋元學案・南軒學案》附錄引朱子所作《行狀》：「公嘗有言曰：『學莫先於義利之辨。而義也者，本心之當為而不能自已，非有所為而為之者也。有所為而為之，則皆人欲之私，而非天理之所存矣。』嗚呼，至哉言也。其亦可謂廣前聖之所未發，而同於性善、養氣之功者歟！」對南軒「義出於本心」之說這種發自內心的讚賞，說明朱關於義的根本觀點，與南軒是一致的。但朱熹自己為學、教人，前此並未突出義利之辨，經象山講演，朱深受影響，才有了變化；此後，朱對浙東、永嘉及陳同甫等功利之學，皆以義利為中心而痛加貶斥。其見於書信者，亦十分顯著、鮮明。如：

淳熙十一年，《答呂子約》第二十三書說：「世路險窄，已無可言，吾人之學聖賢者，又將流而入功利變詐之習，其勢不過一傳再傳，天下必有受其禍者，而吾道益以不振，此非細事也。」（《文集》卷四七）

淳熙十二年，《答呂子約》第二十五書指出：「孟子一生忍窮受餓，費盡心力，只破得枉尺直尋四字；今日諸賢苦心勞力，費盡言語，只成就枉尺直尋四字，不知淆訛在甚麼處，此話無告

訴處，只得仰屋浩嘆也。」「孟子、董子所以拔本塞原，斬釘截鐵，便是正怕後人似此拖泥帶水也。」(同上)

第二十六書又指出：「頃來議論一變，如山移河決，使學者震蕩回撓，不問愚智，人人皆有趨時徇勢、馳騖功名之心，令人憂懼。」「設若接引下根，亦只須略與說破，仍是便須救拔得他跳出功利窠窟，方是聖賢立教本指。今乃深入其中，做造活計，不惟不能救得他人，乃並自己陷入其中而不能出，豈不誤哉！」(同上)

同年，《答沈叔晦》第二書說：「前日務為學而不觀書，此固一偏之論。然近日又有一般學問，廢經而治史，略王道而尊霸術，極論古今興亡之變，而不察此心存亡之端，若只如此讀書，則又不若不讀之為愈也。」(《文集》卷五三) 第三書又說：「近日一派流入江西，蹴踏董仲舒而推尊管仲、王猛，又聞有非陸贄而是德宗者，尤可駭異。」(同上)

同年，《答孫季和》第一書說：「……近年以來，彼中學者未曾理會讀書修己，便先懷取一副當功利之心。未曾出門踏著正路，便先做取落草由徑之計，相引去無人處，私語密傳，以為奇特，直是不成模樣，故不得不痛排斥之。」(《文集》卷五四)

同年，《答潘端叔》第二書說：「子約……其論甚怪，教得學者相率而舍道義之途，以趨功利之域，充塞仁義，率獸食人，不是小病。」(《文集》卷五〇)《與劉子澄》第十二書亦說：「伯恭無恙時，愛說史學，身後為後生輩糊塗說出一般惡口小家議論，賤王尊霸，謀利計功，更不可

聽。子約立腳不住，亦曰吾兄蓋嘗言之云爾。」（《文集》卷三五）

以上對浙東學派的批判，所貫穿的思想，都是義利之辨。

朱對陳亮的批評，突出的中心思想亦是義利之辨。《語類》反復說：

陳同父學已行到江西，浙江人信向已多，家家談王霸，不說肖何張良，只說王猛，不說孔孟，只說文中子，可畏可畏！（同上）

同父在利欲膠漆盆中。（卷一二三）

海內學術之蔽，不過兩說。江西頓悟，永康事功。若不極力爭辯，此道無由得明。（《年譜》淳熙十二年乙巳）

江西之學只是禪，浙學卻專是功利。禪學後來學者摸索一上無可摸索，自會轉去；若功利則學者習之便可見效，此意甚可憂。（卷一二三）

願以愚言思之，紬去義利雙行、王霸並用之說，……培壅本根，澄源正本，為異時發揮事業之地。（《文集》卷三六《與陳同甫》第四書）

此時期某些文章亦強調了這一思想，如：淳熙十二年《跋鄭威愍遺事》：「夫忠義之性，出於人心之秉彝，策名委質以事人者，其講之宜熟矣；而吾觀於前日中原之禍，士大夫出身殉國、死其官守如鄭公者何少也！豈非義利之分不素明，……一旦倉卒，則貪生畏死而惟利之從哉。」《文集》卷八二）淳熙十三年《邵武軍學丞相隴西李公祠記》：「熹惟天下之義，莫大於君臣，其所以纏綿固結而不可解者，是皆生於人心之本然，而非有所待於外也。然而世衰俗薄，學廢不講，則雖其中心之所固有，亦且淪胥陷溺而為全軀保妻子之計、以後其君者……。」十四年《彰州州學東溪先生高公祠記》，發揮張敬夫及陸九淵義利之辨思想，痛斥：「抑今郡縣之學官，置博士弟子員，皆未嘗考其德行道藝之素，其所受授又皆世俗之書、進取之業，使人見利而不見義，士之有志於為己者，蓋羞言之。」（《文集》卷七九）

要之，南康陸講學以後，圍繞義利之辨，朱熹的心學思想是愈益鮮明了。

第五節 早晚年「廷對」思想的變化

與早年不同，朱熹淳熙以後的「廷對」，亦突出了「正心」、「存天理，滅人欲」之宗旨。如淳熙八年，冬，十一月，《延和奏箚二》云：「人主所以制天下之事者，本乎一心，而心之所主，又有天理人欲之異，二者一分而公私邪正之塗判矣。蓋天理者此心之本然（本體），循之則其心公而且正；人欲者此心之疾疢，循之則其心私而且邪。……治亂安危……其端特在夫一念之間而已。舜禹相傳，所謂『人心惟危，道心惟微，惟精惟一，永執厥中』者，正謂此也。」（《文集》

卷一三）是鮮明的心學的說法。

淳熙十五年，十一月，朱上封事，說：「臣謹按《尚書》舜告禹曰：『人心惟危，道心惟微，惟精惟一，允執厥中。』夫心之虛靈知覺，一而已矣；而或以為有人心道心之別者何哉？蓋以其或生於形氣之私，或原於性命之正，而所以為知覺者不同。是以或危殆而不安；或精微而難見；然人莫不有是形，故雖上智不能無人心；亦莫不有是性，故雖下愚不能無道心；二者雜於方寸之間，而不知所以治之，則危者愈危，微者愈微，而天理之公，卒無以勝乎人欲之私矣。……必使道心常為一身之主，而人心每聽命焉，則危者安，微者著，而動靜云為，自無過不及之差矣。」「又按：《論語》顏淵問仁，子曰：『克己復禮為仁』，『一日克己復禮，天下歸仁焉。為仁由己，而由人乎哉。』夫仁者本心之全德也，己者一身之私欲也。理者天理之節文也。蓋人心之全德，莫非天理之所為；然既有是身，則亦不能無人欲之私以害焉。故為仁者必有以勝其私欲而復於禮，則事皆天理而本心之德復全於我也。……是以古先聖王，兢兢業業，持守此心。雖在紛華波動之中，幽獨得肆之在，而所以精之、一之，克之、復之，如對神明，如臨淵谷，未嘗敢有須臾之怠。」（《文集》卷一一《戊申封事》）全文宗旨，歸結於持守此心，亦是很清楚明確的心學思想。

紹熙五年，朱六十五歲，奏事行宮便殿，說：「然而猶可諉者，亦曰陛下之心前日未嘗有求位之計，今日未嘗忘思親之懷而已；……此則所謂道心微妙之全體、天理發用之本然，而所以行權而不失其正之根本也。誠即是心以充之，則孔子所謂求仁得仁而無怨，孟子所謂終身訢然樂而忘天下者，臣有以知陛下之不難矣。……豈可以舍此而他求哉?!充吾未嘗求位之心，則可以盡吾負罪引慝之誠；充吾未嘗忘親之心，則可以致吾溫清定省之禮。始終不越乎此，而大倫可正，大本可立矣。」（《文集》卷一四《甲寅行宮便殿奏劄》）這裡，充吾未嘗求位之心，充吾未嘗忘親之心，即孟子擴充良心之旨。此良心即「道心微妙之全體，天理發用之本然」。故人倫之正，大本之立，都不在他求，而在於正心。王陽明以後說：「有孝親之心即有孝親之理矣」，實即朱熹這裡所發揮的思想。

《行狀》謂：「先生當孝宗朝，陛對者三，上封者三。其初因以講學窮理，為出治之大原；其後，則直指天理人欲之分，精一克復之義。」這是很準確的概括。《年譜》載，高宗紹興三十二年，六月，高宗內禪，孝宗即位。秋八月，朱應詔上《封事》，云：「夫帝王之學，必先格物致知，以極夫事物之變，使義理所存，纖悉畢照，則自然意誠心正，而可以應天下之務。」（《文集》卷一一）十一月六日，奏事垂拱殿，說：「大學之道，在乎格物以致其知。蓋有是物，必有是理，而理無形而難知，物有跡而易睹，故因是物以求之，使理了然於心目之間而無毫發之差，則應乎事者，自然無毫發之謬。」（《文集》卷一三）中心思想強調格物、讀書明理。兩相比較，淳熙後之「廷對」思想，確是與以前不同了。

第十章　朱熹思想與二程門人

朱熹思想廣收博采，不僅承繼二程，亦多受二程門人的影響，其《四書集注》和文集、通信中，多處引用和評論二程門人的思想、言論。這些引用和評論，表達了朱熹對他們的評價和看法，亦反映出朱熹所受於他們的影響及朱熹哲學思想的性質與特徵。下面擇呂大臨、謝上蔡、楊時三人予以論述。

第一節　呂大臨

呂大臨（與叔），呂大鈞（和叔）之弟，元佑中為太學博士、秘書省正字，範祖禹薦其修身好學、行如古人，可充講官，未及用而卒，年四十七。初學於橫渠。橫渠卒，乃東見二程。《宋元學案》謂其「深淳近道」。程頤謂「和叔任道擔當，其風力正勁，然深潛縝密，有所不逮與叔。」

呂大臨的思想實質是心學，其《語錄》說：

赤子之心，良心也，「天之所以降衷」，「人之所以受天地之中」也，寂然不動，虛明純一，與天地相似，與神明為一。《傳》曰：「喜怒哀樂之未發謂之中」，其謂此與!?此心自正，不待人而後正。而賢者能勿喪，不為物欲之所遷動，如衡之平，不加以物；如鑒之明，不蔽以垢，乃所謂正也。惟先立乎其大者，則小者不能奪。如使忿懥、恐懼、好樂、憂患一奪其良心，則視聽食息從而失守，欲區區修身以正其外，難矣。我心所同然，即天理天德。孟子言「同然者」，恐人有私意蔽之。苟無私意，我心即天心。（《宋元學案．呂范諸儒學案》）

強調良心即天心，即「天之所以降衷」，即「人之所受天地之中」，即《中庸》「喜怒哀樂未發之謂中」。「此心自正，不待人而後正」，修身之要即在於保持此良心不為私意物欲所奪、所蔽，而不須外求。這是鮮明的心學思想，與孟子「先立乎其大者」、「存心養性」的觀點完全一致。朱熹論呂大臨說：「呂與叔惜乎壽不永，如天假之年，必所見又別。程子稱其深潛縝密，可見他資質好，又能涵養。某若只如呂年，亦不見得到此田地矣。」（《語類》卷一〇一）對呂評價很高。《中庸義》是呂大臨的重要著作。朱熹說：「呂與叔《中庸義》，典實好看。」（同上）朱作

《中庸章句》，從呂著中吸取了重要的思想、觀點、資料；同時，對呂觀點的不當不妥之處，亦詳加分析評論。於這些分析評論中，可以看出朱熹哲學思想的性質與方向。

天命之謂性，率性之謂道，修道之謂教。

呂大臨注釋說：「性與天道本無有異，但人雖受天地之中以生，而梏於藐然之形體，常有私意小知撓乎其間，故與天地不相似，所發遂至乎出入不齊，而不中節。如使所得於天者不喪，則何患不中節乎！故良心所發，莫非道也。在我者惻隱、羞惡、辭遜、是非，皆道也！……在物之分則有彼我之殊，在性之分則合乎內外、一體而已，是皆人心所同然，乃吾性之所固有；隨喜怒哀樂之所發，則愛必有差等，敬必有節文……非出於性分之所有，安能致是乎！」（《四書纂疏》引）這是很明確的孟子心學觀點，以「良心」為人心之本然與本體；「四端」為良心、性分之所固有。朱熹於呂氏這一解說，評論說：

呂氏良心之發以下至安能致是一節，亦甚精密；但謂人雖受天地之中以生而梏於形體，又為私意小知所撓，故與天地不相似，而發不中節；必有以不失其所受乎天者然後為道，則所謂道者又在修為之後，而反由教以得之，非復子思、程子所指人欲未萌、自然發現之意

矣。（《中庸或問》）

這裡，朱熹完全肯定呂氏良心之說，肯定人受天地之中以生、有其天然本然之良心，而良心自然之流行發現即道。所不滿意的是呂的措辭。朱熹強調良心發現流行之為道的先驗性，非有待於後天的修為和學習。呂的觀點本來亦是如此；但呂的措辭，則雖然肯定道為性分之所固有，落實到人時，則似乎由於形氣之私和私智之用，會必然地與道不相同一，必待修為教育，才能達此境地，這就實際上否認了「良心」的先驗性與完備自足。朱認為這是不對的。所以朱對呂的批評，正好說明朱的心學的思路，比呂更為精密、精審。

莫見乎隱，莫顯乎微，故君子慎其獨也。

呂解釋說：「此章明道之要，不可不誠。道之在我，猶飲食居處之不可去，可去皆外物也。誠以為己，故不欺其心。人心至靈，一萌之思，善與不善，莫不知之；他人雖明，有所不與也。故慎其獨者，知為己而已矣。」（《四書纂疏》引）這亦是心學的思路，強調當思慮萌發、感物而動時，善與不善，心即自知之。外人雖有知覺靈明，卻是無從知之的。這是良知自知是非的說法。王陽明以後說：「爾之良知是爾自家的準則，它是即知是、非即知非。」即是發揮這種觀點。朱熹說：「仁義乃吾性分之所固有，又將使誰知之而覺之耶！」（《文集》卷三二《答張敬夫》第十四書）也是此意。故朱熹對呂的這段話十分欣賞、肯定。朱評論說：「以理言之，則三家（指呂、楊時、游酢）不如程子之盡。以心言之，則程子不若三家之密，是固若有不同者矣。然必有是理然後有是心，有是心而後有是理，則亦初無異指也；合而言之，亦何不可之有哉。」（《中庸或問》）「有是理而有是心」，是說凡事皆有理，有此心必有此心存在之理。「有是心而後有是理」，指既有此良心、則必有此良心所內具、所呈現之理。因而歸根結蒂，是肯定良心這一基本的，故亦很鮮明地表現了朱熹的心學思路。

呂又說：「所謂中者，性與天道也；謂之有物則不得於言，謂之無物，則必有事焉。不得於言者，視之不見，聽之不聞，無聲形接於耳目而可以道也。心有事焉者，莫見乎隱，莫顯乎微，體物而不可遺者也。古之君子，立則見其參於前，輿則見其倚於衡，是何所見乎！？洋洋乎，如在其上，如在其左右，是果何物乎！？學者見乎此，則庶乎能擇是中庸而執之。隱微之間，不可求之於耳目，不可道之於言語，然有所謂昭昭而不可欺，感之而能應者，正為虛心以求之，則庶乎見之。」（《四書纂疏》引）朱評論說：

（呂氏）其論天地之中，性與天道一節，最其用意深處。然經文所指，不睹不聞、隱微之間者，乃欲使人戒懼乎此而不使人欲之私得以萌動於其間耳；非欲使人虛空其心、反觀於此、以求見乎所謂中者，而遂執之以為應事之準則也。

謂隱微之間有昭昭而不可欺，感之而能應者，則固心之謂矣；而又曰正惟虛心以求則庶乎見之，是又別以一心而求此一心、見此一心也，豈不誤之甚哉。（《中庸或問》）

朱熹的這些說法，顯然是一徹底的心學觀點。「隱微之間，昭昭而不可欺，感之而能應者」，朱指出，此即人之道德本心。因其為「道德本心」，故「感之能應」，如見孺子入井而惻隱；見牽牛過堂下者而觳觫。故此心亦即孟子所謂「四端之心」。這樣的「心」，既具知覺靈明的特性，又具道德感應、知是知非的特性。呂氏「正為虛心以求之」的說法，措辭上的毛病，實際是把心說成了中性的認知工具、認知主體，而把「中」與「性」當成認知客體、認知對象了。比之呂，朱在文字的表達上，真正達到深潛縝密之境，為呂氏所不及。

實際上，早在延平時期，李侗即向朱熹介紹了呂的這一觀點。朱所作《存齋記》即發揮呂的這一觀點。所以可以說朱受呂的影響而轉向心學，是為時很早的。

第二節 謝上蔡

黃梨洲稱程門高弟子，以上蔡為第一。上蔡的思想是心學思想。《上蔡語錄》說：

> 心者何也，仁是已。仁者何也，活者為仁，死者為不仁。今人身體麻痺，不知痛癢，謂之不仁。桃杏之核，可種而生者，謂之「仁」，言有生之意；推此仁可見矣。
>
> 仁者天之理，非杜撰也。故哭死而哀，非為生也；經德不回，非干祿也；言語必信，非行正也；天理當然而已矣。當然而為之，是為天之所為也。聖門學者，大要以克己為本。克己復禮，無私心焉，則天矣。
>
> 所謂格物窮理，須是認得天理始得。所謂天理者，自然底道理，無毫髮杜撰。今人乍見孺子將入於井，皆有怵惕惻隱之心，方乍見時，其心怵惕，即所謂天理也。要譽於鄉黨朋友，內交於孺子父母兄弟，惡其心而然，即人欲耳。天理與人欲相對，有一分人欲即滅卻一分天理；有一分天理，即勝得一分人欲。人欲才肆，天理滅矣。任私用意，杜撰做事，所謂人欲肆矣。

其所謂「天理」、「格物窮理」、「存天理、滅人欲」，都是心學的說法。

《語錄》：「某二十年前，得《上蔡語錄》觀之，初用朱筆畫出合處，及再觀則不同矣，乃用粉筆，三觀則又用墨筆，數過之後，則全與初看時不同矣。」（余大雅）紹興二十九年，朱三十歲時，校定《上蔡語錄》，其中五十餘章，特以理「推知其決非先生語。」（《文集》卷七七《謝上蔡語錄後記》可見其對謝思想理解之正，用功之深。朱丙戌之悟，《答張敬夫書》說：「蓋通天下只是一個活物流行發用、無間容息……存者存此者也，養者養此者也……。始信明道所謂未嘗致纖毫之力者，真不浪語。而此一段事，程門先達唯上蔡謝公所見透徹無隔礙處，其餘雖不敢妄有指議，然味其言，亦可見矣。」（《文集》卷三〇）紹熙辛亥，朱作《德安府應城縣上蔡謝先生祠記》說：「熹自少時妄意為學，即賴先生之言以發其趣，而平生所聞先生行事，又皆高邁卓絕，使人興起。」（《文集》卷八〇）朱熹對上蔡可說是十分尊敬的，思想受上蔡影響極大。

朱熹《四書集注》中，引用《上蔡語錄》最多，茲擇要引列如下：

仁者安仁，知者利仁。（《論語・里仁》）

上蔡解釋說：「仁者心無內外，遠近精粗之間，非有所存而自不亡，非有所理而不自亂，如目視而耳聽，手持而足行也。知者謂之有所見則可，謂之有所得則不可；有所存斯不亡，有所理斯不亂，未能無意也。安仁則一，利仁則二。安仁者非顏閔之上、去聖人為不遠，不知此味也。諸子雖有卓越之才，謂之見道不惑則可，然未免於利之也。」這裡上蔡認為仁如同視之於目，聽之於耳一樣，是心所先驗地具有的性理。故非有所存而自不亡；非有所理而自不亂。也就是說，它是自本自根、自己如此，非自外得的。這是鮮明的心學觀點。朱熹在《集注》中引用上蔡此條，並讚譽說：「上蔡尋常說有過當處，此卻他人所不到。」「內外遠近精粗這段，分別說極通透。」《語類》卷二六）朱熹平生，以分析概念見長，極不容易苟同別人的言論，非真正覺得觀點正確，表達嚴謹，決不輕意許人。故對這段話的讚譽，無疑是朱對上蔡上述觀點的肯定。

> 人皆有不忍人之心者，今人乍見孺子將入於井，皆有怵惕惻隱之心……（《孟子．公孫丑章句上》）

謝上蔡解注說：「人須是識其真心，方乍見孺子入井之時，其心怵惕乃真心也。非思而得，非勉而中，天理之自然也。內交要譽，惡其心而然，即人欲之私矣。」（《四書纂疏》）引此條朱熹僅引了程顥和上蔡兩人的解說。程顥的解說簡略含糊，說：「滿腔子是惻隱之心。」上蔡的解說則十分明確具體，其中包含三個重要觀點：㈠真心即道德本心，此道德本心與思慮營為之心相對，亦與人欲、私欲之心相對。㈡「真心」是人所先驗地具有的，所謂「非思而得，非勉而中。」而非後天經驗、思慮、修為所得。㈢「真心」亦非上帝或其它人格神所賜予，它之為人所具有，乃「天理之自然也」。故天理的含義即自然如此之意，與「新實在論」所謂「標準」、「心之理即心之所以為心者」不同。朱熹完全同意與接受謝氏的這一解說，說：「乍見之時，便有此心隨見而發，非由此三者（內結、要求、聲名）而然也。」「人之所以為心，不外乎是四者，故因論惻隱而悉數之，言人若無此則不得謂之人，所以明其必有也。」（《孟子集注》）就是說，此道德本心是人之所以為人者，是人所先驗地內具的。

朱熹提出儒門為學作人的工夫，要點是主敬，說：「敬之一字，儒門為學作人，聖學所以成始而成終者也。」（《大學或問》）那麼，「所謂敬者又若何而用力耶？」朱熹回答說：「程子於此，嘗以整齊嚴肅言之矣；至其門人謝氏之說，則又有所謂常惺惺法者焉。尹氏之說則又有所謂其心收斂不容一物者。觀是數說，足以見其用力之方矣。」（同上）對於謝上蔡的「常惺惺」之說，朱熹十分肯定。《語類》解釋說：

惺惺乃心不昏昧之謂，只此便是敬。整齊嚴肅固是敬，然心昏昧，燭理不明，雖強把捉，豈得為敬。（卷一七）

今人心聳然在此，尚無惰慢之氣，況心常能惺惺者乎。故心常惺，自無客慮。（卷一二）

敬只是自家心常惺惺底不昧。（卷一七）

問：「佛氏亦有此語」。曰：「其喚醒此心，……欲它照管許多道理；佛氏則空喚醒在此，無所作為，其異處在此。（同上）

這裡，朱熹對「常惺惺」的解釋，有兩種意思：一是專注精神，整齊、敬肅、不懈怠，使虛明靈覺之心能發揮其認知事理、道理的作用。另一種意思則完全以道德本心之內具於心為前提，故「喚醒」、「不昏昧」，亦是使此道德之心不昏昧而能發用流行。故說：「如惻隱、羞惡、是非、辭遜是正心，才差去便是放。若整齊嚴肅便有惻隱、羞惡、是非、辭遜。」（《語類》卷一七）如果心只是認知之心，則所謂「喚醒」、「不昏昧」，就與佛無異了。「照管得許多道理」，既指認知外攝的道理，又指內具的道理。朱熹認為心為一身之主，有主宰的作用，照管即主宰之意。因此，這是很明確的心學思想。對程頤強調「整齊嚴肅」，朱熹表面上十分肯定，實則是有保留的，故說「整齊嚴肅固是敬，然心昏昧，燭理不明，雖強把捉（使整齊嚴肅），豈得為敬?!」（《語類》卷一七）比較之下，對謝氏的「常惺惺」之說顯然更為讚賞。

故朱《答項平父》第一書說：「此心固是聖賢本領，然學未講，理未明，亦有錯認人欲作天理處，不可不察。……持守之要，大抵只是要得此心常自整頓，惺惺了了，即未發時不昏昧，已發時不放縱耳。」（《文集》卷五四）惺惺，不昏昧，都是以心之本體即理、即性、即是「聖賢本領」為前提的。

> 詩云，鳶飛戾天，魚躍于淵，言其上下察也。（《中庸》）

上蔡解釋說：「鳶飛戾天，魚躍于淵，非是極其上下而言；蓋真個見得如此。此是子思吃緊道與人處；若從此解悟，便可入堯舜氣象。」「鳶飛戾天，魚躍于淵，……明道體無所不在，非指鳶魚而言也。……知勿忘，勿助長，則知此；知此則知夫子與點之意。」二程解釋說：「鳶飛魚躍，子思吃緊為人處，與必有事焉而勿正心之意同活潑潑地。」這裡對鳶飛魚躍的解釋，就道言，指道體無所不在，發用流行自然而然，非有所然而然，亦非有所為而為。就心言，則指心體發用流行，自然而然，無非合於道者。對上蔡的解釋，朱熹十分讚賞，說：「此其發明程子之意，蓋有非一時同門之士所得聞者，而又別以夫子與點之意明之，則其為說益以精矣。」（《中庸或問》引）《答呂伯恭問龜山中庸別紙》亦指出：「鳶魚、鬼神兩章，卻是上蔡說得通透，有省發人處。」（《文集》卷三五）在《章句》中朱熹完全接受上蔡和二程的這種思想，發揮說：「『必有事焉而勿正，心活潑潑地』，亦曰此心之存而全體呈露，妙用顯行，無所滯礙云爾。非必仰而視乎鳶之飛，俯而觀乎魚之躍，然後可以得之也。」「全體呈露」，體指「心之體」，亦即道德本心。「呈露」指無私欲遮蔽，本心妙用顯行，無所滯礙，如見孺子入井而惻隱，見羞惡之事而羞惡等。因此一旦以心僅為認知工具而非良知本體，則這些話就都礙而不通了。

朱熹對上蔡也有許多批評，但其內容大致不外三種情況：㈠文字表達不當所顯現的思想混亂；㈡深受佛教的影響而偏離了儒家聖教的本意；㈢工夫上的簡易直捷、好高騖遠，偏離了下學上達的正路。但這些批評，不僅不是基於對上蔡心學觀點的不滿，相反，正好突顯了朱熹心性觀的心學實質，如：

《論語》：「孝弟為仁之本。」上蔡注解說：「古人語仁多矣，然終非仁也。」「孝弟可以論仁，而孝弟非仁也。」朱熹批評說：「仁至難言，故聖賢之言，或指其方，或語其用，未嘗直指其體而名言之也。上蔡所云，……正欲發明此意。然不覺乘快一向說開了。至於其間，界分脈絡，自有相管攝聯屬處，卻不曾分明為人指出，故讀之者，只見曠蕩，無可撈摸，便更向別處走，此其立言之病也。又云『人心之不偽者，莫如事親從兄，以是心而充之，則無適而非仁矣。』此語亦未安。蓋性之所有而根於心者，莫非真實，不但孝弟為不偽也。但孝弟乃人心之不可已者，所發最親切，所繫最重大，故行仁之道，必自此始，非謂充擴孝弟，可以求仁也。」（《記上蔡論語疑義》）這裡，朱熹批評上蔡的，是其用辭和思想表達的混亂，而非批評其「充擴是心」的心學觀點。相反，朱熹肯定「性之所有而根於心者莫非真實，不但孝弟為不偽也。」就是說，仁、義、禮、智、等等，和孝弟一樣，皆是心之所不可已者，都是根於心而發者，這是鮮明的心學觀。

這可作為第一種批評的例證。《記上蔡論語疑義》對上蔡的批評，大部分都屬這種情況。《語類》說：

伊川之門，謝上蔡自禪門來。其說亦有差。（卷一〇一）

上蔡《觀復齋記》中說道理，皆是禪學底意思。（同上）

看道理不可不仔細，程門高弟如謝上蔡、游定夫、楊龜山輩，下梢皆入禪學去，必是程先

生當初說得高了。他們只睥見一截，少下面著實工夫，故流弊至此。(同上)

這是對上蔡第二、三種不滿的批評。《語類》卷一〇一載：

或問，「謝上蔡以覺言仁是如何?」曰：「覺者是要覺得個道理，須是分毫不差，方能全得此心之德，這便是仁；若但知得個痛癢，則凡人皆覺得，豈盡是仁者耶?!醫者以頑痺為不仁，以其不覺，故謂之不仁，不覺固是不仁，然便謂覺是仁則不可。」

上蔡以知覺言仁，只知覺得那應事接物底，如何便喚做仁?!須是知覺那理方是。且如一件事是合做與不合做，覺得這個方是仁。喚著便應，抉著便痛，這是心之流注在血氣上底。覺得那理之是非，這方是流注在理上底。喚著不應，抉著不痛，這箇是死人，固是不仁；喚著應，抉著痛，只這便是仁，則誰個不會如此?須是分作三截看：那不關痛癢底是不仁；只覺得痛癢，不覺得理底，雖會於那一等，也不便是仁；須是覺這理方是。

這裡，朱熹對上蔡以覺論仁的批評，帶有全盤和根本的性質。朱熹認為，「覺」的內涵包含有兩種：生理的血氣心知之「覺」和道德義理的心性之「覺」。前者源於氣，朱熹認為是人與禽獸所同具的；後者才是人所完全具有而為人之所以為人者。兩種「覺」都是內在於人，為人生而既有。但前者是心流注在血氣上底「覺」，如目之視色，耳之聞聲，寒思衣，饑思食，好好色，惡惡臭等，屬於佛氏以「作用為性」及告子「食色，性也」之性。它不具是非準則。後者是心知流注在義理之是非上的「覺」，這種「覺」即是孟子和王陽明所講的「良知」。《大學章句》中，朱熹稱這種覺為「明覺」、對「明德」之自覺。這種「覺」即是「道心」。朱熹批評佛教與告子時，曾說：

> 釋氏專以作用為性，……在目曰見、在耳曰聞，在鼻嗅香，在口談論，在手執捉，在足運奔。即告子生之謂性之說也。（《語類》卷一二六）
>
> 告子只說那生來底便是性。手足運行，耳目視聽，與夫心有知覺之類。他卻不知生便屬氣稟，自氣稟而言，人物便有不同處。（卷五九）
>
> 釋氏則只認那能視、能聽、能言、能思、能動的，便是性。視明也得，不明也得，……它最怕人說這理字，都要除掉了。聖人則視有視之理，聽有聽之理，……思有思之理；如箕子所謂明、聰、從、恭、睿是也。（卷一二六）

這裡所謂聖人的「視之理」、「聽之理」、「思之理」，即是視覺、聽覺、心知中所內含的好惡、是非、善惡之理，即性理。這種性理之「覺」是心流注在義理上的「覺」。它知是知非，愛所當愛，惡所當惡。這種「內覺」，朱熹認為才是仁之本質之所在。因而它當惻隱時能惻隱，當羞惡時即羞惡，當是時即是，當非時即非，不假思索，不雜人欲。這種「覺」，與血氣心知之「覺」，兩者性質不同，根源有別。但謝上蔡卻不加區分，只籠統地以「覺」訓仁。朱熹認為，這和佛教及告子一樣，其流蔽將陷入「義外」之說，是極不妥貼的。所以，這裡朱熹對謝上蔡的批評，不僅不是脫離了心學的思路與基礎，相反，是把它彰顯得更加清楚了。

謝氏以「覺」為仁，原文是：「心者何也？仁是已，仁者何也？活者為仁，死者為不仁，今人身體麻痺，不知痛癢，謂之不仁。桃杏之核，可種而生者，謂之『仁』，言有生意之意，推此仁可見矣。」（《上蔡語錄》）上蔡這段話，實際包含兩層意思：㈠不知痛癢，是不覺，即是不仁。反之，覺痛癢即是仁，簡而言之，覺是仁，仁是覺。㈡以生意言仁。朱熹批評的是其前一種觀點，但後一種，以生意言仁，朱熹是完全肯定、大加發揮的。朱熹反復以「天地生物之心」言仁；以「溫然愛人利物之心」言仁，說仁是生意、生理，仁是「溫和柔軟的」，「仁是和底意」，「是惻隱慈愛底」（《語類》卷六），都是繼承和發揮大程和上蔡這種觀點的。朱熹對於概念的分疏分外重視，故一當需要使用概念來表達仁時，朱熹就格外推敲了。由於「覺」作為一個概念，具有上面講的不同的內涵，所以朱熹就不同意上蔡籠統地以覺論仁、以覺訓仁了。

在《仁說》、《語類》和一些通信中，朱熹對以覺訓仁的批評，也基本上是從概念分疏的角度提出的，不涉及仁的心學方向與思路。

《語類》卷六說：

仁固有知覺，喚知覺做仁，卻不得。

以名義言之，仁自是愛之體，覺自是智之用，本不相同。但仁包四德，苟仁矣，安有不覺者乎？

覺決不可以言仁，雖足以知仁，自屬智了。

問：「先生答湖湘學者書，以愛字說仁，如何？」曰：「緣上蔡說得覺字太重，便相似說禪。」

《仁說》說：

或曰：「程氏之徒言仁多矣。……亦有謂愛非仁，而以『心有知覺』釋仁之名者矣。今子之言若是，然則彼皆非與？」曰：「彼謂『物我為一者』，可以見仁之無不愛矣，而非仁之所以為體之真也。彼謂『心有知覺者』，可以見仁之包乎智矣，而非仁之所以得名之實也。」（《文集》卷六七）

這些辯論，實際都是概念的精確分疏，關注的是如何在文字與概念的表達上，精確地界定仁及仁與其它德性的關係，而不涉及仁的心學的基礎。

在中國哲學史上，關於仁與心性的關係，自孟子提出「仁，人心也」、「人皆有四端……惻隱之心，仁之端也」以後，理解上一直有兩種差別。一是強調仁之為情的一面，強調感情、同情心、赤子之心等等；一是強調仁之為愛與愛之良知、理性的一面。兩者都從孟子「仁，人心也」的基本觀點出發，但前者強烈地體現「萬物一體」、「民吾同胞，物吾與也」的仁愛情懷；一者則比較強調「理一分殊」、「愛有差等」，要求愛的普遍性與道德的合理性的內在結合；要求仁的內涵中包含有愛與愛的當然之則。前者帶有濃重的宗教悲憫與救世情懷，後者則帶有較多的理性、等級之愛的成分。朱熹關於仁的論述，所體現與強調的無寧是仁的後種類型，但它仍然是屬於孟子「仁，人心也」的思路的。以為只有前一種類型是心學，是儒學孔孟的正宗，後一種是告子的義外之說，顯然是錯誤的。

牟宗三先生說：「夫以覺訓仁者，此所謂覺是惻然有所覺之覺，是不安不忍之覺，是道德真情之覺，是寂感一如之覺，是仁心之惻然之事、而非智之事。……今朱子以智之事解之，而謂心有知覺，可以見仁之包乎智，而非仁之所以得名之實，……此則差謬太甚。」「不麻痺、惻然有所覺，正是仁體所以得名之實。」（《心體與性體》第三冊，第四章《中和新說後關於仁說之論辯》）牟先生這樣地「訓覺」，雖然強調了上蔡仁的心學見地，但這樣地訓覺，覺即是惻隱之心的呈現發露、發用流行，因而表面上雖似乎極有內涵，實際則不過是「惻隱之心」的同義語，而並不具獨立的內涵的。而朱熹所批評的則恰恰是實質的問題，是從當時流行的「覺」的意義上了解「覺」的。名詞、概念在每一時代，每一社會，有其當時的習用意義。程氏門人亦是在當時的習用意義上使用「覺」這一概念的。「覺」的內涵，也就是知覺。《文集》卷三二朱《答張敬夫》第十四書說：「廣仲引孟子先知先覺以明上蔡『心有知覺』說，已自不倫。其謂知此覺此，亦未知指何為說。……今觀所示，乃直以『此』為仁，則是『知此覺此』為知仁覺仁也。仁本吾心之德，又將誰使知之而覺之耶？」這裡廣仲對上蔡「知覺」的內涵的了解，顯然就是當時習用的了解，因而，與牟先生所給予的解釋不同。故朱熹的批評是有的放矢，牟先生對朱熹的批評，則反而是一種誤解了。

所以朱熹對上蔡以知覺訓仁的批判，不是偏離了孔孟仁的心學基礎，相反是在這種基礎上進行的。

第三節 楊時

楊時，字中立，學者稱龜山先生，和謝上蔡並稱程門高弟。朱熹對上蔡極多讚譽，對楊時則甚為不滿。朱熹說：

明道解忠恕章，是劉質夫所記，無一字錯，可見質夫之學。其它諸先生，如楊、尹拘於《中庸》之說，也自看明道說不曾破。（《語類》卷二七）

二程之門，解此章者，惟上蔡深得二先生之旨。其次則侯師聖。其餘雖游楊尹皆說不透。（同上）

龜山說得恁地差來，不是他後來說得差，是他當初與程先生對面說時，領略不到這意思。（同上）

龜山解文字，著述無綱要。（卷一〇一）

龜山文字議論如手捉一物，正緊，忽墮地，此由其氣弱。（同上）

問：「龜山言，『道非禮則蕩而無止，禮非道則梏於器數儀表之末』，則道乃是一虛無恍惚、無所準則之物，何故如此說道字。」曰：「不可曉，此類甚多。」因問如此說則似禪矣，曰：「固是，其徒如肖子莊、李西山、陳默堂皆說禪。龜山歿，西山嘗有佛經疏追薦之。」（同上）

故朱對《四書集注》中所引楊氏說，大多有尖銳的批評；如對楊關於「格物即反身而誠」之解說；對「未發之時以心驗之，則中之義自見；執而勿失，無人欲之私焉，則發必中節矣」的解說；對「君子之道費而隱」的解說；對「以人為道則與道二而遠於道」的解說等等。斥其「多雜於佛老」、「條理混亂，援引乖剌」、「文義不通」、「矛盾而無所合」、「皆流於異端之說，不但毫釐之差而已」、「不及於呂氏遠矣」、「不勝其疑」、「假借依托，無所發明」、「文亦有病」等等。《答呂伯恭問龜山《中庸》中，朱亦反復提出：「龜山《中庸》有可疑處。」（《文集》卷三五）「龜山之說乃佛老緒餘，決非孔子、子思本意。」（同上，《別紙》）

《中庸注》是楊氏的主要著作，楊對《中庸》的主要見解，可以說基本上都為朱熹所批評、否定。

楊時論張載《西銘》的兩書，關於理一分殊的見解，朱亦批評為「二書皆非，終不識理一；至於稱物平施，亦說不著。」（《語類》卷九八）

由此可見，以朱熹與楊氏為「道南一脈」，是難於成立的。

全祖望說：「龜出獨邀耆壽，遂為南渡洛學大宗。晦翁、南軒、東萊，皆其所自出。」《宋元學案．龜山學案》）如從思想上看，這是不對的。

但朱對楊亦不是全盤否定。楊的一些見解，朱認為比較穩妥、正確的，朱亦加以肯定。《論語集注》引有十三條，《孟子集注》引有七條，但基本上是文字、訓詁和字句的解釋，不涉及思想見解。楊對《孟子》一書之中心見解的概括，涉及思想實質，朱熹在《孟子集注序說》中，是全文引用並加以肯定的。楊時說：

《孟子》一書只是要正人心，教人存心養性，收其放心；至論仁義禮智，則以惻隱、羞惡、辭遜、是非之心為之端。論邪說之害，則曰生於其心，害於其政；論事君，則曰格君心之非，一正君而國定。千變萬化只說從心上來。人能正心則事無足為者矣。大學之修身、齊家、治國、平天下，其本只是正心、誠意而已。心得其正，然後知性之善，故孟子遇人便道性善。

朱熹認為楊的說法，文字表達雖未極周密，但其對《孟子》一書之中心思想的論述是正確的；其對正心與性善之關係的論述，亦「有理」。楊時上面的觀點，是心學的觀點。朱熹對它的肯定，亦表明了朱熹自己的心學立場與思想。故《宋元學案．上蔡學案》黃宗羲按語說：「程門高弟子，竊以上蔡為第一。《語錄》嘗累手錄之。語者謂道南一派三傳而出朱子，集諸儒之大成，置龜山于上蔡之上。不知一堂功力，豈因後人為軒輊。且朱子之言云，『某少時妄志於學，頗籍謝先生之言以發其趣』，則上蔡固朱子之先河也。」這是很有見地的。

第十一章　朱熹思想與湖湘學派

朱熹曾受教於李侗，屬於程頤、龜山、羅豫章一系，故常被認為其思想係直接承繼程頤❶；實際上朱熹丙戌「中和舊悟」前，一直籠罩在章句之學與佛禪的影響之下，並未有以自得。朱熹之有「中和之悟」並由此而建立起自己的心性觀及哲學體系，是與湖湘學派的啟發、引導分不開的，其心性觀亦與湖湘學派基本一致。

❶陳榮捷先生是這種觀點的代表。陳先生說：「當朱子最後奉歸兩程之說，此並非出入於釋老，隨而又出入延平居靜之說，復歸於儒。實乃程頤對朱子之影響，自朱子幼時，即有直接而逐漸之發展，而無須由他說轉出也。迨至朱子於三十四歲，選兩程說以為闡釋《論語》之準繩，以及三十九歲（西元一一六八年）編輯二程遺書時，此一發展，實已臻至高峰。」（《朱學論集》，《新儒家範型：論程朱之異》。臺北學生書局，一九八二年版）

第一節　張敬夫的「啟鍵」

湖湘學派的開創者胡五峰，名宏，字仁仲，為胡安國之季子。當謝上蔡官湖北時，胡安國提舉湖北，以高位對謝「修後進禮」，與上蔡列師友之間。《宋元學案・武夷學案》謂其學問「得於上蔡者為多」。胡五峰承繼家學，嘗見龜山於京師，又從侯師聖於荊門，其學問受二程門人影響甚大。但朱熹直接受湖湘學派之影響的引導者是五峰門人張敬夫（張栻、張南軒、張欽夫）。

朱自述三十七歲丙戌之悟前為學的情況時曾說：

> 熹天資魯鈍，自幼記問言語不能及人，以先君子之餘誨，頗知有意於為己之學，而未得其處，蓋出入於釋老者十餘年。近歲以來，獲親有道，始知所向之大方，竟以才質不敏，知識未離乎章句之間，雖時若有會於心，然反而求之，殊未有以自信。（《文集》卷三八《答江元適》第一書）

> 熹少而魯鈍，百事不及人，獨幸稍知有意於古人為己之學，而求之不得其要。晚親有道，粗得其緒餘之一二，方幸有所向而為之焉，則又未及卒業，而遽有山頹梁壞之嘆，倀倀然如瞽之無目，擿埴索途，終日而莫知所適。（《文集》卷四〇《答何叔京》第一書）

> 熹自少愚鈍，事事不能及人，顧嘗側聞先生君子之餘教，粗知有志於學而求之不得其術，蓋捨近求遠、處下窺高，馳心空妙之域者二十餘年；比乃困而自悔，始復退而求之於句讀文義之間，謹之於視聽言動之際，而亦未有聞也。（《文集》卷三八《答薛士龍》第一書）

「中和舊悟」以前，朱熹思想確是如此的。從其受教於李侗期間兩人的書信《延平問答》來看，涉及的著作有《論語》、《孟子》、《春秋》、《西銘》、《二程遺書》、《太極圖說》、《二蘇語孟說》等等，範圍甚廣；內容則大多是章句之學所特有的文義字句的解釋。重要的見解也有一些，如：人物之性的理一分殊問題，孟子養氣問題，心之操存問題；但朱熹關於這些問題的見解，幾乎都被延平修正、改正、指點，故對朱而言，確亦無以自信；而通觀延平對朱之請教的回答，亦是沒有中心甚至亦不明不白，完全不足以令朱熹把握住儒家大道的精神與要旨之所在。如李論孟子「夜氣之說」，說：「大凡人理義之心何嘗無，唯持守之即在爾。若於旦晝間不至梏亡，則夜氣存矣；夜氣存則平旦之氣，未與物接之時，湛然虛明氣象，自可見。」又說：「持守之久，漸漸融釋，使之不見有制之於外，持敬之心，理與心為一，庶幾灑落爾。」（《延平問答》，戊寅十一月十三日）前者強調存其本心，後者又似乎強調以理制心，久之使心與理為一。究竟如何？確令人難於把握要領。又如庚辰五月八日書，論自己為學之方，一則說：「某晚景別無他，唯求道之心甚切，雖間能窺測一二，竟未有灑落處，以此兀坐，殊憒憒不快。」（同上）這於渴望求道者的朱熹，不啻是一盆冷水。庚辰七月書又說：「某自少時，從羅先生學問，彼時全不涉世故，未有所入，聞先生之言，便能用心靜處尋求，至今湊泊憂患，磨滅甚矣。四五十年間，每遇情意不可堪處，即猛省提掇，以故初心未嘗忘廢，非不用力，而迄於今，更無進步處，常切靜坐思之，疑於持守及日用，僅有未合處，或更有關鍵，未能融釋也。」（同上）這雖是自謙之辭，但亦是事實真情，對朱熹的聞道求道之心，也不啻是一盆冷水。無怪乎朱熹反復說：「李先生教人，大抵令於靜中體認大本未發時氣象分明，即處事應物，自然中節。此乃龜山門下相傳詣訣。然當時親炙之時，貪聽講論，又方竊好章句訓詁之習，不得盡心於此，至今若存若亡，無一的實見處，辜負教育之意，每一念此，未嘗不愧汗沾衣也。」（《文集》卷四〇《答何叔京》第二書》）又說：「昔聞之師，以為當於未發已發之幾，默識而心契焉，然後文義事理觸類可通，莫非此理之所出，不待區區求之於章句訓詁也；向雖聞此而莫測其所謂。」（同上，第四書）所以朱熹說丙戌以前「擿埴索途，終日而莫知所適」，是的的確確的。

直至丙戌，朱熹才擺脫這一困境，而對儒門聖學之精神要旨及其入門之道有了大悟；但這一大悟的基點是一心學的心性觀，所謂：「而今而後，乃知浩浩大化之中，一家自有一個安宅，正是自家安身立命主宰知覺處，所以立大本行達道之樞要，所謂『體用一源、顯微無間』者乃在於此。」（《文集》卷三二《答張敬夫》第三書》）「此粹然天地之心，道義完具，此不謂之善，何以名之哉。能勿喪此，則無所適而不為善矣。」（《文集》卷三〇《答張敬夫》第四書）而這一「體悟」完全得力於張敬夫的引導和啟發。故朱《答張敬夫》說：「蓋通天下只是一個天機活物，流行發用，無間容息。據其已發者而指其未發者，則已發者人心，而未發者皆其性也，亦無一物而不備矣。……從前是做多少安排沒頓著處，今覺得如水到船浮，解維正柂，而沿洄上下，惟意所適矣，豈不易哉！……向非老兄抽關啟鍵，直發其私，誨諭諄諄，不以愚昧而捨置之，何以得此？其何感幸如之。區區筆舌，蓋不足以為謝也。」（《文集》卷三二第四書）又說：「累蒙教，告以求仁之為急，而自覺殊無下腳工夫處，……而今而後，乃知浩浩大化之中，一家自有一個安宅，正是自家安身立命主宰知覺處，所以立大本行達道之樞要，乃在於此。』（《文集》卷三二《答張敬夫》第三書）。又說：「某塊坐窮山，絕無師友之助，惟時得欽夫書問，往來講究此道，近方覺有脫然處。潛味之久，益覺所聞於西林而未之契者，皆不我欺矣。」（《續集》卷五《答羅參議》）

張敬夫（西元一一三三—一一八〇年），比朱熹小兩歲，但其天資聰慧、悟道早成，又受教於胡五峰之門，故其為學完全沒有經歷過朱熹那樣汜濫於佛禪，籠罩於章句，「擿埴索途，終日而莫知所適」的情況；而是直接了當，一開始就抓住了孔孟仁學之心學的要旨。故朱所謂「求仁之為急」、「一家自有一個安宅，乃立大本行達道之樞要。」這些在丙戌才恍然大悟的東西，對於張卻是早已確立的體悟❷。故朱上面書信所說，雖是自謙之辭，而亦是事實真情。

---

❷《宋史》謂其「穎悟夙成，浚愛之，自幼學所教莫非仁義忠孝之實。長師胡宏，宏一見即以孔門論仁親切之旨告之。栻退而思，若有得焉。宏稱之曰：「聖門有人矣」。」（《宋史．道學傳》）

《南軒文集》卷二五張《答陳擇之》書說：釋氏「自謂直指人心而初未嘗識心」。「果識是心，則君臣父子兄弟夫婦，是乃人道之經，而本心之所存也。」「欲游聖門，以何為先，其惟求仁乎。仁者聖學之樞而人之所以為道也。有見於言意之表而後知吾儒真實妙義，配天無疆，非異端空言比也。」❸朱「丙戌之悟」所反復提到的張對他的「求仁之為急」的啟導，其基本精神與內涵，和這一書信的內容，實際是完全一致的。大道不在言意之中，不在「守書冊，泥言語」，即不在章句訓解，而在於求識「本心」，對朱熹可以說真是「抽關啟鍵」之辭。

乾道三年，張作《經世紀年序》，指出：「蓋理義根乎天命而存乎人心者，不可沒也。」（同上，卷一四）乾道四年，作《郴州學記》，指出：「人之大倫，天所敘也，降衷於民，誰獨無是性哉?!孩提之童莫不知愛其親，及其長也，莫不知敬其兄，而夫婦朋友之間，君臣之際，禮儀三百，威儀三千，無適而非性之所有者。惟夫局於氣稟，遷於物欲而天理不明，是以處之不盡其道，以至於傷恩害義者有之。此先王之所以為憂而為之學以教之也。……今之學者，苟能立志尚友，講論問辨，而於人倫之際審加察焉，敬守力行，勿捨勿奪，則良心自識而天理自著。」（同上，卷九）同年，張為劉拱作《敬齋銘》又指出：「天生斯人，良心則存。聖愚曷異?敬肆是分。事有萬變，統乎心君。一頹其綱，泯焉絲紛。自昔先民，修己以敬。克持其心，順保常性。敬匪有

---

❸ 胡宏謂：「仁之一義，聖學要道，直須分明見得，然後所居而安，只於文字上見，不是了了。須於行往坐臥上見，方是真見。」（《宋元學案．五峰學案》）張敬夫講的「求仁之為急」，本於五峰。

加，惟主乎是。履薄臨深，不昧厥理。事至理形，其應若響，而實卓然，不與俱往。動靜不違，體用無忒。惟敬之功，協乎天德。嗟爾君子，敬之敬之，用力之久，……魚躍鳶飛，仁在其中。」（同上，卷三六）所有這些文章與書信，反復陳述的都是一個基本觀點：求仁之方即在於復人之仁義之本心，而為學的途徑則是主敬、講論問辯、讀書明理、克己、去私滅欲等等。

此一時期，張還有《論語說序》、《孟子講義序》、《胡子知言序》，亦反復發揮上述思想。《孟子講義序》說：「學者潛心孔孟，必得其門而入，愚以為莫先於義利之分。蓋聖學無所為而然也，無所為而然者，命之所以不已，性之所以不偏，而教之所以無窮也。凡有所為而然者，皆人欲之私，而非天理之所存，此義利之分也。自未嘗省察言之，終日之間鮮不為利矣。非特名位貨殖而後為利也。斯須之頃，意之所向，一涉於有所為，雖有深淺之不同，而其徇己自私，則一。」《胡子知言序》則提出：「卓然知夫心之所以為妙，則性命之理蓋可默識，……若乃不得其意而徒誦其言，不知求仁而坐談性命，則幾何其不流於異端之歸乎。」（以上《南軒文集》卷一四）這些關於「求仁之為急」的論述，亦是圍繞著一個中心，而其基本之點，也即朱熹在「中和舊悟」中所陳述和概括的。

乾道四年，張敬夫又作《艮齋銘》，指出：「天心粹然，道義俱全，是曰至善，萬化之源，人所固存，曷自違之！求之有道，夫何遠而。四端之著，我則察之，豈惟慮思，躬以達之。工深力到，大體可明，匪由外鑠，如春發生。知既至矣，心由其知。造次克念，戰兢自持。事物雖眾，各循其則。其則匪它，吾性之德。動靜以時，光明篤實。艮止之妙，於斯為得。」（同上，卷三六）朱熹對於這一銘辭的思想，十分讚佩。在《答程允夫》書中，朱說：「去冬走湖湘，講論之益不少。然此事須是自做工夫，於日用間，行住坐臥處，方自有見處，然後從此操存，以至於極，方為己物爾。敬夫所見超詣卓然，非所可及，近文甚多，未暇錄，且令寫此一銘去，此尤勝他文也。」敬夫所作「《艮齋銘》便是做工夫的節次。近日相與考證古聖所傳門庭，建立此個宗旨，相與守之。」（《文集》卷四一第五書）❹又《與曾裘父》書說：「敬夫為元履作齋銘，嘗見之否？謾納一本。其言雖約，然《大學》始終之義具焉，恐可置左右也。」（《年譜》置戊子條，《文集》卷三八）《艮齋銘》的思想實際上即是朱熹「中和舊悟」的思想。「天心粹然，道義俱全」是朱「中和舊悟」反復申論以之作為體悟之心學基礎的。「造次克念，戰兢自持」、「自昔先民，修己以敬」就是「主敬」。「知既至矣，必由其知」，既指良知的擴充與發用流行，又指讀書（讀聖賢書）明理，了解事物之「則」，也即窮理以致知。而事物之理即吾性之德，所謂「事物雖眾，各循其則。其則匪它，吾性之德。」故致知可以固本。故同年張《答彪德美》說：大抵來書「是舍實理而駕虛說，忽下學而驟言上達，掃去形而下者而自以為在形器之表，此病恐不細，正某所謂雖闢釋氏而不知正墮在其中者也。故無復窮理之工，無復持敬之妙，皆由是耳。」（《南軒文集》卷二五，

❹ 錢穆先生說：「此書在南岳歸後，其折從南軒之意皎然矣。云於日用間行往坐臥處有見，然後從此操存，此即當時湖南學派先察識後存養之說也。」（《朱子新學案》第二冊，《朱子論未發與已發》）

書作於戊子）窮理、持敬相提並論。用朱熹所寫《程氏遺書後序》的話來概括，即「主敬以立其本，窮理以致其知。」「本立而知益明，知精而本益固。」所以，由朱熹對《艮齋銘》的讚佩及其指明是兩人共同討論所訂下相與共守的門庭宗旨，確可以說朱丙戌至戊子這一時期的思想是得力於張的「抽關啟鍵」與相互切磋的。

丁亥，曾裘父亦訪張敬夫於長沙，張《送曾裘父序》說：「人受天地之中以生，有是心也，天命之謂性，精微深奧，非言所可窮極；而妙其蘊者，心也。仁者心之所為妙也。」「然求仁之方，豈遠乎？即吾視聽言動之著不可掩也，有能於此達其端而會其源，超然得之於形氣之表，則洋洋上下，體物不遺，人仁而道不窮矣，極其致則天也。」（《南軒文集》卷一五）此序張敬夫曾寄送朱熹，故朱《與曾裘父》說：「求仁之方，竊意潛心久矣，方恨未獲躬扣。昨欽夫寄示送行序文，其說似皆的端，不審高明以為如何？」（《文集》卷三八第一書）此書當作於戊子，所以朱、張這一時期切磋為學、求仁之方，是相當密切的。朱說《艮齋銘》是兩人共同討論、相與共守之門庭宗旨，是確實的。

同年，張敬夫為《知言》所寫的《序》指出：「今之異端直自以為識心見性，其說乖張雄誕，又非當時（孟子時）之比，故高明之士往往樂聞而喜趨之，一溺其間則喪其本心，萬事隳弛，毫釐之差，霄壤之謬，其禍蓋有不可勝言者。」（《南軒文集》卷一四）朱在回信中則指出：「《序文》之作，推明本意，以救末流，可謂有功於此書，而為幸於學者矣，尚何疑之有哉！」（《文集》

卷三〇《答張欽夫》第十書）對《序言》思想的基本方向或基本點完全同意。此亦可見此時兩人思想的一致。

張《答陳擇之》書，不知作於何年，但張丙戌所作《潭州重修岳麓書院記》，已提出求仁乃聖學之要，說：「天理人欲同行異情，毫釐之差，霄壤之謬，此所以求仁之難，必貴乎學以明之。」「齊宣王見一牛之觳觫而不忍，則告之曰，是心足以王矣。古之人所以大過人者，善推其所為而已。」「惻隱之心，仁之端也，於此焉求之，則不差矣。」（《南軒文集》卷一〇）歸結起來，也是求仁之方乃主敬、窮理，相互結合之意。比這更早，紹興二十八年，張寫《困齋記》，此思想也已十分成熟老練。在文中，張指出：「夫窮達，在外者也；理義者，在我者也，在外者存於時命，而在我者，無斯須而可離。」（同上，卷一二）同年為宋子飛寫的《仰子堂記》，張又說：「噫，人生天地之中，而與天地同體，出乎萬世之下而與聖人同心，其唯仁乎。……仁之為道，論其極致，雖曰舉者莫能勝，行者莫能至，然而聖人之教人求仁，則具有塗轍。《論語》一書，明訓備在，熟讀而深思，深思而力體，優游厭飫，及其久也，當自知之。」「古之人起居寢室之間，精察主一，不知有外物之可慕，他事之可為，不知富貴之可喜，憂患之可戚，蓋其中心汲汲於求仁而已。是道也，夫人皆可勉而進。」（同上）也發揮類似的思想。故張在和朱的通信中，反復以求仁之為急的心學思想啟迪朱熹，是順理成章的。

張卒後，朱為張作《神道碑》，說：「公之教人，必使之先有以察夫義利之間，而後明理居敬，以造其極。……蓋其言嘗有云：『學莫先於義利之辨，而義也者本心之所當為而不能自已，非有所為而為之者也。一有所為而後為之，則皆人欲之私，而非天理之所存矣。』嗚呼，至哉言也，其亦可謂擴前聖之所未發而同於性善養氣之功者歟！」（《年譜》淳熙七年條）朱熹如此讚賞張的這一思想，因為這也是朱自己的見解。唯其如此，故丙戌至戊子朱《答何叔京》書說：「向來妄論持敬之說，亦不記其云何；但因其良心發現之微，猛省提撕，使心不昧，則是做工夫底本領；本領即立，自然下學而上達矣。若不察於良心發現處，即渺渺茫茫，恐無下手處也。……所喻多識前言往行，固君子之所急，熹向來所見亦是如此。近因反求未得個安穩處，卻始知此未免支離，如所謂因諸公以求程氏，因程氏以求聖人，是隔幾重公案；曷若默會諸心以立其本，而其言之得失，自不能逃吾之鑒耶！欽夫之學，所以超脫自在，見得分明，不為言語所桎梏，只為合下入處親切也。」（《文集》卷四〇，乾道三年）又說：「若使道可以多聞博觀而得，則世之知道者為不少矣。熹近日因事方有少省發處，如鳶飛魚躍，明道以為與必有事焉勿正之意同者，今乃曉然無疑。日用之間，觀此流行之體，初無間斷，方有下功夫處。乃知日前自誑、誑人之罪，蓋不可勝贖也。此與守書冊、泥言語，全無交涉，幸於日用間察之，知此則知仁矣。」（同上，第十三書，《年譜》置戊子）實際完全發揮張的思想。故朱《祭張敬夫殿撰文》說：「我昔求道，未獲其友，蔽莫予開，吝莫予剖，蓋自從公而觀於大業之規模，察彼群言之紛糾，於是相與切磋以究之，而又相厲以死守也。」（《文集》卷八七）這也是朱熹丙戌之悟所直接有得於張之啟迪的證明。

反觀朱甲申於豐城和張會面以前，朱之書信及奏議中的治學言論，則沒有與此類似的以求仁之為急的思想。紹興二十六年，朱作《一經堂記》，說：「予聞古之所謂學者，非他，耕且養而已矣；其所以不已乎經者何也？曰，將以格物而致其知也。學始乎知，惟格物足以致之」（《文集》卷七七）《語錄》：「沈元周問尹和靖，《伊川易傳》何處是切要？尹云：『體用一源，顯微無間；此是切要處。』後舉以問李先生，先生曰：『尹說固好，然要看得六十四卦、三百八十四爻，都有下落，方始說得此語。若學者未曾仔細理會，便與他如此說，豈不誤他。』某聞之竦然，始知前日空言無實，全不濟事，自此讀書益加詳實云。」（李閎祖）此條，《年譜》載高宗紹興三十年。同年，《答程允夫》第一書說：「理之所在，即是中道，惟窮之不深，則無所準則，而有過不及之患，未有窮理既深而反有此患也。《易》曰：『精義入神以致用也。』蓋惟如此，然後可以應務；未至於此，則凡所作為皆出於私意之鑿，冥行而已，雖使或中，君子不貴也。」（《文集》卷四一）突出的為學中心點是格物致知，窮理、明理。

紹興三十二年，朱應詔上封事，提出：「帝王之學，必先格物致知，以極夫事物之變，使義理所存，纖悉畢照，則自然意誠心正，而可以應天下之務。」（《文集》卷一一）講的雖是帝王之學，實際也是朱熹所領悟的為學之方，其精神和上述李侗「看得六十四卦、三百八十四爻都有下落」的觀點是一致的。突出的為學中心點也是格物致知。

隆興二年，《答江元適》第二書說：「語夫進修節序之緩急先後者，則……熹之所聞，以為天下之物無一物不具夫理，是以聖門之學，下學之秩始於格物以致其知，不離乎日用事物之間，別其是非、審其可否，由是精義入神以致其用。」亦發揮以格物致知為入學之方的思想。不僅無主敬立本之說，亦完全沒有「以求仁之為要」的思想。（《文集》卷三八）

同年，《答許順之》第七書說：「物物皆有理，須一一推窮。性則是理之極處，故云盡；命則理之所自來處。」（《文集》卷三九）《答江尚書》第三書說：「物必格而後明，倫必察而後盡。格物只是窮理，物格即是理明。此乃大學功夫之始。」（《文集》卷三〇）《答柯國材》第二書說：「熹自延平逝去，學問無分寸之進，汩汩度日，無朋友之助，未知終何所歸宿。邇來雖病軀粗健，然心力凋弱，目前之事，十亡八九，至於觀書，全不復記，以此兀兀於致知格物之地，全無所發明，思見吾國材精篤之論而不可得，臨書恍然也。」（《文集》卷三九）也反映了與張敬夫交往以前的真實情況。

乾道元年，《答石子重》第一書說：「熹竊謂人之所以為學者，以吾之心未若聖人之心故也。……故學者必因先達之言以求聖人之意，因聖人之意以達天地之理，求之自淺以及深，至之自近以及遠，循循有序，而不可以欲速迫切之心求也。」（《文集》卷四二）不提求仁，不提主敬，只講窮理，也是此時期的思想。

事實上，《延平問答》涵蓋的時間，從丁丑（西元一一五七年）至李侗逝世（西元一一六四年），全書完全沒有主敬窮理相互並發與「求仁之為要」的入道之方的思想。壬午年（西元一一六二年）六月十一日，朱提出何謂仁？「仁是心之正理，能發能用底兩個端緒」等，請教於李，李回答說：「仁字極難講說，只看天理統體便是。更心字亦難指說，唯認取發用處是心。二字須要體認得極分明，方可下工夫。」「若欲於此進步，須把斷諸路頭，靜坐默識，使之泥滓漸漸消去，方可。不然，亦只是說也。更熟思之。」語意含混，極難令人理解。故《語錄》說：「李先生當時說學，已有許多意思，只為說敬字不分明，所以許多時無捉摸處。」（楊方）確是真實情況。

紹興三十二年，壬午，朱《答許順之》第四書說：「只於平易慤實之處，認取至當之理。」《文集》卷三九）強調認取、窮理。但戊子《答許順之》第十四書卻說：「學以求仁、格物為先，所以發處，自然見得是非可否，不差毫發。其工夫到與不到，卻在人。」「計較利害之私，與聖門求仁、格物、順理涵養氣象，大相懸格，信知儒釋只此毫釐間。」（同上）強調求仁、格物、涵養，與前大不相同。求仁、格物，相提並論，也即主敬、窮理相互並發之意，證明自與張切磋後，朱的為學思想確發生了顯著的變化。

要而言之，丙戌以前，朱熹雖已對《論語》、《孟子》下過極深的功夫，其章句之學已達到很高的水準，由答範直閣、程允夫等書信及《延平問答》看，朱對哲學思想的概括與理解能力，也已達很高水準。對禪的「明心見性」也有相當體悟。但這些都缺乏一總的「本領」、「頭腦」以為會通，因而不能綱舉目張，高屋見瓴。由於禪的影響，朱見延平前，偏重理一，見延平後，又完全轉到分殊上用力。延平的排佛，更使朱熹以為儒的義理之學與佛的心性之悟是完全矛盾對立的。在入學進路上，延平的「默坐澄心」，則又使其與以前重領悟與義理的了解相互矛盾。所以左也不是，右也不是，確如「瞽之無目」，「終日而莫知所適。」經張敬夫的指點、切磋，有了一悟，才豁然開朗，一通百通。儒與釋，心與性，性與理，理一與分殊完全貫通。「等閒識得春風面，萬紫千紅總是春」，「水到船浮」、「惟意所適」，分外地輕快而與以前大不相同了。

第二節　「己丑新悟」與主敬、窮理

戊子《程氏遺書後序》後，第二年，朱有「己丑新悟」，認識到湖湘學派關於「先察識後涵養」的為學進路缺少了涵養本原一段功夫，須要改正。由此，朱提出了「涵養須用敬，進學則在致知。」以程頤這兩句話取代「先察識後涵養」之說（參見《文集》卷六四《與湖南諸公論中和第一書》）

實際上，朱在丁亥訪問長沙，和湖湘學者們廣泛交談以後，對此已深有所感了。其戊子《答石子重》第五書說：「熹自去秋之中走長沙，……欽夫見處卓然不可及，從游之久，反復開益為多；但其天資明敏，從初不歷階級而得之，故今日語人，亦多失之太高。湘中學者從之游者，遂一例學為虛談，其流弊亦將有害。比來頗覺此病矣。……胡氏子弟及它門人，亦有語此者，然皆無實得，拈槌豎拂，幾如說禪矣，與文定合下門庭大段相反，更無商量處。」（《文集》卷四二）朱熹不滿於張敬夫，認為其為學之方是「失之太高」，「不歷階級而得」。實際上是說，張雖得之，但不是從苦讀、從讀書明理與切實修養踐履中漸悟而成，其流弊將會淪於佛禪。故己丑時朱就斷然修正而提出新的工夫與為學進路了，即「涵養須用敬，進學則在致知」。

細加分疏可以看到，這兩句話同戊子《程氏遺書後序》的「主敬以立其本，窮理以致其知」，兩者的精神實質是一致的❺，但工夫的側重點確有不同。「主敬以立其本」強調的是主敬以存本

❺ 紹熙元年，朱（六十一歲）《答吳斗南》說：「苟知其放而欲求之，則即此知求之處，一念悚然，是亦不待別求入處而此心體用之全已在是矣。由是而持敬以存其體，窮理以致其用，則其日增月益，自將有欲罷而不能者。」（《文集》卷五九第一書）二年，又答書說：「如今更不可別求用力處，只是持敬以窮理而已。」（同上，第三書）同年，朱作《德安府應城縣上蔡謝先生祠祀》，指出：「（先生）所著《論語說》及門人所記《遺語》皆行於世，如以生意論仁，以實理論誠，以常惺論敬，以求是論窮理，其命理皆精當，而直指窮理居敬為入德之門，則於夫子教人之法，又最為得其綱領。」（《文集》卷八〇）可見在朱熹思想中，居敬窮理與己丑提出的「涵養用敬，進學致知」實質精神是一致的。只是有時強調的重點有區別罷了。「己丑新悟」時，為指出湖湘學派的缺點，才特別突出「涵養用敬」、「涵養本原」工夫的重要。

心，擴充本心，仍是張敬夫《艮齋銘》的思想。「知精而本益固」，知亦是為立本服務，也是《艮齋銘》所講過的。而己丑提出的「涵養須用敬」，則重點是強調涵養本原，敬只是作涵養工夫的態度。涵養工夫自有其內容，此內容所指，包括小學灑掃應對之全部踐履；包括克己復禮、「存天理、滅人欲」的種種修養工夫；也包括讀書明理，以聖賢之義理啟迪與培養本心等等。「進學則在致知」，亦包括廣泛的內容，而不限於擴充良知、知良知之所知。所以「新悟」既包括了「舊悟」與《程氏遺書後序》的內涵，又向前加以發展，防止與糾正了單純在明心見性、識心見性、察識本心、擴充良知上用力，而忽視切實的踐履修行，讀書反省，克己滅欲，踏踏實實做工夫的蔽病。因此，認為兩者毫無區別是不對的；以為兩者截然相反，也是不對的。

「己丑之悟」後，朱給何叔京、林擇之的書信，充分表明了「己丑新悟」與《程氏遺書後序》兩者之間的這種既有區別又有聯繫的情況。如《答林擇之》說：「中和之說看得如何，但恐其間言語不能無病，其大體莫無可疑者。數日來玩味此意，日用間極覺得力，乃知日前所以若有若亡，不能得純熟而氣象浮淺，易得動搖，其病皆在此。湖南諸友，其病亦似此。近看南軒文字，大抵都無前面一截工夫也。大抵心體通有無、該動靜，故工夫亦通有無、該動靜，方無透漏，若必待其發而後察，察而後存，則工夫之所不至者多矣。惟涵養於未發之前，則其發處自然中節者多，不中節者少，體察之際，亦甚明審，易為著力，與異時無本可據之說大不同矣。」（《文集》卷四三第二十二書）又說：「古人只從幼子常視無誑以上、灑掃應對進退之間，便是做涵養底工夫了，此豈待先識端倪而後加涵養哉！但從此涵養中漸漸體出這端倪來，則一一便為己物；又只如平常地涵養將去，自然純熟。今曰即日所學便當察此端倪而加涵養之功，似非古人為學之序也。又云涵養則其本益固，進學則其智益明，表裏互相發也，此語甚嘉。……蓋義理、人心之所固有，苟得其養而無物欲之昏，則自然發現明著，不待別求，格物致知亦因其明而明之爾。今乃謂不先察識端倪，則涵養個甚底，不亦太急迫乎?!」(同上，第二十一書) 由這兩封信可以看出，「己丑新悟」後：㈠義理乃「人心之固有」與「舊悟」之「此粹然天地之心，道義完善」的觀點並沒有任何改變。㈡「苟得其養，無物欲之昏，則自然發現明著，不待別求。」與《艮齋銘》、《敬齋銘》及「舊悟」的思想，也是沒有本質區別的。但朱指出，此種涵養工夫，不必在先察識端倪之後，而在已發之前、察識端倪之前即可進行，如此則已發時中節者多，不中節者少。㈢強調了古人自小灑掃應對進退之間，切實踐履，就是涵養。「所以大學之道，只從格物做起。今人從前無此工夫，但見大學以格物為先，便欲只以思慮、知識求之，更不於操存處用力，縱使窺得十分，亦無實地可據。大抵敬字是徹上徹下之意，格物致知乃其間節次進步處耳。」(《文集》卷四三第十九書》對忽視涵養本原，以格物求知、向外窮理為工夫基礎的觀點，進行了明確的批判。

答林擇之的其它書信亦發揮了這一思想。如第五書說：「況不務涵養本根而直看發處，尤所未安。」第七書說：「鳶飛魚躍，察見天理，正與《中庸》本文察字異指。便入堯舜氣象，亦只是見得天理自然，不煩思勉處爾。若實欲到此地位，更有多少工夫，而可易其言耶?!疑上蔡此語，亦傷快也。近來玩索，漸見聖門進趣實地，但苦惰廢，不能如人意爾。」（《文集》卷四三）也是強調切實踐履、艱苦磨練，不能越等貪高，與戊子時強調主敬立本，擴充良知之精神，確有所不同。但「涵養本根」即包括著「主敬立本」，把兩者對立起來，是毫無根據的。

同時期，朱《答何叔京》說：「示喻必先盡心知性，識其本根，然後致持養之功，此意甚善。然此心此性，人皆有之，所以不識者，物欲昏之耳。欲識此本根，亦須合下且識得個持養功夫次第而加功焉，方始見得；見得之後，又不舍其持養之功，方始守得。蓋初不從外處來，只持養得便自著見，但要窮理功夫相互發耳。來喻必欲先識本根，而不言所以識之之道，恐亦未免成兩截也。」（《文集》卷四〇第三十一書）也是指出持養工夫，即涵養工夫對於守住本原、本根的重要。缺少這種工夫，本根是不能自然明著發用的。

《答胡廣仲》說：「近來覺得敬之一字，真聖學終始之要，向來之論，謂必先致其知，然後有以用力於此，疑若未安。蓋古人由小學而進入大學，其於灑掃應對進退之間，持守堅定，涵養純熟，固已久矣，是以大學之序特因小學已成之功，而以格物致知為始；今人未嘗一日從事於小學，而曰必先致其知，然後敬有所施，則未知其以何為主而格物以致其知也。」（《文集》卷四二第一書）又說：「二先生亦言，根本須先培擁，然後可立趨向；又言莊整齊肅，久之則自然天理明。五峰雖言知不先至則敬不得施，然又云格物之道必先居敬以持其志，此言皆何謂耶？熹竊謂明道所謂先有知識者，只為知邪正、識趨向耳，未便遽及知至之事也。上蔡、五峰既推之太過，而來喻又謂知之一字便是聖門授受之機，則是因二公之過而又過之……卻是近世禪家說話多如此。若必如此，則是未知已前，可以怠慢放肆，無所不為，而必若曾子一唯之後，然後可以用力於敬也。此說之行，於學者日用工夫大有害，恐將有談玄說妙，以終其身，而不及用力於敬者，非但言語之小疵也。」（同上，第二書）強調大學格物致知之前，須有古人小學踐履涵養的純熟工夫，與戊子《遺書後序》逕直講「主敬以立其本」，也是確有區別的。

《答吳晦叔》說：「蓋古人之教，自其孩幼而教之以孝悌誠敬之實，及其少長而博之以詩書禮樂之文，皆所以使之即夫一事一物之間，各有以知其義理之所在，而致涵養踐履之功也。及其十五成童，學於大學，則其灑掃應對之間，禮樂射御之際，所以涵養踐履之者，略已小成矣，於是不離乎此而教之以格物以致其知焉。致知云者，因其所已知者推而致之以及其所未知者、而極其至也……。非涵養踐履之有素，亦豈能居然以夫雜亂紛紏之心而格物以致其知哉。」（《文集》卷四二第九書）涵養工夫包括了十五歲大學之前整個小學一個階段。此階段既有孝悌敬誠的踐履的實功，亦有就此而講明義理的「窮理」。這些，在《程氏遺書後序》中顯然是沒有包括、沒有明確的。

「先察識後涵養」是胡五峰在《知言》中確立的，故在以後的《知言疑義》及《語類》中，朱熹對此亦有許多批評。如說：

欲為仁，先識心本體，此語大可疑。觀孔子答門人問為仁者多矣，不過以求仁之方告之，使之從事於此而自得焉爾，初不必使先識仁體也。

聖門之教，詳於持養而略於體察，與此章之意適相反。（《知言疑義》）

《知言》之書，用意精切。但其氣象急迫，終少和平。又數大節目亦皆差誤，如性無善惡，心為已發，先知後敬之類，皆失聖賢本指。（《文集》卷三五《答劉子澄》第四書）

《知言》中議論多病，如……先識仁體，然後敬有所施；先志於大，然後從事於小。……此類極多。……良由務以智力取勝，全無涵養之功，所以至此，可以為戒。（《文集》卷三九《答范伯崇》第十三書）

《知言》疑義，大端有八。性無善惡，心為已發。仁以用言，心以用盡。不事涵養，先務知識。氣象迫狹，語論過高。（《語類》卷一〇一）

《文集》卷三二，朱《答張欽夫》第十八書說：「學者先須察識端倪之發，然後可加存養之功，則熹於此不能無疑。蓋發處固當察識，但人自有未發時，此處便合存養，豈可必待發而後察，察而後存耶？且從初不曾存養，便欲隨事察識，竊恐浩浩茫茫，無下手處，而毫釐之差、千里之謬，將有不可勝言者。此程子所以每言孟子才高，學之無可依據，人須是學顏子之學，則入聖人為近，有用力處，其微意亦可見矣。」故朱熹力主涵養本原是工夫的基本點，明確地批評胡五峰及湖湘學者先察識之說，完全不是因為朱熹和胡宏的心學方向發生了歧異，而是相反，更加明確了心學的本原與基礎地位。涵養在察識之先的提法，堵住了告子義外之說，而突顯了孟子式的「仁，人心也」，「人皆有是心，心皆有是理」，良心仁體是大本大根的觀點。在心性關係上，明確地達到了性即是心之本體，性因心而發，不在心外；故在同書中，朱熹將自己對心性關係的新認識概括為：「人之一身，知覺運用莫非心之所為，則心者固所以主於身而無動靜語默之間者也。然方其靜也，事物未至，思慮未萌，而一性渾然，道義全具，其所謂中，是乃心之所以為體而寂然不動者也；及其動也，事物交至，思慮萌焉，則七情迭用，各有攸主，其所謂和，是乃心之所以為用，感而遂通者也。然性之靜也，而不能不動；情之動也，而必有節焉，是則心之所以寂然感通、周流貫徹而體用未始相離者也。」「因復體察，得見此理（指心性關係之理）須以心為主而論之，則性情之德，中和之妙，皆有條不紊矣。」朱熹關於「涵養須用敬」，就是在這一基點上提出的。所以「中和新舊兩悟」，精神是一貫的。「新悟」既是對湖湘學派的為學工夫之否定，又是對它的承繼和發展。

附論：朱熹《程氏遺書後序》完成於乾道四年，戊子時。

朱子《答林擇之》說：「《知言序》、《遺書》二序並錄呈。」（《別集》卷六第一書）「《遺書》二序」即指《程氏遺書後序》及《程氏遺書附錄後序》。《附錄後序》寫明為乾道四年夏四月，故

「《遺書》二序」完成的時間毫無可疑。皆可為朱熹戊子時思想之證明。

陳來《朱熹哲學研究》之《二程遺書後序考》，❻據朱《答蔡季通》「近看《遺書目錄序》『時有先後』以下一節說道理不出，欲更之云：『先生之學，其大要則可知矣。讀是書者，誠能主敬以立其本，窮理以進其知……』」斷定《遺書》編成時，《後序》本無主敬窮理思想。現《後序》乃「己丑中和新悟」之時所改定。這無異於是說，戊子時出版的二程遺書沒有流行本的「主敬以立其本……」但己丑朱又改寫了，而發行了新版本。朱所編《二程遺書》刊於戊子之夏，乃學術界熟知的事實。陳來亦承認「遺書刊於戊子之夏」❼；所以《遺書後序考》的說法只能是主觀異想，不可能有事實的根據。陳來提出的根據是朱給蔡季通的上述信件。為此，陳將此信定為戊子，從而斷定朱改寫的現序必在己丑；但將此信定在戊子，陳的根據又是朱提出「主敬以立本，窮理以致知」，只能是「己丑新悟」的思想，故《後序》不能在己丑前。這種循環論證之不能成立，

---

❻ 《朱熹哲學研究》第二部份《心性論》第一三四—一三五頁，陳說：「原《遺書後序》本有『時有先後……』一節，後來才改為主敬窮理云云。……就是說遺書編成時，序文本無主敬為本的思想。……己丑之悟後，朱熹先改正遺書序文（即答蔡書所論者），又吸取林擇之語，始改定為現在所見的文字。」（臺北文津出版社，一九九〇年十二月版）

❼ 陳來《朱子書信編年》第五〇頁，一一六八年，《答何叔京》十六書考，等等。上海人民出版社，一九八九年版。

是很顯然的。而以《後序》之「主敬立本」、「知精固本」為「己丑新悟」之思想，更是不符合「新悟」之新意所在的。

實際上，朱與蔡的通信，乾道三年已經開始，以後持續不斷。在信中，朱和蔡討論《語錄》、《遺書》、《綱目》的刊誤、改正問題。如「《孟子》看得兩篇，改易數處，但塗抹難看，無人寫得一草本。」（《續集》卷二）等等。故朱《答蔡季通》此信寫於《遺書》正式刊行前，更為順理成章。

朱《答程允夫》信函也可為此提供一旁證。《文集》卷四一《答程允夫》第五書提到《二程遺書》，說：「近泉州刊行《程氏遺書》乃二先生語錄，此間所錄，旦夕得本，首當奉寄也。」（《文集》卷四一）此書作於戊子，因書中說：「年冬走湖湘，講論之益不少。」故戊子時《遺書》已在泉州刊出無疑。在信中朱又提出：「可欲之謂善，此句尋常如何看?」程提出見解，朱在第六書給予回答說：「可欲之說甚善，但云可者欲之……又謂能持敬則欲自寡，此語甚當；但紙尾之意，以為須先有所見方有下手用心處，則又未然。夫持敬用功處，伊川言之詳矣，只……」下面接連引伊川四條論持敬窮理的語錄。接著又說：「熹載其說於《程氏遺書》之後，試深考之。」證明《遺書》此時已寄程允夫。而此書中朱關於持敬窮理的觀點完全發揮《遺書後序》的兩句話，反復說：「若能持敬以窮理，則天理自明，人欲自消，而彼之邪妄將不攻而自破矣。」「至於鳶飛魚躍之間，則非他人言語之所能與，亦只於此用力，自當見得。……若信得及，捨持敬窮理，則何以哉！」雖有對「先察識」「先見」的批評，但亦未有對「涵養本原」的強調。程頤「涵養用敬，進學致知」的話，只是與其它條並列，並未將其突出；相反，指出「聖賢之言，如此類者甚眾。」所以這封信既可以作為戊子出版的《遺書後序》已是今天之所見版本的證明，亦可以看作是由《後序》到「新悟」的過渡。

第三節 《知言疑義》

《知言》是胡宏的主要著作，全書闡述心性關係、天人關係、天理人欲關係及「太極即道」的哲學見解與「先察識、後涵養」的修養方法，實際構成了一個哲學體系。朱熹以後在「丙戌、己丑之悟」基礎上所建立的龐大哲學體系，實際就是在胡宏這一基礎上通過擴充、修正、精確、充分展開而完成的。

「已丑新悟」後，朱熹寫下對胡宏《知言》的種種意見和張敬夫及呂祖謙的討論。這些討論，朱熹集結為《知言疑義》。❽

胡宏嘗說：「心性二字，乃道義淵源，當明辨不失毫釐，然後有所持循。」（《宋元學案・五峰學案》）心性關係，是《知言》論述的中心與主題。

❽《知言疑義》見《文集》卷七三。

《知言》關於心性關係的基本見解，表現於下面兩段論述：「天命之謂性。……心也者，知天地、宰萬物以成性者也。」「氣之流行，性之為主；性之流行，心為之主。」牟宗三先生對這兩段話疏解說：「成性是形著之義，非本無今有之成，即因心之成著而使性成為真實而具體之性也。性至此，便真成為其性。」「性為客觀性原則、自性原則，莫尊於性。……性為氣之主，是客觀地、形式地為其綱紀之主，亦是存有論地為其存在之主。」「心為性之主，是主觀地、實際地為其形著之主。心與性非異體也。」「心也者所以為體現性體之主觀之主也。」❾這裡就性與氣的關係說，牟先生的疏解實質是說，性是氣之流行與運動所遵循的規律，因其為氣之運動所必須依從、遵照，所以為氣之「綱紀」。「綱紀」也者，必須遵循之大綱大紀之意。因此，性不是實體，而只是一形式的、抽象的準則、規律。它無形無象，是超越的形而上。故其對氣之流行的規範、綱紀，也只是形式的。牟先生說「性為氣之主是客觀地、形式地為其綱紀之主，亦是存有論地為其存在之主」的實質意思，就是如此。但這意思正好是朱熹以後論理氣關係時所習道的。

「性之流行，心之為主」。胡宏的本意是說，性之發用流行，心起主體的、實體的、主宰的作用。但何以如此？是因為性無形、無象，超時空，只有當其由人體之，成為人之「心」時，才能真實化、「形著化」、實體化。性與心，本質上是一，但心是實體的，因而是能使性形著化、具體化的；性則是無形、無象的，因而是非形著化、非具體化的。這與朱熹的心性思想在實質上也

❾《心體與性體》第二冊，《明道伊川與胡五峰》。臺北正中書局，一九六九年版。

是一致的。

胡宏的心性思想從《中庸》「天命之謂性」而來。所謂「性立天下之大本」，即從《中庸》「天命之謂性」、「中也者，天下之大本也」中演化而出。朱熹《答張敬夫問目》：「心性皆天之所以與我者，不能存養而梏亡之，則非所以事天也。夫心主乎性者也。」（《文集》卷三二）「心主乎性」，即出於胡宏。

朱熹曾說理不能經營造作，能經營造作的是心。胡宏沒有朱熹這種說法，但卻說「性之流行，心之為主。」究其原因，也是因為性只是一種普遍性原則，需轉化為心才能顯現其對物與人的能動的主導的作用。邵雍說「心也者，性之浮廓也」，也是此意。這裡彰顯的是心為性之實體的意義。心何以能對萬物萬事有主宰的能動的作用？蓋因心有兩重性，既是性之實體，能彰顯天理、道德於人之行為與行事中而為百行之本，萬善之源；又是一知覺的主體、情感的主體。心的這種兩重性，使人既是「天使」，又是「魔鬼」；既是超越的物自體，是自主、自律、自為的存在，又是經驗的、世俗的、他律的、為他的存在。故《知言》說：「夫婦之道，人丑之矣，以淫欲為事也；聖人則安之者，以保合為義也。接而知有禮焉，交而知有道焉，惟敬者為能守而勿失也。語曰：『樂而不淫』，則得性命之正矣。謂之淫欲者，非陋庸人而何！」也就是說，聖人與凡人都具有情欲，區別僅在於：一者接而不知有禮，交而不知有道，完全為情感情欲所支配；一者則「接而知有禮，交而知有道。」其道德本心、道德良知能主宰情欲，使之合於禮與道。一旦心只具道德的、超越的一重性，淫欲之陷溺就根本不可能了。人人都是聖人，凡聖之分也就沒有必要了。但《知言》認為，人與心的兩重性是人人（包括聖人）都生而既具的，故「凡天命所有，而眾人有之者，聖人皆有之；人以情為有累也，聖人不去情；人以才為有害也，聖人不病才；人以欲為不善也，聖人不絕欲；人以術為傷德也，聖人不棄術；人以憂為非達也，聖人不忘憂；人以怨為非宏也，聖人不釋怨。然則何以別於眾人乎？聖人發而中節，而眾人不中節也。中節者為是，不中節者為非。挾是而行則為正，挾非而行則為邪。正者為善，邪者為惡。而俗儒乃以善惡言性，邈乎遼哉。」（《知言》用朱熹的話來說，就是：「原於天理之奧者，道心也；原於形氣之私者，人心也。心一也，以正不正而異其名爾。」故胡宏關於心性的見解實質也是朱熹以後常加發揮的。

《知言》又說：「情一流則難遏，動而後平，是以難也。察而養之於未流，則不至於用遏矣。察而養之於未動，則不至於用平矣。是故察之有素，則雖嬰於物而不惑；養之有素，則雖激於物而不背。易曰：『艮其背，不獲其身。行其庭，不見其人。無咎。』此之謂也。」水流出來，要加遏止，很難；人情流溺為人欲、物欲，要加遏止，也很難。故《知言》提出要「察而養之於未流」。就是說，要在未發前加以涵養。「養之於未動，養之有素」，都是涵養於未發之意；這樣情之發露流行就會合乎禮節而不流溺於「過」。朱熹晚年亦說：「今人多是偏重了，只說涵養於未發，而已發之實乃不能制，是有得於靜而無得於動；只知制其已發而未發時不能涵養，則是有得於動而無得於靜也。」（《語類》卷一一三）「問：涵養於未發之初，令不善之端旋消則易為力，若後則難制。曰：聖賢之論，正要就發處制，惟子思說喜怒哀樂未發之謂中，孔孟教人多從發處說，未發時固當涵養，不成發後便都不管。」（同上）這些實際上即胡宏論察養的觀點。

在朱熹思想體系中，未發是性，是本心、心體，故朱有「本心」的概念及與此相關的「本情」的概念。朱熹講惻隱之心，講羞惡、是非、辭遜，即是這種「本情」。這種「本情」不離於喜怒哀樂，亦不離於喜怒哀樂。離了，就成為無情之情，也即情之理了。雜了，就消融自己為喜怒哀樂本身、視動言動本身而不成其為「本情」了。「本心」與人心的關係也是不離不雜的。離了，就只是純粹的形而上，與實然之心無關；雜了，就消融自己為具體的知覺活動而不成其為本體、本心了。此「道德本心」未發時，即未感物而動時，無形無象，只是一超越的形而上；當人心感物而動時，它隨人心之發用而起用，使人之喜怒哀樂發而中節，完全按一道德律則命令而行其所當行。此道德本心，實質乃道德律則、道德命令之本根。故朱熹說：「仁義禮智根於心」，「心統性情」，「性即理」。胡宏說：「未發只可言性，已發乃可言心。」「心之體段難言，無思也，無為也，寂然不動，感而遂通天下之故是也。」實際也是這樣的思想。但胡宏在表述上比較含糊混亂，故朱熹在《知言疑義》中加以批評，提出更為精確的表述，但兩者的思想實質，則亦是一致而沒有原則分歧的。

胡宏說：「凡人之生，粹然天地之心，道義全具，無適無莫，不可以善惡辨，不可以是非分，無過也，無不及也，此中之所以名也。」朱熹批評說，此「即告子性無善無不善之論也。」

《語類》卷一〇一）實際上，胡宏的意思是說性、心之本體、本心是「至善」、「無對之善」，不可以以善惡名。朱熹《答何叔京》說：「善根，無對之善也；眾善者，有對之善也。」（《文集》卷四〇第八書）也是這意思。朱說人心道心以正與不正而異其名。又說：「言視聽思慮動作皆是天理，其順發出來的無非當然之理，即所謂真，……雖是妄，亦無非天理，只是發得不當地頭。」（《語類》卷九五）實質也是性無善惡的思想。兩者的心性思想實質是一致的，故朱說胡「粹然完具云云，都說得好」。（《語類》卷一〇一）又說：「五峰說心妙性情之德，不是他曾去研窮深體，如何直見得恁地。」（同上）又說：「五峰云人有不仁，心無不仁，此說極好，人有私欲遮障了，不見這仁，心中仁依舊只在。……譬如一個鏡，本自光明，只緣塵，都昏了，若磨去塵，光明只在。」（同上）可以說朱熹關於「本心」、「真心」、「粹然天地之心」的心學思想，是直接繼承胡的。

《知言》又說：「齊王見牛而不忍殺，此良心之苗裔，因利欲之間而見者也；一有見焉，操而存之，存而養之，養而充之，以至於大，大而不已，與天同矣。」胡宏所謂先察識而後涵養的本義、真義即在這裡，朱在《知言疑義》中對此加以批評；但其批評只是指出這種說法之行文措辭可能帶來的片面性，而不是否定由此而存養擴充的心學思想，故朱說：「聖門之教，詳於持養而略於體察，……孟子指齊王愛牛之心，乃是因其所明而導之，非以為必如此然後可以求仁也。夫必欲因苗裔而識本根，孰若培其本根而聽其枝葉之自茂耶。」（《知言疑義》）朱熹所謂「培養本根」與《知言》的操存擴充，兩者的意思顯然是一致的。所謂「因其所明而導之」，這裡「明」即是「明明德」之明，「俄而有覺焉」之明，也即良知發現而使本體光明顯現之明。兩者都是心學的思路與觀點。故《語類》卷一〇一，朱說：「五峰曾說如齊宣王不忍觳觫之心乃良心，當存此心。敬夫說觀過知仁，當察過心則知仁。二說皆好意思。然卻是尋良心與過心，也不消得。只此心常明，不為物蔽，物來自見。」《語類》卷一七，記載說：「或云『上蔡所謂人須是識其真心，方乍見孺子入井之時，其怵惕、惻隱之心，乃真心也。』曰：『孟子亦只是討譬喻，就這親切處說仁之心是如此，欲人易曉。若論此心發現，無時而不發現，不特見孺子之時為然。若必待見孺子入井之時，怵惕惻隱之發而後用功，則終身無緣有此等時節也。』或云：『舊見五峰答彪居仁書，說齊王易牛之心云；先生辨之，正是此意。』曰：『然。齊王之良心，想得也常有發現時，只是常時發現時不曾識得，題放過去了。偶然愛牛之心有言語說出，所以孟子因而以此推廣之也。』又云：『自非物欲昏蔽之極，未有不醒覺者。』曰：『便是物欲昏蔽之極，也無時不醒覺。只是醒覺了自放過去，不曾存得耳。』」此條沈僴錄，代表朱子晚年觀點，心學的思想與《知言》完全一致，十分鮮明而清楚。

《知言》又說：「『天命之謂性』，性天下之大本也，堯舜、禹湯、文武、仲尼六君子先後相繼，必曰心而不曰性何也？曰：心也者，知天地宰萬物以成性者也。六君子盡心者也，故能立天下之大本，人至於今賴焉，不然異端並作，物從其類而瓜分，孰能一之。」朱熹評述說：「熹按孟子盡心之意，正謂私意剝落，眾理貫通，盡得此心無盡之體，而自是擴充，則可以即事即物無不盡其全體之用焉爾。但雖能盡得此體，然存養不熟，而於事物之間一有所蔽，則或有不得盡其用者，故孟子既言盡心知性，又言存心養性，蓋欲此體常存，而即事即物各用其極，無有不盡之云爾。」（《知言疑義》）這裡朱熹所講的「體」即道德本心，心之道德本體。朱認為，人生於天地之間，是生而即有此心之本體的。但雖然如此，卻需要有存養涵養的工夫，才能使之充分發用和表現。存養不熟，本體為私意遮蔽，或於事物之間燭理不明，則心之道德本體之全體大用亦不可能充分發現與發用。這與胡宏所說一致，亦是很鮮明的心學思想。

《知言》說：「天理人欲，同體而異用，同行而異情。」《知言疑義》評論說：「天理者莫知其所始，其在人則生而有之矣。人欲者，梏於形，雜於氣，狃於習，亂於情而後有者也。然既有而人莫之辨也，於是乎有同事而異行者焉，有同行而異情者焉。……今以天理人欲混為一區，恐未允當。」朱熹所強調的是：天理是本體，是大本，是先驗的；人欲是後天之形、氣、習所造成的。故對胡的批評，實際也是措辭的問題。以後朱《孟子集注》說：「蓋鐘鼓苑囿游觀之樂，與夫好勇、好貨、好色之心，皆天理之所有而人情之所不能無者；然天理人欲同行異情。循理而公於天下者，聖賢之所盡其性也；縱欲而私於一己者，眾人之所以滅其天也。二者之間不能以一髮，而其是非得失之歸相去遠矣。」（《孟子．梁惠王章句下》）實際上完全發揮胡宏的觀點，只是避開了「天理人欲同體」這一名詞而已。故《語類》卷七八，朱一再說：「一人之心，合道理底是天理，徇情欲底是人欲，正當其分界處理會。五峰云：『天理人欲，同行異情，說得最好。』」「須是在天理則存天理，在人欲則去人欲。嘗愛五峰云：『天理人欲，同行而異情。』甚好。」

朱熹以後說人心道心以正不正而異其名，實質亦是同體異用的思想。

由此可見，朱熹與胡宏兩者的思想，大方向確是完全一致的，故《文集》卷三〇《答張欽夫》第十書，朱熹說：「蓋仁也者心之道而人之所以盡性至命之樞要也。……聖門之學以求仁為要者，正所以立大本也。……《知言》首章即是說破此事，其後提掇仁字最為緊切，正恐學者作二本三本者看了。但其間亦有急於曉人而剖析太過，略於下學而推說太高者，此所以或啟今日之弊。《序文》之作推明本意，以救末流，可謂有功於此書而為幸於學者矣，尚何疑之有哉！」這可以說不僅把朱熹對《知言》的根本看法最好地作了一個總結，也把他與胡宏在大本即心體這一聖學的根本點上兩者的見解是共同的這一點，清楚明白地揭示出來。朱熹心本論的思想與立場如此明確，用辭如此確定鮮明，與胡宏如此一致，除非心存偏見，是任何人也不能作其它曲解的。

第十二章　朱熹思想與佛禪

朱熹思想的形成及其獨特特徵（如與程頤不同等等），與所受佛教，特別是佛禪的影響有極其密切的關係。朱熹對佛教思想的批判，本身亦顯示出其所受的深刻影響。

第一節　明心見性

朱熹年輕時，受到佛教思想深深的影響與薰陶。《文集》卷三八，朱《答江元適》說：「熹天資魯鈍，自幼記問言語不能及人。以先君子之餘誨，頗知有意於為己之學而未得其處。蓋出入於釋老者十餘年。近歲以來，獲親有道，始知所向之大方。」同卷《答薛士龍》第一書亦說：「熹自少愚鈍，事事不能及人。顧嘗側聞先生君子之餘教，粗知有志於學，而求之不得其術，馳心空妙之域者二十餘年。」《語類》亦說：

> 某年十五六時，亦嘗留心於禪。一日在病翁所會一僧，與之語，其僧只相應和了，說也不說是不是；卻與劉說，某也理會得個昭昭靈靈底禪。❶劉後說與某。某遂疑此僧更有要妙處在，遂去扣問他，見他說得也煞好。及去赴試時，便用他意思去胡說。是時文字，不似而今細密，隨人粗說。試官為某說動，遂得舉。後赴同安任時，年二十四五矣，始見李先生與他說，李先生只說不是。某卻倒疑李先生理會此未得，再三質問。李先生為人簡重，卻是不甚會說，只教看聖賢言語。某遂將那禪權倚閣起。意中道禪亦自在，且將聖賢書來讀。讀來讀去，一日復一日，覺得聖賢言語漸漸有味。卻回頭看釋氏之說，漸漸破綻、罅漏百出。（卷一〇四）

> 某舊時亦要無所不學，禪、道、文章、楚辭、兵法，事事要學。（同上）

「也理會得個昭昭靈靈底禪」，由禪師對朱熹的這一評價看，朱在十五六歲時，已對佛禪的心性觀有天才式的領悟。朱十九歲赴考中舉，據朱的自白，其中舉文即是用禪師的意思發揮的。

---

❶ 所會僧為道謙。參閱陳榮捷《朱子新探索》「大慧禪師」條（臺北學生書局，一九八八年版）及束景南《朱子大傳》第二章《師事武夷三先生》（福建教育出版社，一九九二年版）。陳先生據《朱子語類》卷四一關於朱子會大慧事則有誤。朱子所批評者為陸象山而非大慧。

可以想像，這只能是一篇「陽儒陰釋」的文字。中舉文今已不存，否則我們對朱熹當時所受佛禪的影響，將可得到更具體的印象。

紹興中，朱《與開善謙師書》說：「向蒙妙喜開示，應是從前記持文字，心識計校，不得置絲毫許在胸中，但以狗子話時時提撕。願受一語，警所不逮。」（《佛法金湯編》卷一五，《釋氏資鑑》卷一一。四川教育出版社《朱熹集》之《遺集》卷三）紹興二十年，朱《祭開善謙禪師文》謂：「丙寅之秋（紹興十六年，朱十七歲），師來拱辰，乃獲從容，笑語日親。一日焚香，請問此事（指為學須契語）。師則有言，決定不是。始知平生，浪自苦辛。去道日遠，無所問津。未及一年，師以謗去；我以行役，不得安住。往還之間，見師者三。見必款留，朝夕咨參。師亦喜我，為說禪病。我亦感師，恨不速證。……恭惟我師，具正遍知。惟我未悟，一莫能窺。」（同上）其拜開善謙為師以學禪，看來是真有其事的❷。

朱熹年輕時，如此醉心於禪，實與家風及父親朱松影響有關。朱《書先吏部與淨悟書後》指出：「先君子少日，喜與物外高人往還，而於淨悟師為尤厚。後嘗為記尊勝佛殿，今刻石俱在，可考也。淨悟，建陽後山人，晚自尊勝退居南山雲際院，一室修然，禪定之餘，禮佛以百萬計。年過八十，目光炯然，非常僧也。常為余道富文忠、趙清獻學佛事。其言收歛確實，無近世衲僧

❷《答程正思》第十六書：「蓋緣舊日曾學禪宗，故被彼說；雖知其非而不免有私嗜之意，亦是被渠說得遮前掩後，未盡見其底蘊。」（《文集》卷五〇）朱年輕時學禪，朱自己也是承認的。

大言欺世之病。以是知先君子厚之，非偶然也。」（《文集》卷八四）朱熹父親臨終時，命朱熹以父執事屏山劉子屏（彥沖）、籍溪胡憲（原仲）及劉勉之（致中）三先生。三先生亦愛好佛老。❸所以朱熹留心於佛禪，並不是偶然的。

宋代，官場污濁，士風敗壞，人欲橫流。不少知識分子為求超脫、清逸，常逃儒匿佛，或儒而匿佛，如富弼、趙忭、王安石、蘇軾、張商英以及張浚、張九成、汪應辰、胡宏等，皆是如此，只是深淺有所不同而已。

朱熹晚年，遭慶元黨禁，心情十分悲憤、鬱悶，寫下了不少緬懷先賢的跋文。其中有關趙清獻公（趙忭）的，占有極突出地位。如《題趙清獻事實後》（《文集》卷八三）；《跋趙清獻公遺帖》（同上）；《跋趙清獻公家問及文富帖跋語後》（同上）；《跋趙清獻公家書》（《文集》卷八四）等等。其《跋趙清獻公家書》說：「趙清獻公之為人，公忠孝慈，表裡洞徹，固所謂無間然者。然其晚歲，學浮屠法，自謂有得。故於兄弟族姻之間，無不以是勉之，前後見其家間手帖多矣。如此卷稱其弟心已明瑩，見性、復元。教其侄以不失正念，要使純一不雜；又教以公私謹畏，踐履不失，便是初心、佛事；且引古人二業淨即佛出世之語。以為此亦直截為人處，則與今之學

❸《語類》說：「初師屏山、籍溪。籍溪學於文定，又好佛老，以文定之學為論治道則可，而道未至，然於佛老亦未有見。……屏山少年能為舉業，官莆田，接塔下一僧，能入定，數日後乃見了，老歸家讀儒書，以為與佛合，故作《聖傳論》。」（卷一〇四）

佛者大言滔天，而身心顛倒，不堪著眼者，蓋有間矣。嗚呼！聖學不傳，其失而求諸野者若此，尚為有可觀也。予是以表而出之。」（慶元丁巳）《跋張魏公為了賢書佛號》又說：「世之學士大夫措身利害之途，馳騖而不反。是以生死窮達之際，每有愧於山林之士。觀丞相魏公所以慨然於賢老者，則可見矣。」（《文集》卷八一）都顯示朱由對趙、張的敬仰而引發出對儒與佛精神上是一致的觀感與感嘆。故朱熹之反佛，重點是反對當時士子的假佛亂儒、援佛說儒以及釋氏末流的流弊；對高僧大德與學佛而真能踐履者，亦是十分尊敬的。

朱熹師事延平以後，才逐漸擺脫了佛學。癸未，朱熹年三十四歲，《答汪尚書》第二書說：「熹於釋氏之說，蓋嘗師其人，尊其道，求之亦切至矣，然未能有得。其後以先生君子之教，校夫先後緩急之序，於是暫置其說，而從事於吾學。其始蓋未嘗一日不往來於心也，以為俟卒究吾說而後求之，未為晚耳，非敢遽絀絕之也。而一二年來，心獨有所自安，雖未曾即有諸己，然欲復求之外學以遂其初心，不可得矣。」（《文集》卷三〇）以後經過「中和舊說」和「中和新說」兩階段的體悟，建立了自己獨特的心性觀與「理一分殊」、「天人合一」的哲學思想體系，才真正對儒學有了根基。但「中和新舊說」本身即是在佛禪的啟迪引發下達成的，所受禪宗的影響，至為深刻。

《語類》卷八朱論佛教三門時，曾說：「佛家有三門，曰教，曰律，曰禪。禪家不立文字，只直接要識心見性。律本法甚嚴，毫髮有罪。如云不許飲水，飲水便有罪過……。教自有三項，曰天台教，曰慈恩教，曰延壽教。……天台教專理會講解。慈恩教亦只是講解。吾儒若見得道理透，就自家身心上理會得『本領』，便自兼得禪底；講說辨討，便自兼得教底；動由規矩，便自兼得律底。事事是自家合理會。」宋代理學以前，孟子提出性善，心有四端。孟子而後，千五百多年，關於人性的討論，產生過極多爭論和見解，但不論是講性善，講性惡，講善惡混或性有三品等等，其所謂性皆指人所生而具有的某種向善或向惡的內在傾向或特性。而性與心的關係，卻從未得到正面的闡釋；基本上兩者是不相關聯的。孟子承認「食色，性也」。亦講「性者，故也」。故所謂性，在孟子仍然是一種「概括」，猶如牛之性，羊之性都可言性一樣。董仲舒說「生之自然之資謂之性」，這可以說是儒家一般對性的定義。像朱熹在「中和新舊說」後建立心性關係時所明確提出的「性因心而發」、「性含之於心」、「性與心只略微分別始得」、性是「心中許多合當作的道理」等等說法，可以說完全是受禪宗之「識心見性」之啟發而來的。朱熹在這裡說：「吾儒若見得道理透，就自家身心上理會得『本領』，便自兼得禪底。」實際上是明白承認，在「識心見性」這點上，儒與禪是一致而沒有區別的，區別只在於兩者的內容不同。按朱熹的說法，禪以性為清淨、為空寂；儒家「識心見性」，則以性為理、為心所含具之「萬理」——即心所認為合當作的種種道理。兩者的區別只在於這一點而已。故丙戌朱《答羅參議》說：「原來此事與禪學十分相近，所爭毫末耳。」（《文集續集》卷五）《答張欽夫》第十書亦說：「釋氏雖自謂惟本一心，然實不識心體；雖云心生萬法，而實心外有法，故無以立天下之大本，而內外之道不備……。

若聖門所謂心，則天序、天秩、天命、天討、惻隱、羞惡、是非、辭讓，莫不皆備，而無心外之法。故孟子曰：『盡其心者，知其性也，知其性則知天矣。』」（《文集》卷三〇）「儒釋之分，只爭虛實而已。」（《語類》卷一二四）「蓋釋氏之言見性只是虛見，儒者之言性，只是仁義禮智，皆是實事。」（同上）也就是說在「惟明一心」、「心為大本」、「心生萬法」這一點上，儒佛是一致而沒有區別的❹。

《語類》說：「佛氏所謂性，正聖人所謂心。佛氏所謂心，正聖人所謂意。心只是該得這理。佛氏元不曾識得這理一節，便認知覺運動做性；只認得那能視、能聽、能言、能思、能動底便是性；視明也得，不明也得；聽聰也得，不聰也得。……它最怕人說這理，都要除去了，此正告子生之謂性之說。」（卷一二六）這意思也是說，佛實際上是取消了先驗、內具之「性」，而以心之空靈虛明之本然作用為性。朱熹認為，在儒家，心雖然空靈虛明，但其中含具萬理（實際是仁義禮智四理，而歸根則只是仁），此先驗地含具萬理之心乃心之本體，此本體即性。佛則以心之虛寂靈明即知覺之性為性，故朱說釋氏所謂性，相當於聖人所謂心。

慧能答智通說：「三身者：清淨法身，汝之性也；圓滿報身，汝之智也；千百億化身，汝之

❹ 朱《答陳衛道》第一書亦說：「釋氏所見，較之吾儒，彼不可謂無所見，但卻是從外面見得個影子，不曾見得裡許真實道理，所以見處則僅高明脫灑，而用處七顛八倒，無有是處，儒者則要見得此心此理元不相離。」（《文集》卷五九）

行也。」（《景德傳燈錄》卷五）朱熹說：「佛氏所謂三身：法身者，釋迦之本性也。報身者，釋迦之德業也。肉身者，釋迦之真身而實有之人也。」（《語類》卷一二五）說法與慧能、蘇軾類似。蘇軾說：「近讀六祖《壇經》，指說法、報、化三身，使人心開目明，然尚少一喻。試以喻眼。見是法身，能見是報身，所見是化身。何謂見是法身？眼之見性，非有非無，無眼之人，不免見黑，眼枯睛亡，見性不滅。則是見性，不緣眼有無，無來無去，無起無滅，故云見是法身。何謂能見是報身？見性雖存，眼根不具則不能見。若能安養其根，不為物障，常使光明洞徹，見性乃全，故云能見是報身。何謂所見是化身？根性既全，一彈指頃，所見千萬，縱橫變化，俱是妙用，故云所見是化身。」（《東坡志林》卷二）蘇軾這一比喻，可以簡示為如下的公式：

見性（法身，見理）；能見（報身，具見作用的器具，如眼睛）；所見（化身，呈現於眼的各種影像）。

聞性（法身，聞理）；能聞（報身，具聞作用的器官，如耳朵。）；所聞（化身，為耳所聞的種種聲音）。

識性或知性（法身，識、知之理）；能識（報身，具識、知作用的器官如心（大腦））；所識（化身，呈現於心知中的種種意念、思慮、判斷）。

但這裡的見性、聞性、識性，實際是自然屬性。故朱批評佛以作用為性。朱熹認為，這種自然之性，是人與禽獸所同具的，不是人之所以為人之性。在儒家，心除自然屬性之思想、情感作用，還先驗地具有道德理性。這道德理性才是人之為人之性。此性含之於心，當心（心官、報身）起用時，心不僅有自然之思之妙用，且能思其所當思，有知是知非之良知之妙用。故《語類》說：

> 問：「釋氏作用是性」。曰：「便只是這性，他說得也是。孟子曰：『形色天性也，惟聖人可以踐形』，便是此性。如口會說話，說話底是誰？目能視，視底是誰？耳能聽，聽底是誰？便是這個。其言曰：『在眼曰見，在耳曰聞，在鼻嗅香，在口談論，在手執捉，在足運奔。遍現俱皆法界，收攝在一微塵。識者知是佛性，不識喚作精魂。』他說得也好。所以禪家說「直指人心、見性成佛。」他只要你見得，言下便悟，做處便徹，見得無不是此性也。說存心養性，養得來光明寂照，無所不遍，無所不通。唐張拙詩云：「光明寂照遍河沙，凡聖含靈共我家。」云云。又曰：「實際理地不受一塵，佛事門中不舍一法。」他個本自說得是，所養者也是。只是差處便在這裡：吾儒所養者是仁義禮智，他所養者只是視聽言動。儒者則全體（指心體）中自有許多道理，各自有分別，有是非。「降衷秉彝」，無不各具此理。他只見得個渾淪底物事，無分別，無是非，橫底也是，豎底也是，直底也是，曲底也是。非理而視，也是此性。以理而視，也是此性。少間用處都差，所以七顛八倒，無有是處。……他只認得那人心，無所謂道心。……他也說得無所不周，無所不徧；然眼前君臣、父子、兄弟、夫婦上，便不能周遍了。（《語類》卷一二六）

> 吾以心與理為一，彼以心與理為二，亦非固欲如此，乃是見處不同。彼見得心空而無理，此見得心雖空而萬理咸備也。雖說心與理一，不察乎氣稟物欲之私，是見得不真，故有此病。《大學》所以貴格物也。(同上)

因此在心性上，儒釋之不同，不在於心性本身，而僅在於心性的內容。有了這樣一種認識與看法，朱熹就大膽、放手地引用與參照禪宗佛教論心性的觀點，以建立自己的心性體系了。故《語類》反復說：

> 因舉佛氏之學與吾儒有甚相似處。如云：「有物先天地，無形本寂寥，能為萬象主，不逐四時凋。」又曰：「撲落非他物，縱橫不是塵，山河及大地，全露法王身。」又曰：「若人識得心，大地無寸土。」看他是甚麼樣見識。今區區小儒，怎生出得他手？宜其為他揮下也。(《語類》卷一二六)

> 問：「昔有一禪宗，每自喚曰：『主人翁惺惺著！』《大學或問》亦取謝氏『常惺惺法』之語，不知是同是異？」曰：「謝氏之說地步闊，於身心事物上皆有工夫。若如禪者所見，只看得個主人翁便了，其動而不中理者皆不管矣。……『惺惺』字則同，所作工夫則異。」(同上)

這些都無異是說，儒佛對心性之看法相同，只是內容、工夫不同罷了。故可以說，朱的心性關係之見解，是通過禪宗而建立的。具體言之，朱熹許多論心性的說法，都是吸收與參照《壇經》的，如：

《壇經》說：「萬法盡在自心，從自心中頓見真如本性。」「自心見性。」（《般若品第二》）朱熹亦說：「天命之性，……推其本，出於人心。」「天命之性，雖極微妙，然其實只是人心之中許多合當做底道理而已。」（《文集》卷四五《答廖子晦》第十八書）「性無形質而含之於心。」（《語類》卷六〇）「心性本不可分。」（同上）兩者內容不同，形式則一致。

《壇經》說：「心是地，性是王，王居心地上，性在王在，性去王無。性在身心存，性去身心壞。佛向性中作，莫向身外求。」（《疑向品第三》）朱熹亦說：「舍心則無以見性，舍性又無以見心。」「性是理，心是包含該載、敷施發用底。」「天命之謂性，要須天命個心了方是性。」（《語類》卷五）

《壇經》說：「自性能含萬法是大，萬法在諸人性中。」（《般若品第二》）朱熹則說：「萬事萬化皆自此中（指天命之性）流出，而實無形象之可指，故曰無極耳。」（《文集》卷四五《答廖子晦》第十八書）「若聖門所謂心，則天序、天秩、天命、天討、惻隱、羞惡、是非、辭讓，莫不皆備，而無心外之法。」（《文集》卷三〇《答張欽夫》第十書）兩者除心性內容不同，也是如出一輒。

《壇經》說：「心量廣大，猶如虛空，無有際畔；亦無方圓大小，亦非青黃赤白；亦無上下長短。」（《般若品第二》）朱熹則說：「人之一心，虛靈洞澈。」（《論語集注》）「心體廓然，初無限量。」（《文集》卷三二《答張敬夫問目》）「人之本心，其體廓然，亦無限量。」（《文集》卷六七《盡心說》）關於「心量」的使用及描繪，兩者亦如出一輒。

《壇經》說：「來去自由，心體無滯。」（《般若品第二》）朱熹則說：「此心瑩然，全無私意，是則寂然不動之本體。其順理而起，順理而滅，斯乃所以感而遂通天下之故者云爾。」（《文集》卷四二《答石子重》第三書）「出入存亡固人心也，而惟微之本體，亦未嘗加益；雖舍而亡，然未嘗少損。雖說出入無時，未嘗不卓然乎日用之間而不可掩也。」（《文集》卷三二《問張敬夫》第八書）兩者除內容不同，亦是如出一輒。

朱《答孫敬甫》第六書說：「人之一心，本自光明，不是死物，非有安排造作，只是不動著他，即此知覺炯然不昧，但無喜怒哀樂之偏、思慮之為之擾耳。當此之時，何嘗不靜?!不可必待卻無知覺，然後謂之靜也。」（《文集》卷六三）這些都是從禪宗語錄中脫出的，不過將「清淨」、「不著境」等改成「光明」、「非有安排造作」、「炯然不昧」而已。

朱熹曾說：「佛學其初只說空，後來說動靜，支蔓即甚，達摩遂脫然不立文字，只是默然端坐，便心靜見理。此說一行，前面許多皆不足道，老氏亦難為抗衡了。今日釋氏其盛極矣。但程先生所謂『攻之者，執理反出其下』。吾儒執理即自卑汙，宜乎攻之而不勝也。」（《語類》卷一二六）朱熹對佛禪「明心見性」、「心靜見理」之放手大膽地吸收，使之「為我所用」，就是為了從心性根源上攻倒佛教的。此一何休所謂「鄭康成入我室、操我戈」的內攻法，被朱熹運用得如此成功，卓有成效，以致自此以後，在「執理」上，佛禪就再也不能占儒之上風，而不能不日益式微了。朱熹以上關於心量、心體、心性等等說法，在張載、二程、胡宏、張栻、以至陸象山著作中也是沒有的。因此，說理學吸收、消化了佛教，嚴格地說是朱熹才真正完成的。陳寅恪先生所謂「新儒家即繼承此種遺業而能大成者。」（《中國哲學史審查報告三》）也只有朱熹才是如此。

第二節　一心開二門

朱熹說「心之體，性也」，「性即理也」。人有道心與人心❺。這種心的兩分法，是朱熹全部心性關係說的基礎，而其直接的思想資料，即是佛氏關於心性的說法，特別是佛教「一心開二門」

❺《中庸章句序》說：「心之虛靈知覺，一而已矣。而以為有人心道心之異者，則以其或生於形氣之私，或原於性命之正，而所以為知覺者不同。」《語類》：「道心是本來稟受得仁義禮智之心。」（卷七八）「性則是道心。」（卷六一）「道心即惻隱、羞惡之心。」（卷一一八）「知覺從義理上去，便是道心。」（卷七八）不論從未發之心本體或已發之知覺情感言，道心都是與人心相對的。

的說法。《大乘起信論》說：

> 顯示正義者，依一心法有二種門。云何為二？一者心真如門，二者心生滅門，是二種門皆各總攝一切法。此義云何？以是二門不相離故。
>
> 心真如者，即是一法界大總相法門體，所謂心性不生不滅；一切諸法唯依妄念而有差別，若離心念，則無一切境界之相。是故一切法從本己來，離言說相，離名字相，離心緣相，畢竟平等，無有變異，不可破壞。唯是一心，故名真如。

也就是說有二種心：真如之心與生滅分別緣起之心。前者是心之本體，也即真如、佛性。此真如佛性，在朱熹體系中即真心、本心、道心、心之本體、性。它是超越的絕對、不生不滅。後者生滅門，則是分別之心，緣起之心。在朱熹體系中，這種「生滅緣起之心」即思慮營為以及種種情感、欲念之心。朱有時亦稱之為人心。這兩種心不即不離，故稱「一心開二門。」但「一心二門」如何可能？《大乘起信論》講得不明不白，不清不楚。事實上，它亦是不可能講清楚的。朱熹亦是如此。因此朱熹有時說一者源於天理，一者源於氣稟，有時又說「心一也，以正不正而異其名」。但雖然如此，朱關於心的這種說法與佛之「一心二門」之說如出一轍，是很顯然的。《大乘起信論》的真偽及作者，在中國佛教史上是一有爭論的問題。但無論作者是誰，它在隋唐時期被佛教僧徒尊崇、信奉，並對宋明理學發生了深刻影響，是毫無疑問的。呂徵先生曾指出：「道信、弘忍的『東山法門』，和《起信》思想是一脈相通的。《起信》流行以後，就更將它看作他們的重要依據。敦煌卷子中，新發現弘忍門下的著述有《楞伽師資記》（玄頤系）；有《傳法寶記》（神秀系）。這些書引起經論來，總把《起信》放在第一位。如果從禪觀方法去看，更見得他們的密切相關。」（《呂徵佛學論著選集》卷一《大乘起信論考證》，第三六〇頁。山東齊魯書社，一九八六年。）「《起信論》的理論已經接觸到佛學的根本原理『心淨塵染』，但隨著魏譯《楞枷》的誤解，卻構成一種似是而非的『真心本覺說』。它認為眾生的心原是離開妄念而自有其體的，可稱『真心』。這用智慧為本性，有如後人所解『昭昭不昧，了了常知』一般，所以看成本覺。在論中形容這樣的『真心』是大智慧光明的、遍照法界的、真實識知的，乃知具足過於恒沙不思議功德的。它說得那樣條條是道，就給當時佛家思想以很大的影響。尤其是修為一方面，依著我國學人『先立乎其大者』的傳統，當時有許多家都想循著它的途徑去把握『真心』作為總源頭。……將修為方法看作是可以取給於己，不待外求。這些都使學人走上反本還原的路子。」（同上，第三六七頁）呂先生這段話，既是針對禪宗而言，又是概括了陸、王和朱熹的思想實際的。朱熹在「中和舊說」時期，反復提出「真心」、「寂然本體」、「良心」、「粹然天地之心」、「本心」以為大本達道之原，可以說即是承佛教這說法而來。「中和新說」以後，朱熹雖然在修為（治學）方法上，側重點有所修正，但亦未曾離開這基本點。

《大乘起信論》又說：「摩訶衍者，總說有兩種。云何為二？一者法，二者義。所言法者，為眾生心，是心則攝一切世間法出世間法，依於此心顯示摩訶衍義。何以故？是心真如相即示摩訶衍體故。是心生滅因緣相，能示摩訶衍自體相用故。所言義者，則有三種。云何為三？一者體大，謂一切法真如平等，不增不減故；二者相大，謂如來藏具足無量性功德故；三者用大，能生一切世間出世間善因果故。」這裡所說，實際亦是將心區分為二門。其本體、真如相即是摩訶衍體，此體亦即佛性。但它「依於此心顯示摩訶衍義」，離此心則無所謂佛性、真如。但此心並非本身即是真如。因「是心能攝一切世間出世界法」。此種能攝一切之心，有生滅因緣，當然不能是真如本心，而只是一分別、認識之心、即「由能以起所，因所以發能」之心，亦是情感起伏之心。而兩種心既是不能混同，又是相互依存的。套用朱熹的心性觀，則性、心之體、仁義本心，即是「是心真如相，即示摩訶衍體」。它與思慮營為喜怒哀樂之心，兩者既相互依存，又是不能混而為一的。

《大乘起信論》說，「是心生滅因緣相能示摩訶衍自體相用故」，套用到朱熹的體系，也即心體、本心能隨心之發用、隨心之感物而動、而起用，使喜怒哀樂發而皆中節，使心能知是知非。如果兩者割裂，心之生滅因緣相不能示摩訶衍自體相，則體只是體，用只是用；體成為無用之體，用亦成為無體之用了。

《大乘起信論》所謂三種義：㈠體大。這在朱熹即心體永恆、超越、超乎出入存亡、不生不滅、不增不減；㈡相大。在朱熹體系中，即是心包萬理，萬理具於一心，心量廣大；㈢用大。這在朱熹體系中，即心為萬善之原，百行之本。故朱熹關於心與性之種種描述，與《大乘起信論》的說法實是相異而又相同的❻。

宗密《禪源諸詮集都序》說：「凡言心者略有四種，梵語各別，翻譯亦殊。」㈠「訖利陀耶。此云肉團心，此是身中五藏心也。」（朱熹說心，一種意義與指謂亦是此五藏心。）㈡「緣慮心。此是八識，俱能緣慮自分境故。」（朱熹所謂思慮營為之心、人心。）㈢「質多耶。此云集起心，唯第八識積集種子，生起現行故。」宗密自注：「《黃庭經・五藏論》目之為神，西國外道計之為我，皆是此識。」（朱所謂主宰運用之心。）㈣「乾栗陀耶。此云堅實心，亦云貞實心，此是真心也。」（朱所謂「心之體」、「真心」、「愛人利物之心」，即性。）「然第八識無別自體，但是真心。……四種心本同一體，……。然雖同體，真妄義別，本末亦殊。前三是相，後一是性。……性相無礙，都是一心。」（卷一）宗密思路清楚，長於概念分疏，是中國僧人中這方面的佼佼者。宗密對「真心」的種種論述，如：「唯心者，直是真如之心。無為無相，離諸緣慮分別。緣慮分別亦唯一心。」（《圓覺經略疏鈔》）「空寂之心，靈知不昧。即此空寂之知，是汝真性。任迷任悟，心本自知。不籍緣生，不因境起。知之一字，眾妙之門。」（《都序》卷二）「其珠之光明，常自

❻ 蘇軾《與浴室公》書曾說：「知長講《起信》，自講入禪，把纜放船，甚善，甚善。」可見，宋時，《起信》仍是禪林的主要經典。（《蘇東坡集續集》卷六）

照耀。對物不對物，明無增減。此明堅實瑩淨，內外無瑕。縱影像有無種種變異，明亦不變。常自堅淨，即喻心之體也。」（《鈔》）「道即是心，不可將心還修於心。」（《都序》卷二）這些和朱熹「中和之悟」及《四書集注》等等中所反復申述的「真心」、「天理本真」、「粹然天地之心」、「惟微之本體」、「虛明應物之體」、「本心」、「寂然本體」、「廓然之體」、「虛靈不昧，具萬理而應萬事」、「隱微之間，昭昭而不可欺，感之而能應。」等等，雖然名義與內容所指不同，但又不能不令人感到兩者名號雖變，而「似曾相識」，實有異曲同工之妙的。

朱熹的理事思想與華嚴關係密切，但實際更多地亦是禪宗的影響。法眼清涼文益曾說：「大凡佛祖之宗，具理具事。事依理立，理假事明；理事相資，還同目足。若有事而無理，則滯泥不通，若有理而無事，則汗漫無歸。欲其不二，貴在圓融。」（《宗門十規論》）朱熹對清涼文益比較肯定，其理事思想與文益精神上是相通的。

朱熹讀過許多佛教典籍，如《四十二章經》、《大般若經》、《華嚴經》、《法華經》、《華嚴大旨》、《圓覺經》、《金剛經》、《心經》、《楞嚴經》、《維摩經》、《景德傳燈錄》等等。對各經朱都有諷刺貶抑，認為一無是處，但對《圓覺經》則不然。朱說：「《圓覺經》只前三卷好，後面便只是無說後強添。」（《語類》卷一二六）《圓覺經》之思想，裴休為宗密《圓覺經略疏》寫的《序》，有一概括，說：「夫血氣之屬必有知，凡有知者必同體，所謂真淨明妙，虛徹靈通，卓然而獨存者也。是眾生之本源，故曰心地。是諸佛之所得，故曰菩提。交徹融攝，故曰法界。寂靜常樂，故曰涅槃。不濁不漏，故曰清淨。不妄不變，故曰真如。離過絕非，故曰佛性。……統眾德而大備，爍群昏而獨照，故曰圓覺。其實皆一心也。背之則凡，順之則聖。」宗密的《自序》亦有一概括，說：「常樂我淨，佛之德也，本乎一心。」「心也者，沖虛妙粹，炳煥靈明，無去無來，冥通三際，非中非外，洞徹十方，不生不滅……。大矣哉，萬法資始也。萬法虛偽，緣會而生。生法本無，一切唯識。識如幻夢，但是一心。」按裴休與宗密所說，《圓覺經》的思想，亦可以概括為「一心開二門」。心指佛之性的本心。它不生不滅，無去無來，非中非外，是一超越的形而上，超越的絕對。它沖虛妙粹，虛明靈徹，和朱熹講的心之體、本心、與理為一之心相當。在朱熹體系中，這心即人之「至善之性」。另一種心則是萬法虛偽，緣會而生，一切唯識，識如幻夢之心。這種唯識之心、生滅之心、夢幻之心，與朱熹講的認知之心與情感之心相當。而兩種心並非是截然分割的兩心，一者在一者之外、之後，而即是一心。宗密又說：「論中初唯一心為本源，二依一心開二門。一者心真如門，謂心性不生不滅。二者心生滅門，謂依如來藏與生滅合，名阿梨耶識。三依此識（指阿梨耶識）明二義：一覺義，謂心體離念等。（此覺與朱熹所謂『明明德』之覺，『俄而有覺焉』之覺，也即良知之覺，源於天理之覺相當。）二不覺義，謂不如實知真如法一，不覺心起等。（此不覺義則與朱熹所謂源於人欲之心之覺相當。）」（《圓覺經略疏》）禪師黃檗希運說：「此本源清淨心，常自圓明遍照。世人不悟，只認見聞知覺為心。為見聞知覺所覆，所以不睹精明本體。」（《景德傳燈錄》卷九）契嵩說：「心必至，至必變。變者識也，至者如也。如者，妙萬物也；識者，紛萬物，異萬物者也。變也者，動之幾也；至也者，妙之本也。……萬物之變見乎情，天下之至存乎性。」（《輔教篇·原廣教》）亦是「一心開二門」的說法。朱熹的心性思想亦與此相類。因此，在心性思想上，朱與佛兩者內容不同，但形式上確是共通的。《圓覺經》又說：「眼根淨故，眼識清淨。」「眼識清淨，則見清淨，見虛清淨。」這裡根、識、見的三分，相當於法身、報身、化身之三分。大慧宗杲說：「天命之謂性，便是清淨法身。率性之謂道，便是圓滿報身。修道之謂教，便是千百億化身。」（《大慧語錄》❼）朱熹很熟悉宗杲、張九成。他的「心統性情」之說，實際是吸收了宗杲這個說法的。但兩種心及心性的區分，在佛教亦只是引導與啟迪入門的說法，實際上並不存在一佛性在心之中，如有一境或一物，是人可以認知、追求得到的。佛教認為，凡作如是想的即是執著、束縛，即是「有所住」，即不能成佛。只有懂得「莊嚴佛土者，即非莊嚴，是名莊嚴。」（《金剛經·莊嚴佛土分》）「佛說般若波羅蜜，即非般若波羅蜜」，「說微塵，即非微塵」，「說世界，即非世界」，只有有了這種悟與智慧的人，才得成佛。故實際上，佛或佛性只是心的一念。按禪宗的說法：「妙性本空，無有一法可得。」「心體無滯，即是般若。」（《壇經·般若品第二》）「但於自心常起正見……即是見性。」（同上）按宗密的說法：「作有義事，是省悟心。作無義事，是狂亂心。」（《朱子語類》卷一二六引）按

❼ 據尤焴《大慧普覺禪師語錄序》，十八歲朱赴舉，隨身所帶，唯一典籍是《大慧語錄》。朱對大慧及其《語錄》、思想是很熟悉的。

宗杲的說法：「法本無法，心亦無心，心法兩空是真實相。」（《大慧語錄》）「此是無為無漏無功用大法門，若起纖毫取證心，則背馳也。」（同上）故禪宗常用「月映萬川」以說明「妙性本空」❽的道理。朱熹亦是如此。故指到究竟處時，他所謂性、天命，亦只是心中許多合當作的道理，有此理之心是道心，無此理之心是人心；而道心人心也只是心的正與不正（即一念）而已。並非真的有一道心與人心相對，在人心之外與人心之後也；亦並非真有一理在天上、為「天理之奧」，得於心而為道心之所從出者。故朱有段話說：「心思之正便是天理，流行運用，無非天理之發見，豈待心思路絕而後天理乃見耶?!」（《文集》卷五九《答吳斗南》第三書，紹熙二年）亦常用「月映萬川」、「一月普現一切水，一切水月一切攝。」（《語類》卷一八）以說明人人心中之「太極」。「鄭問：『理性命章何以下分字?』曰：『不是割成片去，只如月映萬川相似。』」（《語類》卷九四）「本只是一太極，而萬物各有稟受，又自各全具一太極爾。如月在天，只一而已，及散在江湖，則隨處可見，不可謂月已分也。」（同上）以月喻太極，「太極」似為一實體，但實際上，「太極」本無此名，只是一個表德。各物稟受的「太極」則如水中月，是即有而無的，非真有一

---

❽ 龍樹：「身現圓月相，以表諸佛體。」（《景德傳燈錄》卷一）如滿：「法身等虛空，未曾有生滅，——猶如水中月，非常亦非斷，非生亦非滅。……了見無心處，自然無法說。」（同上，卷六）大義：「佛性猶如水中月。」（同上，卷七）玄覺：「法空慧：謂了陰等諸法緣假非實，如鏡像水月。」（《禪宗永嘉集》）「一月普現一切水，一切水月一切攝。」（《永嘉證道歌》）

物如月者。顯然是受空宗的影響。《語類》說：

問：「視聽思慮動作皆天也，人但於中要識得真妄耳。真妄是於那發處，別識得天理人欲之分如何？」曰：「皆天也，言視聽思慮動作皆是天理，其順發出來的無非當然之理，即所謂真，其妄者卻是反乎天理者也。雖是妄亦無非天理，只是發得不當地頭。譬如一草木，合在山上，此是本分。今卻移在水中，其為草木固無以異，只是那地頭不是。恰如善固性也，惡亦不可不謂之性之意。（卷九五）

王陽明以後說：「所謂汝心，都是那能視聽言動的，這個便是性，便是天理。有這個性，才能產生這性之生理，便謂之仁。這性之生理發在目，便會視。發在耳，便會聽。發在口，便會言。發在四肢，便會動。都只是天理發生。以其主宰一身，故謂之心。這心之本體，原只是個天理。……這個便是汝之真己。」《傳習錄上》王所發揮的，實際上也即朱熹這一說法。因此朱熹自己關於視聽思慮順發出來即無非當然之理，無非天理，可以說與朱批評的佛以自然之性為性，本質上亦是難於區別的。

第三節　漸修與頓悟

方法論上，禪宗慧能一系「明心見性」，倡導頓悟。神秀一支則主漸修。朱熹實際上兼容並包，吸收了兩方面，故說：「學者講論思索，以求事物義理、聖賢指意，則當極其博；若論操存舍亡之間，則只此毫釐之間，便是天理人欲死生存亡之分，至簡至約，無許多比並較量、思前算後也。」（《文集》卷六四《答或人》第十書）「求其放心乃為學根本田地，既能如此向上，須更作窮理工夫，方見所存之心、所具之理，不是兩事，隨感即應，自然中節，方是儒者事業，不然卻亦與釋子坐禪攝念無異矣。」（《文集》卷六一《答曾光祖》第二書）朱熹批評陸象山近禪，反對陸只講明心見性，不強調讀書明理，認為這是錯誤的、片面的；但在明心才能見性，為學要有「本原」，要先立乎大者這一點上，朱陸亦是相通的。朱熹論為學之方，論「尊德性」與「道問學」兩者之關係說：

> 「學問之道無他，求其放心而已。」豈是此事之外，更無他事？只是此本不立，即無可下手處，此本既立，即自然尋得路徑，進進不已耳。（《文集》卷五六《答鄭子上》）
>
> 為學兩途，誠如所喻。然循其序而進之，亦一而已矣。心有不存，物何可格？然所謂存心

> 者，非拘執係縛而加桎梏焉也。蓋嘗於紛擾外馳之際，一念之間，一有覺焉，則即此而在矣。勿忘、勿助長，不加一毫智力於其間則是心也，其庶幾乎！（《文集》卷六四《答或人》第一書）
>
> 今說求放心，說來說去，卻似釋老說入定一般。但彼到此便死了，吾輩卻要得此心主宰得定，方賴此做事業，所以不同也。如《中庸》說「天命之謂性」，即此心也。「率性之謂道」，亦此心也。「修道之謂教」，亦此心也。以至於「致中和」，「贊化育」，亦此心也。致知即心知也。格物即心格也。克己即心克也。非禮勿視、聽、言、動，勿與不勿，只爭毫髮地爾。所以明道說：「聖賢千言萬語只是欲人將已放之心，收拾入心來，自能尋向上去。」今且須就心上做得主定，方驗得聖賢之言，有歸著，自然有契。如《中庸》所謂「尊德性」、「致廣大」、「極高明」。蓋此心本自如此廣大，但為物欲隔塞，故其廣大有虧。本自高明，但為物欲繫累，故於高明有蔽；若能常自省察、警覺，則高明廣大常自若，非有所增損之也。其「道問學」、「盡精微」、「道中庸」等工夫，皆自此做，盡有商量也。若此心上工夫，則不得商量睹當。即今見得如此，則更無閑時，行時、坐時、讀書時、應事接物時，皆有著力處。大抵只要見得，收之甚易而不難也。（《語錄》卷一二）

這裡「只要見得」，也就是「明心見性」之意。「甚易而不難」則強調了「見」是一覺悟，不是磨鏡之漸修。朱認為道德本心本自廣大、高明、精微，如日之明，只要沒有浮雲遮蔽，即自然光明。故「此心上工夫，不得商量睹當」，只是「見與不見」的問題，也就是只是覺悟、明覺的問題。對此本心無所見，無所覺、無所悟，「此本不立」，則不管如何努力推尋，也與「聖賢」不能相契。一旦有見，則與聖賢之言「自然有契」。陸只講「尊德性」，不講「道問學」，朱則主張「尊德性」而「道問學」，但朱也是以尊德性為為學之根本的。故說「道問學」、「盡精微」、「道中庸」等工夫「皆自此（指明心見性）做」。又說「道問學」之工夫等等僅可有種種商量、研究、考索、探討，但心地工夫則只是見與不見，而無可商量睹當。「勿」與「不勿」，亦只爭毫髮地耳。朱熹批評佛禪的是把「入定」講死了，有體而無用。講頓悟，卻不能用之於齊家治國、人倫日用，猶如死物一般。因此只要不講死而像朱熹的講法，則禪的「明心見性」也是可以拿過來為己所用的。

朱熹又說：「聖人千言萬語，只是教人明天理，滅人欲。天理明，自不消講學。人性本明，如寶珠沈溺水中，明不可見，去了溷水，則寶珠依舊自明。自家若得知是欲蔽了，便是明處。只是這上便緊緊著力主定。一面格物，今日格一物，明日格一物，正如游兵攻圍拔守，人欲自消鑠去。」（《語類》卷一二）這裡，朱在工夫上強調一個明字。此明字與「講學」無關，故實際上是一種頓悟，即朱熹所謂「俄然有覺焉之覺」。格物，則是明了覺了以後的事，是在「明」的基礎上進行的，內容則是「存天理，滅人欲」，使本心天理復明。

丁福保說：「智儼所著《華嚴孔目章》，謂人人各有三種佛性：一自性住佛性，即真如之理，自性常住而無變改者。一切眾生本有此性，名曰自性住佛性。二引出佛性。眾生必假修習智慧禪定之力，方能引發本有之佛性，名曰引出佛性。三至得果佛性。修因滿足，至果位時，則本有之佛性，了了顯現，名曰至得果佛性。明乎此則全部《金剛經般若經》可以此三佛性概之矣。」《金剛經般若經箋注序》《金剛經》在唐代經弘仁及慧能宣揚，成為禪宗的主要經典，在唐宋有極廣泛的影響❾。三佛性的思想強調以修習智慧禪定之力引發本有之佛性，而一旦修因滿足，至果位時，則本有之佛性了了顯現。這與朱熹關於格物窮理，存天理、滅人欲，一旦「豁然貫通」，則「吾心之全體大用無不明矣」的說法，也有精神相通相引之處。朱論格物致知時，曾反復說：

> 蓋人生道理合下完具，所以要讀書，蓋是未曾經歷見得許多。聖人是經歷見得許多，所以寫在冊子上與人看。而今讀書，只是要見得許多道理。及理會得了，又皆是自家合下元有底，不是外面旋添得來。（《語類》卷一〇）
>
> 此明德是人本有之物，只為氣稟與物欲所蔽而昏。今學問進修，便如磨鏡相似。鏡本明，

❾ 據胡適《楞伽宗考》：「從達摩以至神秀，都是正統的楞伽宗。……神會的《語錄》以及神會一派所造的《壇經》裡都處處把《金剛般若經》來代替了《楞伽經》。（《中央研究院歷史語言研究所集刊》第五本）

被塵垢昏之，用磨擦之工，其明始見。及其現也，乃本然之明耳。(《語類》卷一四)

心體廓然，初無限量。惟其梏於形氣之私，是以有所蔽而不盡。有能克己之私以窮天理，至於一旦脫然，私意剝落，則廓然之體，無復一毫之蔽，而天下之理，遠近精粗隨所擴充，無不通達。性之所以為性，天之所以為天，蓋不離此。(《文集》卷三二《答張敬夫問目》)

這些說法與丁福保所謂「人各有三種佛性」的思想，精神上也是相通的。

朱又說：「得知如此是病，卻便不如此是藥，若更問何由得如此，則是騎驢覓驢，只成一場閑話說矣⑩。騎驢覓驢，一是騎驢不肯下，此病皆是難醫；若解放下，喚作道人。」又說：「不解即心是佛，真是騎驢覓驢。」(《宋元學案·晦翁學案上》) 佛禪強調頓悟，其內容是明白「即心是佛」，不假外求。朱熹認為儒家亦是如此，故工夫的要點亦是明白「即心是性」，不在外求。如不了解這點而去向外尋求，朱認為即是騎驢覓驢。

《觀過說》說：「此心廓然，本無一事，卻不直下栽培涵養，乃豫求偏處而注心觀之，聖人平日教人養心求仁之術，似亦不如此之支離也。」(《文集》卷六七)「夫心操存舍亡，間不容息，知其放而求之，則心在是。」(《知言疑義》)「凡日用間如此一病而欲去之，則此欲去之心，便是能去之藥。」(《文集》卷五九《答李處謙》) 王船山《讀四書大全說》卷六曾批評朱熹此類說法，

⑩ 參見《文集》卷六四《答或人》第十書。

說：「仁為人心，故即與靈明之心為體，而既放以後則仁去而靈明之心固存，則以此靈明之心而求吾所性之仁心。以本體言，雖不可竟析之為二心，以效用言，尤不可概之為一心也。而朱子所云非以一心求一心，只求底便是已收放之心，亦覺與釋氏無能無所、最初一念即證菩提、因地果生之說無以別。」

朱又說：「大抵學問須是警省，且如瑞岩和尚，每日間常問主人翁惺惺否？又自答曰：惺惺。今時學者卻不如此。」（《語類》卷一二）「程先生所以有功於後學者，最是敬之一字有力。人之心性敬則常存，不敬則不存。如釋老等人，卻是能持敬。但是它只知得那上面一截事，卻沒下面一截。」（《語類》卷一二）「敬只是自家心常惺惺底不昧。」「或問佛氏亦有此語。曰：『其喚醒此心則同，而其為道則異。吾儒喚醒此心，欲他照管許多道理。佛氏則空喚醒在此，無所作為。其異處在此。』」（《語類》卷一七）即然儒與釋老的不同，只是下半截，即用的方面不同，體、上半截兩者精神相通，故朱之吸收佛教並以「常惺惺」為進學工夫，是很自然的。故朱說：「舉佛氏語曰：千種言，萬般解，只要教君（指心體）常不昧，此說極好。」（《語類》卷一二六）「釋老之書，極有高妙處，句句與自家個同。」（同上）

故朱熹雖然從本體論與方法論等方面批判佛，但實際上都只不過是申述了儒與佛兩者立場的不同而已。

《語類》說：「佛只是空，豁豁然的有都無了，所謂『終日吃飯不曾咬破一粒米，終日著衣不曾掛著一條絲。』若老氏猶骨是有，只是清淨無為，一向總地深藏固守，自為玄妙，救人摸索不得，便是把有無做兩截看了。」（卷一二六）「問釋氏之無與老氏之無何以異？曰：老氏依舊有，如所謂無欲觀其妙，有欲觀其徼是也。若釋氏則以天地為幻妄，以四大為假合，則是全無也。」（同上）實際上，佛只是指出米和絲、吃和穿都沒有自性，只是現象，其本質是虛與無。朱熹以實踐生活經驗為真實，樸素地執著和相信這些是實有。但這只是信念，而並非理論上的證明。

朱說：「佛以神識為不生不滅，儒則以理為不生不滅。」佛講萬法唯心，心實際所指是「心識」。說「四大」皆空，乃因「四大」為「心識」中所顯的幻妄，仍然是以「心識」為不生不滅。佛說「八識」，其中「如來藏識」（阿賴耶識）是不生不滅的。「如來藏識」歸根結底也是「神識」。佛說因緣、因果、著境等等，實際都是以「神識」為本位的。故朱指出佛以「神識」為不生不滅是對的。但朱所謂理，歸結起來仍然是不能離心的。如仁義道德，即依根於道德本心。道德本心歸根究底亦是以「正不正而異其名」，與禪宗的「一念之差」、「以神識為不生不滅」，本質上亦是難於區別的。朱熹說「天理」，如孺子入井而援之以手，不假思索，出於性之自然，此即「天理」。但此天理即人之道德理性，惻隱之心，與「心識」仍是不能相離的。

在朱熹的思想體系中，「理」亦包括客觀事物之屬性，客觀世界之運動規律等等；因此有其事必有其理。故佛說「四大皆空」，亦必有「四大皆空」之理。「四大皆空」，但「四大皆空」之理不能是空的。理即為實存，講理者也必為實存，因而世界也就不能全是虛妄的。朱熹說佛逃了父子卻逃不了父子之理，所以寺院中的人際關係仍然以此理為準繩而存在。理存在，體現此理的存在，也就不可能是虛妄的。但在佛的體系中，客觀世界本身即是因緣和合，依心而起，虛幻不實。故世界皆虛妄之理的真實，仍然不能反證世界的客觀存在與真實。

要而言之，朱熹對佛教雖然批判，但實際是陽儒陰釋，充分吸收佛之「三門」以為己用的。朱熹的心胸是開放的，廣收博取，以為己用，對佛教亦是如此，故能成就為中古時期的一偉大的思想家。

第十三章　朱熹詩與佛禪

朱熹深受佛禪的影響，其所作詩詞亦有清楚的表現。

朱熹留下的詩詞，數量極為可觀，《朱子文集》匯編為十卷，約略近千首。其中部分極有特色者，充滿禪趣、禪境與佛理，可以與王維、蘇軾等媲美。錢穆先生《朱子新學案》曾以《文集》卷一（紹興二十一至二十五年，西元一一五一－一一五五年）之詩作，說明朱子二十六歲前馳心空妙，出入釋老；但認為紹興二十五年後，朱則一意歸向儒學，故《文集》卷二之詩作，與卷一詩大異。實際上，朱歸向儒學後，其佛禪情趣與影響，在詩作中亦有濃烈表現，足證朱子心靈一直保持有高逸與超俗之一面。

第一節　萬古長空一片心

「詩言志」，朱熹部分詩作表現出內心對「出世」境界的一往情深，與其詩詞中關心民生疾苦、國家憂患、天下興亡的儒家情懷，成為鮮明的對照。寫於早年（丙戌，西元一一六六年前）的部分詩作，更十分鮮明地表現出朱熹這一時期的志趣與思想特徵。典型的，如《題西林可師達觀軒》及《再題》：

窈窕雲房深復深，層軒俄此快登臨；卷簾一目遙山碧，底是高人達觀心。（卷二《題西林可師達觀軒》）

古寺重來感慨深，小軒仍是舊窺臨；向來妙處今遺恨，萬古長空一片心。（同上，《再題》）

《再題》前有長篇《題記》，說：「紹興庚辰（紹興三十年，西元一一六〇年）冬，予來謁隴西先生，退而寓於西林院惟可師之舍，以朝夕往來受教焉，閱數月而後去。可師始嘗為一室於其居之左，軒其東南以徙倚瞻眺，而今鉛山尉李兄端父名之曰『達觀軒』，蓋取賈子所謂達人大觀，物無不可云者。予嘗戲為之詩以示可師，既去而遂忘之。壬午春復拜先生於建安，而從以來，又舍於此者幾月。師不予厭也，且欲予書其本末置壁間。因取舊詩讀之，則歲月逝矣，而予心之所至者未尺寸進焉，為之三嘆自廢。顧師請之勤勤，不得辭，於是手書授之，而又敘其所以然者如此。雖其辭鄙陋，若無足稽，然予之往來師門，蓋未憖也。異時復至，又將假館於此，仰視屋壁，因舊題以尋歲月，而惕然乎其終未有聞也。然則是詩之不沒，亦予所以自勵者。可師嘗遊諸方，問佛法大意，未倦而歸，尚有以識予意也。」《再題》和《題記》寫於壬午（西元一一六二年）春三月九日。這時朱熹三十三歲。前首作於庚辰冬，三十一歲。是年，朱第一次謁延平李先生求學，閱數月而去。兩次相隔一年餘，但朱自謂「歲月逝矣，而予心之所至者未尺寸進焉，為之三嘆自廢」，「因舊題以尋歲月，而惕然乎其終未有聞也。」感嘆自己沒能對儒學的真諦有所領悟；而其對佛理與禪趣的傾慕、嚮往，卻是躍然紙上的。「卷簾一目遙山碧，底是高人達觀心。」就是說，山景之所以在觀者眼中，呈現如此之碧澄，不是山色本身如此，而是因為觀者高人，有一「達觀之心」，即對宇宙有一慧解的體悟。這裏，佛教「心生萬法」，「萬象唯識」的佛理已滲透於筆墨字句之間。「窈窕雲房深復深」，語意雙關，既是對可師僧房的讚美，也是對佛理之高明深邃的讚嘆。「快登臨」則表達內心對佛禪的嚮往及由此心情而產生的歡欣之情，亦寓含「頓悟」即能達道之意。《再題》之「萬古長空一片心」，則更純然是佛的空靈的宇宙觀了。《景德傳燈錄》卷四，天柱崇慧禪師：「僧問：『未來且置，即今事作麼生？』曰：『某甲不會，乞師指示。』師曰：『萬古長空，一朝風月。』僧無語。」詩即從此化出。

接著，朱又有《示西林可師二首》：「身世年來欲兩忘，一春隨意住僧房。行逢舊隱低回久，綠樹鶯啼清晝長。」「幽居四畔只空林，啼鳥落花春意深。獨宿塵龕無夢寐，五更山月照寒衾。」（同上）對山林空寂寧靜引起的嚮往，可謂情意深深。「身世年來欲兩忘，一春隨意住僧房。」則更可以說是恨不得能夠出家了。

朱熹求教於延平以後，決意從佛教義理中擺脫出來，亦已基本上從其中擺脫了出來；但在此以前，其志趣、思想則基本上是籠罩在佛禪中的，故壬午（西元一一六二年）前朱熹所寫的詩，表達佛禪思想情趣者，是詩作的主要部分，見於《文集》卷一與卷二。如《宿武夷觀妙堂二首》：

陰靄除已盡，山深夜還冷。獨臥一齋空，不眠思耿耿。閑來生道心，妄遣慕真境。稽首仰高靈，塵緣誓當屏。

清晨叩高殿，緩步遶虛廊。齋心啟真秘，焚香散十方。出門戀仙境，仰首雲峰蒼。躊躇野水際，須將塵慮亡。（卷一）

「稽首仰高靈，塵緣誓當屏。」和壬午年的「身世年來欲兩忘」相互呼應，反映出朱遁身山林空門的志趣、心願，一直相當濃深。

同卷《久雨齋居誦經》寫道：「端居獨無事，聊披釋氏書。暫釋塵累牽，超然與道俱。門掩竹林幽，禽鳴山雨餘。了此無為法，身心同晏如。」（同上）朱的讀佛書，不只是為探求義理，主要目的是欲達一「無為」、「超然與道俱」之精神超脫之境。這一精神境界，如此發自內心，起於其某種天生氣質，以至可以說，朱熹一生都是為之神往而未能忘懷的。

其作於癸酉（西元一一五三年，二十四歲）的另一首《誦經》寫道：「坐厭塵累積，脫躧味幽玄。靜披笈中素，流味東華篇。朝昏一俯仰，歲月如奔川。世紛未云遣，仗此息諸緣。」（同上）對世俗塵累的厭煩和企求在誦經中求得解脫的心情，躍然紙上。其它如（卷一）：

杜門守貞操，養素安沖漠。寂寂閟林園，心空境無作。細雨被新筠，微風動幽籜。聊成五字句，吟罷山花落。浩然與誰期，放情遺所托。（《杜門》）

晨起踏僧閣，徙倚望平郊。攢巒夏雲曉，蒼茫林影交。暫釋川途念，憩此烟雲巢。聊欲托僧宇，歲晏結蓬茅。（《晨登雲際閣》）

抱痾守窮廬，釋志趣幽禪。即此窮日夕，寧為外務牽?!

望山懷釋侶，盥手閱仙經。誰懷出塵意，來此俱無營。（《夏日》）

一雨散林表，清陰生廣庭。喜茲新秋夜，起向高齋行。……沉沉遠林氣，愜此端居情。歸當息華念，超遙悟無生。（《秋雨》）

皓月出林表，照此秋床單。幽人起唔嘆，桂香發窗間。高梧滴露鳴，散髮天風寒。抗志絕

塵氛，何不栖空山（《月夜述懷》）

郊園卉木麗，林塘烟水清。閑栖眾累遠，覽物共關情。（《春日即事》）

由晨至夕，由春至夏至秋，歲月流遷，風華變異，經歷幾乎一整年，但朱熹的心情、歸趣，始終不離超遙息念，絕塵氛、栖空山。其對佛之匿染，可謂深矣。

朱熹十九歲（西元一一四八年）考取進士，二十二歲（西元一一五一年）詮試中等，授左迪功郎、泉州同安縣主簿。二十四歲赴任，《行狀》說：「莅職勤敏，纖悉必親。郡縣長吏，事倚以決。苟利於民，雖勞無憚。職兼學事，選邑之秀民充弟子員，訪求名士以為表率，日與講說聖賢修己治人之道。年方逾冠，聞其風者，已知學之有師而尊慕之。」可以說是一盡忠職守的官吏與儒者。但雖然如此，朱熹內心的嚮往，卻絲毫沒有改變。其《同安官舍夜作》寫道：「官署夜方寂，幽林生月初。閑居秋意遠，花香寒露濡。故國異時節，欲歸懷簡書。聊從西軒臥，塵思一蕭踈。」（卷一）《寄山中舊知》云：「晨興香火罷，入室披仙徑。玄默豈非尚?!素餐空自驚。起與塵事俱，是非忽我營。此道難坐進，要須悟無生。」（同上）《述懷》云：「風尚本林壑，灌園無寸資。……任小才亦短，抱念一無施。幸蒙大夫賢，加惠寬箠笞。撫己實已優，於道豈所期。終當反初服，高揖與世辭。」（同上）《釋奠齋居》云：「理事未逾月，簿書終日親。簡編不及顧，几閣積埃塵。今辰屬齋居，煩踞一舒伸。瞻眺庭宇肅，仰首但秋旻。……聊參物外趣，豈與俗子群。」（同上）對官場的厭惡與對政事、俗務的不耐，其感情如此強烈，確是其內心氣質和受佛禪之極深影響有以使然。

紹興二十五年（乙亥，西元一一五五年）後所寫詩作，亦情趣依然。如《題囊山寺》：「曉發漁溪驛，夜宿囊山寺。雲海近蒼茫，層巒擁深翠。行役倦修途，投歸聊一憩。不學塔中仙，名塗定何事。」（卷二）《試院即事》：「重門掩晝靜，高館正陰沈。披衣步前除，悟物懷貞心。澹泊方自適，好鳥鳴高林。」（卷二）《梵天觀雨》：「持身乏古節，寸祿久捷遲。暫寄靈山寺，空吟招隱詩。讀書清磬外，看雨暮鍾時。漸喜涼秋近，滄洲去有期。」（卷二）《秋懷》：「幸聞衛生要，招隱夙所藏。終期謝世慮，矯翮茲山岡。」（同上）《登閣》：「憑欄生逸想，投迹遠人群。終憶茅檐外，空山多白雲。」（同上）其必欲辭卻官場，擺脫塵俗，以歸於園林寂靜之心，十分堅定而一貫。

稍後，紹興三十年（西元一一六〇年），《寄籍溪胡丈、恭父二首》有：「先生去上芸香閣，閣老新莪豸角冠，留取幽人臥空谷，一川風月要人看。」「瓮牖前頭翠作屏，晚來相對靜儀刑。浮雲一任閑舒卷，萬古青山只麼青。」（卷上）口氣完全是一禪師寫的禪語、禪詩。風月、萬古青山、幽人、空谷，都是禪師公案與詩中習見的。

紹興三十一年（西元一一六一年），金兵大舉南侵，被擊敗。三十二年（西元一一六二年），六月，高宗內禪，孝宗即位，八月，朱應詔上封事。隆興元年（西元一一六三年）十月至行在，十一月奏事垂拱殿，除武學博士。《論語要義》、《論語訓口義》兩書成。二年，秋九月，如豫章，哭張栻之亡父於舟中，並自豫章送之豐城。這段時期，朱對於儒學的鑽研，對國事的關懷，可以說是極為熱烈的。故不少詩作都反映這種心情。如《感事書懷》：「胡虜何年盛，神州遂陸沉。翠華栖浙右，紫塞僅淮陰。志士憂虞切，朝家預備深。一朝頒細札，三捷便聞音。授鉞無遺筭，沈機識聖心。……」（卷二）《聞二十八日之報喜而成詩七首》：「胡馬無端莫四馳，漢家元有中興期。旃裘喋血淮山寺，天命人心合自知。」「渡淮諸將已爭馳，兔脫鷹揚不會期。殺盡殘胡方反旆，里閭元未有人知。」（同上）《感事再用回向壁間舊韵二首》：「廊廟憂虞裡，風塵慘淡邊。早知煩汗馬，悔不是留田。迷國嗟誰子，和戎誤往年。腐儒空感慨，無策靜狼烟。」（同上）等等；情緒既激昂慷慨，又悲憤憂慮。但即便如此，潛伏於朱熹心底的「方外」、「寂淨」之想始終亦未能消亡。其《挽延平用西林舊韵》寫道：「上疏歸來空皀囊，未妨隨意宿僧房。舊題歲月那堪數，慚愧平生一瓣香。」（卷二）「隨意」，並非隨便之意，而是隨心之所欲之意。癸未，當朱熹奏事垂拱殿時，論復仇之義，論言論壅塞，佞幸鴟張，情緒激昂慷慨。但孝宗毫無反應。這不能不使滿腔熱血的朱熹心灰意冷，故「上疏歸來空皀囊」，不只是說口袋空空，而主要是精神空虛，故其欲「宿僧房」之意，也就非一晚投宿之意，而乃歸宿之意也。

故這一時期和秀野劉丈的詩篇中，也有兩種情感的矛盾，一方面是熱烈、樂觀、入世，如《次秀野躬耕桑陌舊韵》：「郊園旱久只多蹊，昨夜欣沾雨一犁。已辦青鞋隨老圃，便驅黃犢過深溪。

農談剩喜鄉鄰近，餚具仍教婦子攜。指點竹寒沙碧處，不知何似錦城西。」（卷二）《又和秀野二首》：「愁陰一夜轉和風，曉看花枝露彩濃。覓句休教長閉戶，出門聊得試扶笻。物華始信如詩好，春色方知似酒濃。多謝鄰翁笑相迓，為言晴暖更過從。」（同上）另一方面卻是對岑寂、隱居、世外的嚮往。如《和秀野韵二首》：「聞道無餘事，翛然百慮空。何心分彼我，無地著窮通。昨日青衿子，明朝白髮翁。天機元自爾，不是故匆匆。」《次秀野葺居二首》：「開軒且放浮嵐入，決水徐通廢圃流，便覺園林頓蕭爽，不妨隨境味玄幽。」（卷三）把追求寂淨的心表現得十分真切。❶

丙戌之悟後，朱在儒學上真正站穩了腳根，故有不少詩作從義理上批評佛教，闡發自己對儒家心性之學的體悟。如：「憶昔殊方久滯淫，年深歸路始駸駸。傍人欲問簞瓢樂，理義誰知悅我心。」（《文集》卷六《寄吳公濟五首》）「未必瞿曇有兩心，莫將此意攪儒林。欲知陋巷憂時樂，只向韋編絕處尋。」（《文集》卷六《請問公濟二首》）但幾乎在同時，朱又寫道：「客子歸來春未深，祇應寒雨罷登臨。閑窗競日焚香坐，一段孤明見此心。」（同上，《寄吳公濟五首》）

❶ 劉秀野乃劉屏山叔父，其子劉彥集為朱熹妹夫，朱從同安歸崇安，一直請詞家居，故得以與秀野時相倡和。《閩中理學淵源考》卷六謂：「劉韞，字仲因，以門蔭入仕，歷三州，典二郡，皆有聲，後以朝散大夫致仕，築室於縣南，有臺榭花木之勝，自號秀野，與劉子惲、朱元晦諸賢倡酬甚多，時人謂之吟龍子。」

丙申（西元一一七六年）後，朱與吳公濟、丘子服等共遊廬山，其《游廬峰》寫道：「浮野眾麓青，縈雲兩川白。須臾互吞吐，變化已今昔。曠若塵慮空，悲哉人境窄。平生有孤念，萬里思矯翮。感此復沖然，胡為尚形役。」（卷六）知南康軍前夕，又有寄《雲谷瑞泉庵主》：「憶昔誅茅日，山房我自名。風埃遺俗累，烟雨負岩耕。多謝空門侶，能同物外情。肯來分半壑，聊爾度平生。少待清秋日，閑尋遠岳盟。不知誰是客，一笑絕塵纓。」（卷七）「不知誰是客」，也居然是以僧自認了。「一笑絕塵纓」，對超塵離俗的嚮往，又一次發自內心。

南康期間（淳熙六—八年，西元一一七九—一一八一年），政事繁劇，但朱熹私心之所鍾，則仍然在山水自然、超塵絕俗之中，故《和某官寵示和陶詩》寫道：「浩歌歸去來，神交邈何因？一朝脫冠去，妙境聊同臻。謂予雖後來，臭味亦有聞。」（卷七）《和諸友游山詩》有：「向來結友尋名山，下窮絕壑高危顛。胡為一旦墮塵網，五老在望心茫然。」（同上）

南康解任以後，「無官一身輕」，朱重遊廬山，其詩作透露濃鬱的清逸舒脫之「出世」情懷，如《西澗清淨退庵》：「茲游非昔游，累解身復閑。保此清淨退，當歌不能諼。」（同上）《開先漱玉亭》：「平生兩仙句，咏嘆深仰止。三年落星灣，悵望眼空眯。今朝隨杖屨，得以弄清泚。更誦玉虹篇，塵襟諒昭洗。」（同上）《落星寺》：「不復車馬迹，唯聞傍人歌。我願辭世紛，茲焉老漁蓑。」（同上）《罷官觀康王谷水簾》：「一官弄溫涼，十日九塵土。迨茲解章紱，絕境方快睹。」（同上）淳熙八年（西元一一八一年），朱去郡東歸，又有《游密庵》：「誤落塵中歲序驚，歸來猶幸此身輕。便將舊友尋山去，更喜新詩取意成。暖翠乍看渾欲滴，寒流重聽不勝清。個中有趣無人會，琴罷尊空月四更。」（卷八）《呈休齋陳丈、寺丞黃丈》：「不因辭吏役，那得解天刑。故國重來遠，寒山依舊青。興懷感陳迹，舉目愴新亭。尚喜灣頭老，禪房許扣扃。』（同上）可以說，朱熹不僅視政務緊身為「天刑」，亦且視塵世之應酬為「天刑」，其內心嚮往，確是屬於禪靜與方外的。故其《武夷精舍雜咏》寫道：

琴書四十年，幾作山中客。一日茅棟成，居然我泉石。
晨窗林影開，夜枕山泉響。隱去復何求，無言道心長。
竹間彼何人，抱甕靡遺力。遙夜更不眠，焚香坐看壁。（卷九）

武夷精舍成於淳熙十年（西元一一八三年），朱五十四歲。以上詩篇抒發了這一時期的心情，儼然是一方外的隱士。

晚年，朱熹遭受排擠、迫害，心情悲憤。面對無端迫害，朱熹氣節凜然，無所畏懼；但「出世」之心也更加突出，與佛也更為接近了。其《香茶供養黃蘗長老悟公故人之塔》寫道：「攜手臨行一寄聲，故應離合未忘情。炷香瀹茗知何處，十二峰前海月明。」「一別人間萬事空，他年何處卻相逢。不須更話三生石，紫翠參天十二峰。」（同上）

己未（西元一一九九年），朱七十歲，其《醉作三首》有：「淅淅西風起，濺濺石瀨鳴。有情縱是妄，個裡定無情。」（卷一〇）《江檻詞》寫道：「暮雨朝雲不自憐，放教春漲綠浮天。秖今畫閣臨無地，宿昔新詩滿擊船。春鳥外，白鷗前，幾生香火舊因緣。酒闌山月移，雕檻歌罷、江風拂玳筵。」（卷一〇）又：「已分江湖寄此生，長蓑短笠任陰晴。鳴橈細雨滄洲遠，繫舸斜陽畫閣明。奇絕處，未忘情，兒時還得去尋盟。江妃定許捐雙佩，漁父何勞笑獨醒。」（同上）這些詩詞是直抒內心真情的，說明朱一生的追求，事功面雖在儒學，但私心之所嚮往，則總不忘隱逸與方外。矛盾，但卻一往情深。

第二節 卻立灘頭數亂峰

魏晉南北朝以後，歷代喜佛、好佛、受佛理薰陶的著名詩人，如王維、白居易、柳宗元、蘇軾等，莫不引佛入詩，引禪入詩。典型的如王維《終南別業》：「中歲頗好道，晚家南山陲。興來每獨往，勝事空自知。行到水窮處，坐看雲起時。偶然值林叟，談笑無還期。」「興來」有如《世說新語》所說：「盡興而往，興盡而返」，極其灑脫自在。但與之不同的是，王不是造訪朋友，而是離群以與山水自然為游。「吾非斯人之徒與而誰與？」這是儒家一充滿友情與人際情懷的世界。王所執意的則是獨往。沒有目標，也沒有朋友，孤獨而又興味盎然。「勝事空自知」。興味是個人的自得，無人可以分享，也不須旁人分享。「行到水窮處，坐看雲起時」，興之所至在水，即隨水而信步。水窮了，則坐而看雲起，心與雲遊，無所拘束。「偶然值林叟，談笑無還期」，則隨遇而趣，隨趣而安。這一自由超脫、遠離塵俗、無絲毫人間烟火氣味之心境，就是王維詩所描述的禪境。朱熹詩詞深受王維、蘇東坡的影響，年輕時又沉溺於佛理的鑽研，故其詩的風格、意境，許多與王維極為接近，特別突出一空靈虛靜、隨興去留，一無所繫的自由超脫之境。

如《涉澗水作》：「幽谷濺濺小水通，細穿危石認行踪。回頭自愛晴嵐好，卻立灘頭數亂峰。」（卷一）開始時，詩人心情還是被束縛的，雖在山水幽靜之中，但精神並沒有得到自由。「細穿危石認行踪」，一付怕失落了自我與歸宿的心態。但驟然回頭（一悟），就得到了超脫、而一任自我情趣之所之。於是興味盎然，身心兩忘，任何目的的追求、牽掛都無影無蹤了。「卻立灘頭數亂峰」，既是超塵絕俗的，又是興味自起、趣從中來的。這情趣不僅不由俗情而發，亦不是由某種高雅而發。自然而來，自然而去，可謂是一如來妙境。有如王維之「行到水窮處，坐看雲起時」，精神瀟灑自如，在方內而又如同方外。

又如《穿林徑》：「屈曲上雲端，似向崖陰斷。行聞山鳥鳴，下與泉聲亂。去去不知疲，幽林自成玩。」（卷一）環境是超塵絕俗的，漫游又是隨興所至，故而「去去不知疲，幽林自成玩」。只要有一點俗氣塵心，有一點既定目標的追求、牽掛，這一清淨天真的「玩興」就會無影無蹤。這亦是一「如來妙境」。

又如《偶題三首》：「門外青山翠紫堆，幅巾終日面崔嵬。只看雲斷成飛雨，不道雲從底處來。」「步隨流水覓溪源，行到源頭卻惘然。始悟真源行不到，倚笻隨處弄潺湲。」（卷二）「始悟真源行不到，倚笻隨處弄潺湲。」一方面是心境自由無滯，超乎塵俗；同時也是對「道」不在外的「自悟」。「雲從底處來」，是無意而自然發現的，是頓悟。但頓悟也是自然而然的，於是得到了精神的自由與解脫，得到了道。

其他如：

> 秋天林薄疎，翠壁呈清曉。迢遞鴻寒泉，下有深潭俏。時飄桂葉來，尋源路殊杳。（卷一《懸崖水》）
>
> 清溪流過碧山頭，空水澄鮮一色秋。隔斷紅塵三十里，白雲黃葉共悠悠。（卷二《入瑞岩道間得四絕句》）
>
> 行隨流水聲，步出哀壑底。綠樹枝相樛，白澗石齒齒。樹石無窮年，流水日千里。（卷六《下山》）
>
> 鬱鬱層巒夾岸青，春山綠水去無聲。烟波一棹知何許，鶗鴂兩山相對鳴。（卷一〇《水口舟行》）

也都滲透著方外情懷與佛禪情趣。行隨流水，沒有目標，也沒有預定、預期。《亡名古宿》曾記道：「昔有僧看《法華經》，至『諸法從本來，常自寂滅相』，忽疑不決。行往坐臥，每自體究，都無所得。忽春月聞鶯聲，頓然開悟。遂續前偈曰：『諸法從本來，常自寂滅相。春至百花開，黃鶯啼柳上。』」（《五燈會元》卷六）朱熹的詩所表達的亦是這種自然得道之意境。

另一特色，是境界的冷寂。這類詩，無論咏物、抒情、寫意、明志，滲透於詩篇的不是儒家式的生命、生活的跳動，而是「高處不勝寒」的空冷、寂淨。如《次秀野題臥雲庵》：「……夢魂寂寂衣裳冷，心事悠悠簡策青。更把枯桐寫奇趣，鵾弦寒夜獨泠泠。」（卷三）《夜》：「獨宿山房夜氣消，一窗涼月共虛明。鄰鷄未作人聲絕，時聽高梧滴露聲。」（卷一〇）一如柳宗元的「千山鳥飛絕，萬徑人踪滅，孤舟蓑笠翁，獨釣寒江雪。」環境一塵不染，人則孤獨不群，一片冷清空明的世界。人於此境此情，也就超塵絕俗了。

其它如《山居即事》：「世情日以踈，庭樹日以密。我心自悠悠，兩忘喧與寂。」（卷二）《夏日二首》：「季夏園木暗，窗戶貯清陰。長風一掩苒，眾綠何蕭摻。玩此消永晝，泠然滌幽襟。」（卷二）《汲清泉四小詩》：「隱几對寒碧，忘言心自閑。豈知宜寂士，滅迹青峰間。」《次韵畫寒》：「行穿危磴盡，林表見孤亭。澗瀉千尋白，峰回四面青。塵襟元落落，風腋自泠泠。」（卷六）《月臺》：「臺上無人伴苦吟，歸鴉過盡日西沉。須臾玉匣開塵鏡，卻有孤光共此心。」（卷八）《武夷棹歌》：「五曲山高雲氣深，長時烟雨暗平林；林間有客無人識，欸乃聲中萬古心。」（卷九）這類風格的詩，其時期由早年到晚年，貫穿一生，與其憂時、憂民、憂道之作，成為鮮明的對明。這種冷寂空淨，很明顯是來自佛禪而不是儒、道的。

第三節 回頭只見冢壘壘

與王維、蘇軾等相比，朱受佛教世事無常、榮華轉瞬、萬法皆空的思想影響更重，因而對人生之悲觀哀傷情調更為突出。最典型的如《感事有嘆》：「榮華難久恃，代謝安可量。宿昔堂上飲，今歸荒草鄉。高臺一以傾，繐帳施空房。繁弦既闋奏，緩舞亦輟行。桃李自妍華，春風自飄揚。戀幄靡遺思，更衣有餘芳。身徂名亦滅，事往恨空長。寄語繁華子，古今同一傷。」（卷一）全詩調子，與《紅樓夢》之《好了歌》如出一轍，充滿虛無、無常的零落之感❷。朱熹此詩題為「感事有嘆」，顯然不是模擬的遊戲之作，而確是有感而發。什麼事呢？朱未說明。但既是「繁華」，就總是與官場上之人事升沉與哀榮禍福有關。在中國，《老子》本來早有禍福無常的明示，但在《老子》中，禍福可以轉化，而轉化者雙方皆是真實的「存有」，不是虛無。「福兮禍所伏，禍兮福所倚」，《老子》教導人們是如何轉禍為福，避禍就福，故潛藏在這「無常」中的是哲學的

❷ 寒山詩多此種感嘆生死無常、富貴煙雲之作。朱熹此類詩可能受其影響。《文集・別集》卷五《與志南上人》問「寒山子詩，彼中有好本否？」「寒山詩刻成，幸早見寄。」可證。

進取的智慧。但朱熹這裡的禍福無常，卻完全是從「佛理」切入的，歸結為一切都是過眼烟雲，毫無意義。蘊藏其間的是深沉的悲觀、哀傷與空無。在朱熹，竟有這樣的詩，是令人驚異的。

類似的情調，還有《秋夜嘆》：「秋風淅瀝鳴清商，秋草未死啼寒蛩。幽人幽人起晤嘆，仰視河漢天中央。河漢西流去不息，人生辛苦何終極。」（卷一）面對茫茫夜空，詩人對人生辛苦之無窮無邊，看不到盡頭，改不了也逃不脫的悲切傷嘆之情，不覺湧上心頭。「何處是歸程？長亭更短亭」。兩者對命運的渺茫無望，可謂異曲而同調。

《再賦解嘲》：「宇宙一瞬息，人生等浮游。云何百年內，萬變紛相酬。顛倒不自知，旁觀乃堪羞。拱揖尚虞夏，干戈到商周。豈悟曠士懷，泛若不擊舟。駟馬諒弗視，名高非所求。彼哉夸奪子，逝矣崑崙丘。褰裳絕冥外，天風舞雲裘。」（卷二）「宇宙一瞬息，人生等浮游。」道家思想也有這種調子，但「顛倒不自知，旁觀乃堪羞。」卻來自佛教。如《圓覺經》：「一切眾生，從無始來，種種顛倒，猶如迷人，四方易處。」（上卷）朱熹熟悉佛經，不意在詩中也引進了。

《次韻傅丈武夷道中五絕句》云：「地久天長歲不留，坐來念念失藏舟。四看萬法皆兒戲，還直先生一笑不。」（卷三）人生如戲之感也是很顯然的。

從學延平以後，朱熹有很大轉變，但《秀野劉丈寄示南昌諸詩和此兩篇》道：「滕王閣下水初生，聞道登臨復快晴。……滿眼悲涼今古恨，人生辛苦竟何成。」（卷三）淳熙七年，南康任滿，有詩《呈休齋先生》：「閑將歲月老烟汀，更遣詩情到杳冥。遊子故應悲舊國，壯懷那肯泣新亭。一官避世今頭白，萬卷收功久汗青。但見潮生與潮落，不知沉醉又還醒。」（卷八）與擇之、元禮等共遊，又有詩：「酒酣客散歸，茫然獨宵征。起視天宇闊，此身一浮萍。」（卷八）《同飲白雲精舍》：「奔趨名利場，禍福急相絞。夜窗一反側，膚垢紛兩瓜。豈知親朋集，晚食聊一飽。心期共悠悠，文字各稍稍。華燭既屢更，詩腸亦頻攪。寒更僅渠深，孤諷寧至卯。」（卷六）無常與空虛之感，依然不時襲上心頭。

晚年，由於遭受迫害，其富貴榮華、過眼烟雲之感更常常由然而生。如《水調歌頭》：「富貴有餘樂，貧賤不堪憂。誰知天路幽險，倚伏互相酬。請看東門黃犬，更聽華亭清淚，千古恨難收。何似鴟夷子，散髮弄扁舟。鴟夷子，成霸業，有餘謀，收身千乘卿相，歸把釣魚鈎。春晝五湖烟水浪，秋夜一天雲月，此處僅悠悠。永棄人間事，吾道付滄洲。」《夢飛仙》：「脫卻儒冠著羽衣，青山綠水浩然歸。看成鼎內真龍虎，管甚人間閑是非。生羽翼，上烟霏，回頭秪見冢壘壘。未尋跨鳳吹簫侶，且伴孤雲獨鶴飛。」（卷一〇）「回頭只見冢壘壘」，又完全回到了早年《紅樓夢》式的「哀草枯楊，曾是歌舞場」的心境了。

《五燈會元》曾記清涼文益詩：「擁毳對芳叢，由來趣不同。髮從今日白，花是去年紅。豔冶隨朝露，馨香逐晚風。何須待零落，然後始知空。」（卷一〇）朱熹對文益是欣賞的。文益這詩的人生飄零之感，顯然對朱熹產生了影響。但文益由於其「出世」，故詩只是一旁觀者的「明理」；在朱熹則是源於對自己生命、生活的體驗，發於真情實感，是有肺腑之疼痛的驚心動魄之作。兩者的分量是完全不同的。

第四節　莫指并州作故鄉

朱熹早年，思想完全為佛禪思想所罩籠，對儒學特別是對儒家哲學沒有體悟，思想十分苦悶。從學延平以後，雖接受了心學思想的影響，但亦未悟入。丙戌後，朱引禪入儒，悟出儒家的心性之學與佛禪只是一轉手之差：一者空，一者實；一者無，一者有（理），於是有了一大轉變，確立了自己的心性學說、天人學說，初步完成了哲學體系的建立。這一心路歷路，朱熹也用詩篇反映出來。因此，其關於為學、聞道的詩篇，也與佛禪息息相通，滲透著佛禪的思想與情趣。

這些詩最著名的是《觀書有感二首》：「半畝方塘一鑑開，天光雲影共徘徊。問渠那得清如許，為有源頭活水來。」「昨夜江邊春水生，蒙沖巨艦一毛輕。向來枉費推移力，此日中流自在行。」（《文集》卷二）兩首詩，陳榮捷先生有詳細考證，皆作於乾道丙戌「中和舊悟」時期。該年朱曾有《答許順之》書：「秋來心閑無事，得一意體驗，比之舊日，漸覺明快，方覺有下工夫處。日前真是一目引眾盲耳。……更有一絕：『半畝方塘一鑑開，天光雲影共徘徊。問渠那得清如許，為有源頭活水來。』試舉視石丈如何？」（《文集》卷三九第十書）據此，詩當寫於乾道二年（西元一一六六年），並當是秋天。秋天天高氣爽，與「天光雲影共徘徊」相符。但另一首為

「昨夜江邊春水生」，是春而不是秋，所以有兩種可能：一是兩詩為同時所作，皆為是年春。一是兩詩一者為春所作，一者為秋天所寫，而皆題以《觀書有感》，編輯時放至一處，成了是同一時期所寫。陳先生說：「至友枝教授謂此二首詩大概時間相近，即謂兩首詩非同時所作，不知何據？」❸我想友枝所據也許是在此吧。

但不論如何，二首詩是「觀書有感」，而非觀景有感，故「方塘」及「江」在何處，是否大江或小方塘，實是無關緊要的。

朱熹《答許順之》書同時有《答羅參議》書：「某塊坐窮山，絕無師友之助，惟時得欽夫書問，往來講究此道。近方覺有脫然處。潛味之久，益覺日前所聞於西林而未之契者，皆不我欺矣。幸甚幸甚。元來此事與禪學十分相似，所爭者毫末耳。」（《續集》卷五）故「方塘」、「一鑑開」，字面上是講方塘，講水，實際則是講「心」。這裏講的水與天光雲影的關係，是反映者與被反映者的景象，更突出了「鏡明」、「水止」之能涵鑑照萬物的意義。因此如果離開心來講「方塘」，講「天光雲影」，就成為寫景而與「讀書有感」無關了。朱熹以水、以「鏡明」來形容心，見於此後寫的種種論著，如《舜典象刑記》說：「蓋自本體而言，如鏡之未有所照，則虛而已矣，如衡之未有所加，則平而已矣。」（《文集》卷六七）《語類》亦說：「人心如一個鏡，先未有一個影

❸《論朱子觀書有感詩》，載《國際朱子學會議論文集》上冊。臺北中央研究院文哲所籌備處，一九九三年五月。

像，有事物來，方照見妍醜。」（卷一六）這些都清楚地說明，「方塘」、「一鑑」是指心及其寂照之體的。佛教有以水喻心的說法。僧肇注《維摩詰經》卷六「無住為本」說：「心猶水也，靜則有照，動則無鑑。」❹蘇軾《資福白長老真贊》云：「門如市，心如水。」（《蘇東坡集》卷四〇）朱熹之詩當來自佛經。故同卷之《克己》詩寫道：「寶鑑當年照膽寒，向來埋沒太無端。秪今垢盡明全見，還得當年寶鑑看。」（《文集》卷二）寶鑑即指心，垢指氣稟、私欲對心之蒙蔽。《困學二首》有：「舊喜安心苦覓心，捐書絕學費追尋；困衡此日安無地，始覺從前枉寸陰。」（同上）又《復齋偶題》有：「出入無時是此心，豈知雞犬易追尋。請看屏上初爻旨，便識名齋用意深。」（同上）所以朱熹此時以心為心性之本，確立了道德本心的觀點是很顯然的。雞犬之喻，原於孟子「求放心」之說。孟子的「求放心」，其所謂心，不僅是出入無時的，亦是道德之本。故「復」即「求放心」，也即存心養性之意。《記》：「復者非曰追夫已放之心而還之，尋夫已棄之善而屬之也；亦曰不肆焉以騁於外，則本心本體，即此而存，固然之善，自有所不能已耳。」（《文集》卷七八《復齋記》）寫於淳熙丙申，朱四十七歲時，但詩作的思想與之是一致的。

「源頭活水」來自佛教，在佛教是指佛性、真如、般若、智慧。在朱熹，「源頭活水」則是隱喻天理、道心。由於萬理含具於心，心體廣大虛明，故心能清澈如水、如鏡。只要無物欲之私以濁之，無氣稟浮雲之蔽以蔽之，則鏡明、水止，所發皆為天理。陳先生說「源頭活水」是指天

---

❹《大正藏》卷三八，第三八六頁下。

理，但否認「方塘一鑑」指心，於是「源頭活水」不知是誰的源頭活水，「天理」作為源頭，也不知流往何處，因而就全然講不通了。這是顧忌把朱熹講成心學而來的含糊不通，是完全不必要的。「天理」不能是半畝方塘的源頭活水，是很顯然的。

第二首著重講「悟」，認為離開了對自心本體之悟，不管如何推尋費力，都是不可能有所得的。只有悟到性即心體，自家原有此天機活物，才能不費推尋而自得。故兩首詩在義理上相互補充，聯為一體，應確是作於同一時期，即丙戌之悟時。至於是春天還是秋季，則是無關重要的。《文集》卷三二，朱《答張敬夫》第四書說：「蓋通天下只是一個天機活物，流行發用，無間容息。據其已發者而指其未發者，則已發者人心，而凡未發者皆其性也，亦無一物而不備矣。……存者存此而已，養者養此而已。……從前是作多少安排沒頓著處，今覺得如水到船浮，解維正柂，而沿洄上下，惟意所適矣。」這可以作為第二首詩的證解。

朱熹同一時期其它論學的詩作，無論是批佛或是揚儒的，也都是以「本心」為中心的。如《齋居感興二十首》：「西方論緣業，卑卑喻群愚，流傳世代久，梯接凌空虛，顧指心性，名言超有無。捷徑一以開，靡然世爭趨。號空不踐實，躓彼榛棘途。誰哉繼三聖，為我焚其書。」「聖人司教化，黌序育群材。因心有明訓，善端得深培。天敘既昭陳，人文亦褰開。云何百代下，學絕教養乖。群居競葩藻，爭先冠倫魁。淳風反淪喪，擾擾胡為哉。」「哀哉牛山木，斤斧日相尋。豈無萌蘖在，牛羊復來侵。恭惟皇上帝，降此仁義心。物欲互攻奪，孤根孰能任。反躬艮其背，肅容正冠襟。保養方自此，何年秀穹林。」「元亨播群品，利貞固靈根。非誠諒無有，五性實斯存。世人逞私見，鑿智道彌昏。豈若林居子，幽探萬化原。」（《文集》卷四）詩即是咏述這一悟道之境。如果，像流行的說法，朱熹所講的心是荀子式的「大清明」、中性、無色、不具任何道德本性，朱熹詩中所述的心性見解，如「因心有明訓」、「降此仁義心」、「利貞固靈根」等等，就只能曲解成為不反映朱熹思想本質，或強解為「意識的本來狀態了」。

此後，丙辰（西元一一七六年，四十七歲）《寄吳公濟等五首》又寫道：「憶昔殊方久滯淫，年深歸路始駸駸。傍人欲問簞瓢樂，理義誰知悅我心。』（卷六）《送林熙之五首》：「古鏡重磨要古方，眼明偏與日爭光。明明直照吾家路，莫指并州作故鄉。」（卷六）前詩是孟子的心學思想，後詩則明確指出「明心見性」實是吾儒家的古鏡古方，「明明直照吾家路」，不要反而以為是禪家的專利，以至以禪學為自己的故鄉了。朱熹說儒與佛原來十分相似，詩所表達的正是這點。

後記

此書稿件去年寄東大圖書公司，希望能在今年四月出書，作為對母校北京大學「五四」校慶百周年的獻禮。承蒙東大圖書公司董事長劉振強先生鼎力支持，及編輯、校對、印製各部門同仁協力配合，辛勤工作，致本書如期出版。十分感謝，謹在此致衷心謝意。

本書最初的電腦打字稿，係內子張淑貞一力承擔，付出極大辛勞，亦在此致衷心謝意。

一九九八年三月

滄海叢刊書目（一）

國學類

中國學術思想史論叢（一）～（八）	錢 穆 著
現代中國學術論衡	錢 穆 著
兩漢經學今古文平議	錢 穆 著
宋代理學三書隨箚	錢 穆 著
論戴震與章學誠——清代中期學術思想史研究	余英時 著
論語體認	姚式川 著
論語新注	陳冠學 著
西漢經學源流	王葆玹 著
文字聲韻論叢	陳新雄 著
入聲字箋論	陳慧劍 著
楚辭綜論	徐志嘯 著

哲學類

國父道德言論類輯	陳立夫 著
文化哲學講錄（一）～（六）	鄔昆如 著
哲學：理性與信仰	金春峰 著
哲學與思想	王曉波 著
內心悅樂之源泉	吳經熊 著
知識・理性與生命	孫寶琛 著
語言哲學	劉福增 著
哲學演講錄	吳怡 著
日本近代哲學思想史	江日新 譯
比較哲學與文化（一）、（二）	吳森 著
從西方哲學到禪佛教——哲學與宗教一集	傅偉勳 著
批判的繼承與創造的發展——哲學與宗教二集	傅偉勳 著
「文化中國」與中國文化——哲學與宗教三集	傅偉勳 著

從創造的詮釋學到大乘佛學 ——哲學與宗教四集	傅偉勳 著
佛教思想的現代探索 ——哲學與宗教五集	傅偉勳 著
中國哲學與懷德海	東海大學哲學研究所主編
人生十論	錢 穆 著
湖上閒思錄	錢 穆 著
晚學盲言（上）、（下）	錢 穆 著
愛的哲學	蘇昌美 著
邁向未來的哲學思考	項退結 著
逍遙的莊子	吳 怡 著
莊子新注（內篇）	陳冠學 著
莊子的生命哲學	葉海煙 著
墨家的哲學方法	鍾友聯 著
韓非子析論	謝雲飛 著
韓非子的哲學	王邦雄 著
法家哲學	姚蒸民 著
中國法家哲學	王讚源 著
二程學管見	張永儁 著
王陽明 ——中國十六世紀的唯心主義哲學家	張君勱著、江日新 譯
王船山人性史哲學之研究	林安梧 著
西洋百位哲學家	鄔昆如 著
西洋哲學十二講	鄔昆如 著
希臘哲學趣談	鄔昆如 著
中世哲學趣談	鄔昆如 著
近代哲學趣談	鄔昆如 著
現代哲學趣談	鄔昆如 著
思辯錄 ——思光近作集	勞思光 著
中國十九世紀思想史（上）、（下）	韋政通 著
存有・意識與實踐 ——熊十力體用哲學之詮釋與重建	林安梧 著
先秦諸子論叢	唐端正 著
先秦諸子論叢（續編）	唐端正 著
周易與儒道墨	張立文 著

孔學漫談　余家菊 著
中國近代新學的展開　張立文 著
哲學與思想——胡秋原選集第二卷　胡秋原 著
從哲學的觀點看　關子尹 著
中國死亡智慧　鄭曉江 著
後設倫理學之基本問題　黃慧英 著
道德之關懷　黃慧英 著
異時空裡的知識追逐——科學史與科學哲學論文集　傅大為 著

宗教類

天人之際　李杏邨 著
佛學研究　周中一 著
佛學思想新論　楊惠南 著
現代佛學原理　鄭金德 著
絕對與圓融——佛教思想論集　霍韜晦 著
佛學研究指南　關世謙 譯
當代學人談佛教　楊惠南 編著
從傳統到現代——佛教倫理與現代社會　傅偉勳 主編
簡明佛學概論　于凌波 著
修多羅頌歌　陳慧劍 譯註
禪　話　周中一 著
佛家哲理通析　陳沛然 著
唯識三論今詮　于凌波 著

應用科學類

壽而康講座　胡佩鏘 著

社會科學類

中國古代游藝史——樂舞百戲與社會生活之研究　李建民 著
憲法論叢　鄭彥棻 著
憲法論集　林紀東 著

國家論	薩孟武 譯
中國歷代政治得失	錢穆 著
先秦政治思想史	梁啟超原著、賈馥茗標點
當代中國與民主	周陽山 著
我見我思	洪文湘 著
釣魚政治學	鄭赤琰 著
政治與文化	吳俊才 著
中華國協與俠客清流	陶百川 著
世界局勢與中國文化	錢穆 著
海峽兩岸社會之比較	蔡文輝 著
印度文化十八篇	糜文開 著
美國社會與美國華僑	蔡文輝 著
日本社會的結構	福武直原著、王世雄 譯
文化與教育	錢穆 著
開放社會的教育	葉學志 著
大眾傳播的挑戰	石永貴 著
傳播研究補白	彭家發 著
「時代」的經驗	汪琪、彭家發 著
新聞與我	楚崧秋 著
書法心理學	高尚仁 著
書法與認知	高尚仁、管慶慧 著
清代科舉	劉兆璸 著
排外與中國政治	廖光生 著
中國文化路向問題的新檢討	勞思光 著
立足臺灣，關懷大陸	韋政通 著
開放的多元社會	楊國樞 著
現代與多元——跨學科的思考	周英雄主編
臺灣人口與社會發展	李文朗 著
財經文存	王作榮 著
財經時論	楊道淮 著
經營力的時代	青龍豐作著、白龍芽 譯
宗教與社會	宋光宇 著
唐宋時期的公園文化	侯迺慧 著

史地類

書名	作者
古史地理論叢	錢　穆　著
歷史與文化論叢	錢　穆　著
中國史學發微	錢　穆　著
中國歷史研究法	錢　穆　著
中國歷史精神	錢　穆　著
中華郵政史	張　翊　著
憂患與史學	杜維運　著
與西方史家論中國史學	杜維運　著
清代史學與史家	杜維運　著
中西古代史學比較	杜維運　著
歷史與人物	吳相湘　著
歷史人物與文化危機	余英時　著
共產國際與中國革命	郭恒鈺　著
共產世界的變遷——四個共黨政權的比較	吳玉山　著
俄共中國革命祕檔（一九二〇～一九二五）	郭恒鈺　著
俄共中國革命祕檔（一九二六）	郭恒鈺　著
聯共、共產國際與中國（1920～1925）　第一卷	李玉貞　譯
民族主義與近代中國思想	羅志田　著
抗日戰史論集	劉鳳翰　著
盧溝橋事變	李雲漢　著
歷史講演集	張玉法　著
老臺灣	陳冠學　著
臺灣史與臺灣人	王曉波　著
清史論集	陳捷先　著
黃　帝	錢　穆　著
孔子傳	錢　穆　著
宋儒風範	董金裕　著
弘一大師新譜	林子青　著
精忠岳飛傳	李　安　著
鄭彥棻傳	馮成榮　著
張公難先之生平	李飛鵬　著
唐玄奘三藏傳史彙編	釋光中　編
一顆永不隕落的巨星	釋光中　著

新亞遺鐸	錢 穆 著
困勉強狷八十年	陶百川 著
困強回憶又十年	陶百川 著
我的創造・倡建與服務	陳立夫 著
我生之旅	方 治 著
逝者如斯	李孝定 著

語文類

文學與音律	謝雲飛 著
中國文字學	潘重規 著
中國聲韻學	潘重規、陳紹棠 著
魏晉南北朝韻部之演變	周祖謨 著
詩經研讀指導	裴普賢 著
莊子及其文學	黃錦鋐 著
管子述評	湯孝純 著
離騷九歌九章淺釋	繆天華 著
北朝民歌	譚潤生 著
陶淵明評論	李辰冬 著
鍾嶸詩歌美學	羅立乾 著
杜甫作品繫年	李辰冬 著
唐宋詩詞選——詩選之部	巴壺天 編
唐宋詩詞選——詞選之部	巴壺天 編
清真詞研究	王支洪 著
苕華詞與人間詞話述評	王宗樂 著
優游詞曲天地	王熙元 著
月華清	樸 月 著
梅花引	樸 月 著
元曲六大家	應裕康、王忠林 著
四說論叢	羅 盤 著
紅樓夢的文學價值	羅德湛 著
紅樓夢與中華文化	周汝昌 著
紅樓夢研究	王關仕 著
紅樓血淚史	潘重規 著
微觀紅樓夢	王關仕 著

中國文學論叢	錢　　穆　著
牛李黨爭與唐代文學	傅 錫 壬　著
迦陵談詩二集	葉 嘉 瑩　著
西洋兒童文學史	葉 詠 琍　著
一九八四	George Orwell原著、劉紹銘　譯
文學原理	趙 滋 蕃　著
文學新論	李 辰 冬　著
文學圖繪	周 慶 華　著
分析文學	陳 啟 佑　著
學林尋幽 ——見南山居論學集	黃 慶 萱　著
中西文學關係研究	王 潤 華　著
魯迅小說新論	王 潤 華　著
比較文學的墾拓在臺灣	古添洪、陳慧樺編著
從比較神話到文學	古添洪、陳慧樺主編
現代文學評論	亞　　菁　著
現代散文新風貌	楊 昌 年　著
現代散文欣賞	鄭 明 娳　著
葫蘆・再見	鄭 明 娳　著
實用文纂	姜 超 嶽　著
增訂江皋集	吳 俊 升　著
孟武自選文集	薩 孟 武　著
藍天白雲集	梁 容 若　著
野草詞	韋 瀚 章　著
野草詞總集	韋 瀚 章　著
李韶歌詞集	李　　韶　著
石頭的研究	戴　　天　著
寫作是藝術	張 秀 亞　著
讀書與生活	琦　　君　著
文開隨筆	糜 文 開　著
文開隨筆續編	糜 文 開　著
印度文學歷代名著選（上）、（下）	糜 文 開編譯
城市筆記	也　　斯　著
留不住的航渡	葉 維 廉　著
三十年詩	葉 維 廉　著
歐羅巴的蘆笛	葉 維 廉　著

移向成熟的年齡 ——1987～1992詩	葉維廉 著
一個中國的海	葉維廉 著
尋索：藝術與人生	葉維廉 著
從現象到表現 ——葉維廉早期文集	葉維廉 著
解讀現代・後現代 ——文化空間與生活空間的思索	葉維廉 著
紅葉的追尋	葉維廉 著
山外有山	李英豪 著
知識之劍	陳鼎環 著
還鄉夢的幻滅	賴景瑚 著
大地之歌	大地詩社 編
往日旋律	幼柏 著
鼓瑟集	幼柏 著
耕心散文集	耕心 著
女兵自傳	謝冰瑩 著
詩與禪	孫昌武 著
禪境與詩情	李杏邨 著
文學與史地	任遵時 著
抗戰日記	謝冰瑩 著
給青年朋友的信（上)、(下）	謝冰瑩 著
冰瑩書柬	謝冰瑩 著
我在日本	謝冰瑩 著
大漢心聲	張起鈞 著
人生小語（一）～（八）	何秀煌 著
人生小語（一）（彩色版）	何秀煌 著
記憶裡有一個小窗	何秀煌 著
回首叫雲飛起	羊令野 著
康莊有待	向陽 著
湍流偶拾	繆天華 著
文學之旅	蕭傳文 著
文學邊緣	周玉山 著
文學徘徊	周玉山 著
無聲的臺灣	周玉山 著
種子落地	葉海煙 著

向未來交卷	葉海煙著
不拿耳朵當眼睛	王讚源著
古厝懷思	張文貫著
材與不材之間	王邦雄著
劫餘低吟	法天著
忘機隨筆 ——卷一・卷二・卷三・卷四	王覺源著
過　客	莊因著
詩情畫意 ——明代題畫詩的詩畫對應內涵	鄭文惠著
文學與政治之間 ——魯迅・新月・文學史	王宏志著
洛夫與中國現代詩	費勇著
老舍小說新論	王潤華著
交織的邊緣 ——政治和性別	康正果著
還原民間 ——文學的省思	陳思和著

美術類

音樂人生	黃友棣著
樂圃長春	黃友棣著
樂苑春回	黃友棣著
樂風泱泱	黃友棣著
樂境花開	黃友棣著
樂浦珠還	黃友棣著
音樂伴我遊	趙琴著
談音論樂	林聲翕著
戲劇編寫法	方寸著
與當代藝術家的對話	葉維廉著
藝術的興味	吳道文著
根源之美	莊申編著
扇子與中國文化	莊申著
從白紙到白銀（上）、（下）	莊申著
畫壇師友錄	黃苗子著
水彩技巧與創作	劉其偉著

繪畫隨筆	陳 景 容 著
素描的技法	陳 景 容 著
建築鋼屋架結構設計	王 萬 雄 著
建築基本畫	陳榮美、楊麗黛 著
中國的建築藝術	張 紹 載 著
室內環境設計	李 琬 琬 著
雕塑技法	何 恆 雄 著
生命的倒影	侯 淑 姿 著
文物之美 ——與專業攝影技術	林 傑 人 著
清代玉器之美	宋 小 君 著

～涵泳浩瀚書海　激起智慧波濤～